BIBLIOTHÈQUE
DES MERVEILLES

PUBLIÉE SOUS LA DIRECTION
DE M. ÉDOUARD CHARTON

LES MERVEILLES

DE

LA CÉRAMIQUE

PARIS. — IMP. SIMON RAÇON ET COMP., RUE D'ERFURTH, 1.

LES MERVEILLES

DE

LA CÉRAMIQUE

OU

L'ART DE FAÇONNER ET DÉCORER

LES VASES EN TERRE CUITE, FAIENCE, GRÈS ET PORCELAINE

Depuis les temps antiques jusqu'à nos jours

PAR

A. JACQUEMART

AUTEUR DE L'HISTOIRE DE LA PORCELAINE

DEUXIÈME ÉDITION

PREMIÈRE PARTIE

ORIENT

CONTENANT 53 VIGNETTES SUR BOIS

PAR H. CATENACCI

PARIS

LIBRAIRIE DE L. HACHETTE ET Cⁱᵉ

BOULEVARD SAINT-GERMAIN, Nᵒ 77

1868

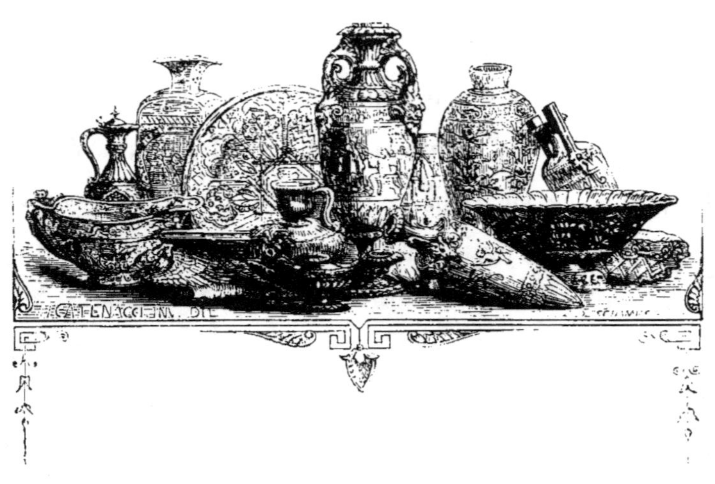

INTRODUCTION

Pour se bien rendre compte de la valeur morale des produits de l'intelligence humaine, il faut remonter jusqu'à l'origine des civilisations, saisir le motif qui a donné naissance aux diverses branches de l'industrie, et voir par quel enchaînement de faits et d'idées les choses destinées à la satisfaction des plus vulgaires besoins ont pu devenir des objets de luxe et d'éternels modèles de richesse et de goût.

Si nous inscrivons le nom de *céramique* au titre de ce livre, c'est donc pour obéir aux usages reçus et pour ne point troubler l'esprit des lecteurs ; mais nous ne dirons pas que l'art de travailler la terre a tiré ce nom du mot grec *keramos*, parce que la corne des animaux aurait été le premier récipient des boissons et que les vases primitifs en auraient emprunté la forme.

Les Grecs et leur langue harmonieuse et imagée étaient bien loin d'apparaître lorsque commença l'art de terre ! En effet, le jour où l'homme s'est aperçu que certaines argiles, les glaises par exemple, se détrempaient au contact de l'eau et conservaient l'empreinte de ses pas, le modelage était inventé ; le jour où, sur un sol formé de ces argiles, il a réuni des branches d'arbre et allumé un feu intense, il a vu la terre changer de nature, prendre une teinte rougeâtre, devenir sonore et indétrempable, ce jour-là l'idée des vases en terre cuite était éclose. Or ceci se passait aux premiers âges du monde, et s'est reproduit au commencement de toutes les civilisations.

Nous ne voulons pas poursuivre l'énumération de cette progression d'expériences, établie désormais par des monuments qui remontent jusqu'à l'âge de pierre.

D'ailleurs, les tentatives suggérées par le besoin, appuyées par la réflexion, constituent l'histoire de l'industrie et non les commencements de l'art. Celui-ci n'a rien à voir dans l'amélioration des conditions physiques de la vie; son domaine appartient exclusivement à l'âme; c'est lui qui a inspiré aux hommes l'idée d'exprimer leur pensée par des signes; de manifester leurs croyances en élevant des temples à la Divinité et en les embellissant de figures symboliques; d'orner leurs habitations, leurs armes, leurs vases, de sculptures ou de dessins propres à égayer la vue, ou même à élever l'intelligence par leur signification morale; et chose remarquable, c'est si bien le sceau de ces pensées morales qui rend éminemment respectables les monuments de l'art, que ceux où l'on en remarque l'empreinte sont presque seuls parvenus jusqu'à nous; tous les âges et tous les peuples ont considéré comme vouée à la destruction, l'œuvre de fabrication vulgaire. Les autres devaient rester et survivre à leurs auteurs, afin d'apprendre aux siècles futurs à estimer ceux-ci. On est même étonné, en comparant les œuvres des différentes nations des premiers âges, de voir que le choix des matières de l'industrie a été à l'inverse des temps. L'extrême Orient, la Chine, l'Inde, la Perse, le Japon, employaient le grès et la porcelaine, bien avant que la Grèce couvrît de ses élégants décors la terre grossière et perméable réservée maintenant aux plus vulgaires usages.

Dans cette rapide étude, destinée à faire connaître les chefs-d'œuvre de l'art, nous ne nous occuperons donc point des classifications techniques ; nous prendrons les terres cuites quelles qu'elles soient, en redescendant du berceau des civilisations vers l'époque actuelle, et en cherchant à faire apprécier bien plutôt les causes morales et les influences historiques qui ont modifié les idées des artistes et le style de leurs ouvrages, que les découvertes auxquelles on doit attribuer les changements introduits dans la céramique.

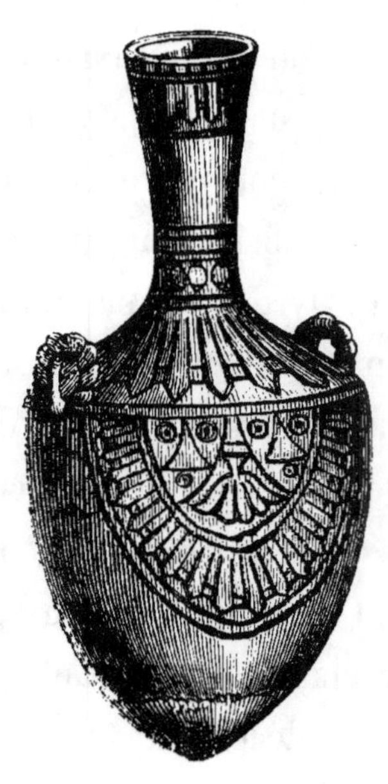

LIVRE I

CHAPITRE PREMIER

ÉGYPTE

Lorsqu'un promeneur qui se rend aux Tuileries traverse le Louvre d'orient en occident, il aperçoit, sous la première voûte, deux salles béantes peuplées des plus inquiétantes effigies. D'un côté, ce sont de gigantesques taureaux à tête humaine, des guerriers bizarres portant de jeunes lions dans leurs bras, et fixant devant eux des regards plus fauves, plus pénétrants que ceux du roi des animaux. En face, c'est autre chose : des colosses de granit, tranquillement assis, semblent représenter la stabilité éternelle : des sphinx accroupis paraissent près d'ébaucher un sourire narquois en voyant des yeux étonnés se diriger sur les hiéroglyphes qui les entourent.

Ces monstres singuliers sont, en effet, le défi des races anciennes aux races présentes ; lorsque, dans l'intérêt d'une caste, les prêtres tout-puissants du culte pharaonique inventaient une écriture singulière, moitié image moitié rébus, ils pensaient dérober aux masses, et plus encore à l'avenir, l'histoire des faits, des hommes et les mystères d'une religion révélée aux seuls initiés. Mais, ils avaient compté sans la sagacité et la persévérance de nos savants : ils ne pouvaient prévoir que Champollion, de Rougé, Mariette, forceraient le sphinx à révéler ses énigmes, et déchireraient les derniers voiles qui nous dérobaient les annales d'un peuple d'autant plus intéressant à connaître qu'il est l'ancêtre réel de toutes les civilisations.

Donc aujourd'hui, ces monuments peuvent être abordés de face ; ils nous ont dit eux-mêmes le nom des personnages qu'ils représentent ou auxquels ils ont été consacrés ; les cartouches royaux nous ont fourni leur date ; les légendes nous ont appris toute la théogonie qui les décore.

Or, un fait important devait ressortir de ces précieuses découvertes. La plus ancienne époque monumentale de l'Égypte, antérieure de vingt siècles peut-être à tout ce que les autres peuples nous ont légué de débris antiques, offre ce résultat inattendu que l'art y déploie toute la perfection imaginable, et qu'à de très-courtes renaissances près, il va en s'amoindrissant jusqu'à l'invasion romaine.

Si, pénétré de cette vérité, démontrée par la récente exposition des objets trouvés dans le tombeau de la reine Aah-Hotep, mère d'Amosis et contemporaine de la puissance de Joseph en Égypte, on visite les galeries du premier étage du Louvre, où de nombreuses vitrines renferment les produits de la céramique des pharaons, on reconnaîtra que les délicieuses petites pièces teintées de bleu turquoise ou de vert tendre, représentent une fabrication de la plus haute antiquité, bien qu'elle réunisse les plus exquises qualités.

Tant de finesse et de goût ne surprennent pas lorsqu'on remarque que ces objets ont un but religieux. Le plus grand nombre reproduit des divinités de toutes formes et variant de la taille du bijou à celle de la figurine moyenne : c'est Pacht, la déesse solaire avec une tête de lionne, Ra, le dieu soleil, à tête d'épervier, les créateurs de la race jaune asiatique et de la race égyptienne; Hathor, la Vénus pharaonique, coiffée de cornes de vache ou portant les oreilles de cet animal; Anubis à la tête de chacal, et mille autres empruntant au singe, au bélier, à l'hippopotame, au vautour ou à l'ibis, leur tête coiffée du pschent ou surmontée du disque solaire.

Les bijoux sculptés avec le plus de soin, et pour lesquels l'artiste semble réserver toute sa verve et sa liberté individuelle, paraissent être quelques emblèmes sacrés, dissimulés sous une forme réelle; tels sont le vautour, symbole de la maternité divine, l'épervier royal, des fruits, des fleurs, le nilomètre, l'œil d'Horus, etc.

Rien n'est indifférent, en effet, parmi les choses que le céramiste égyptien anime du souffle de l'art. Quand il modèle le vase le plus simple, on y retrouve

la forme et les détails de la fleur sacrée du Nil, le
Lotus qui sert à symboliser la déesse du Nord, comme
le Papyrus exprime la déesse du Midi ; bursaire, hémisphérique ou campanulé, ce vase exprime presque
toujours l'épanouissement plus ou moins complet de
la fleur divine : sous sa base arrondie, car presque tous

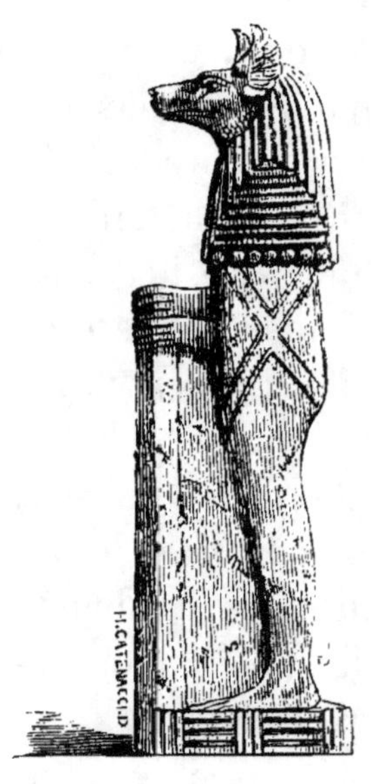

Anubis.

les vases égyptiens sont sans pied, on retrouve, imitées en relief ou en gravures, les divisions du calice
avec leurs pilosités éparses, et plus haut, les pétales
charnus pourvus de leurs nervures longitudinales : si
la surface est trop développée pour [se prêter à cette
seule figuration, l'artiste trace au-dessus du calice une
zone qu'il remplira par la figuration réduite de fleurs

répétées symétriquement, tantôt épanouies, tantôt en boutons.

Il est facile de montrer le rôle important que joue ici une plante que nous retrouverons dans toutes les théogonies orientales. Les religions primitives sont plus ou moins empreintes de panthéisme : destinées à frap-

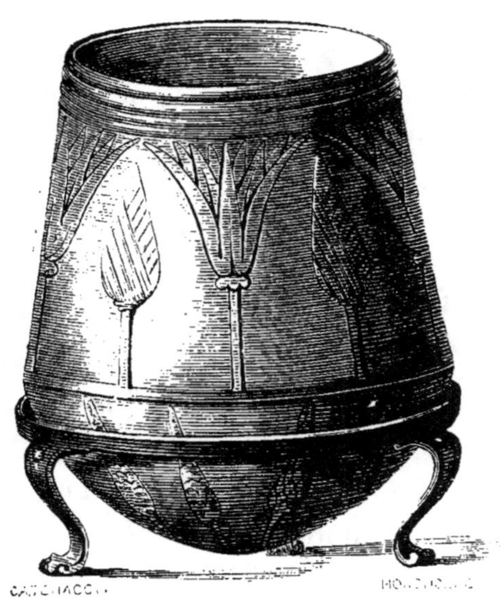

Vase orné de Lotus.

per des esprits peu cultivés, elles se bornent à faire admirer les phénomènes de la nature sans remonter jusqu'à la cause productrice ; la manifestation prend alors la place de l'acteur inconnu, la matière se substitue à l'esprit.

Cette tendance explique l'Égypte tout entière : le Lotus divinisé, c'est l'hommage rendu à l'action bienfaisante des eaux et du soleil sur la terre endormie ; c'est la symbolisation de l'évolution annuelle des saisons faisant succéder les générations aux générations et ramenant la vie là où semblait être l'immobilité de la mort. Le soleil lui-même est l'objet d'une adoration directe dont les prêtres se sont plu à varier les formes pour la faire mieux pénétrer dans les masses ; chacun connaît ce disque ailé sous lequel se dressent les deux serpents Uræus, symboles royaux de la haute et de la basse Égypte ; c'est le soleil dans sa forme matérielle, et tel qu'il figure au seuil des temples, sur les monuments funéraires et votifs, et jusque sur le vêtement des prêtres et des rois ; c'est celui auquel s'adressaient des prières ardentes et poétiques comme celle-ci : « Gloire à toi, Ra, dans ton rayonnement (matinal, Tmou, dans ton coucher ! J'adore ta divinité à chaque saison dans tous ses noms divers... Le père des humains, qui illumine le monde par son amour ; qu'il m'accorde d'être éclatant dans le ciel, puissant dans le monde, et de contempler chaque jour la face du soleil... Tu illumines, tu rayonnes, apparaissant en souverain des Dieux. » Mais, il est une autre image solaire qui demande à être expliquée. Il existe dans nos campagnes un insecte que chacun regarde avec dégoût, à raison des milieux qu'il fréquente ; son nom vulgaire exprime si nettement ses habitudes que nous éviterons de l'écrire ici ; nous lui substituerons la dénomination scientifique de Scarabée sacré. Or, si les Égyptiens ont choisi pour le diviniser un être infime et rebutant, c'est qu'ils ont découvert dans ses mœurs un merveilleux détail. En effet, lorsque sur les côtes sablonneuses on observe les allures de cet insecte, on le voit pénétrer dans les déjections animales, y choisir une masse convenable qu'il pétrit en boule après y avoir déposé son œuf, et qu'il traîne ensuite entre ses pattes postérieures jusqu'à ce que la chaleur en ait durci la surface : alors, il en-

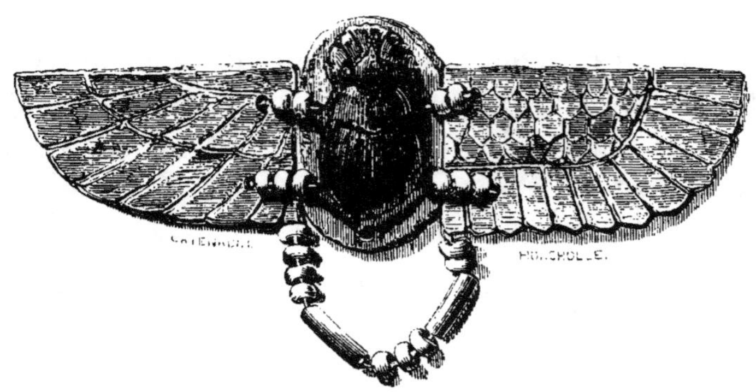

Scarabée sacré.

terre cette boule au sein de laquelle vont s'effectuer la naissance et les transformations de la larve qui, plus tard, sortira insecte parfait pour accomplir à son tour les actes divers de la génération.

Le scarabée a donc paru aux Égyptiens imiter en petit l'œuvre du Créateur ; la boule stercorale contenant un œuf, c'est la terre animée du germe vital et subissant, sous l'influence de la chaleur solaire, son évolution naturelle. Ici, il y a rapprochement entre le Créateur et l'œuvre produite, et ce rapprochement a suffi pour élever le modeste insecte au rang du plus grand des Dieux. Aussi, le trouvons-nous, remplaçant le globe ordinaire dans une stèle en terre émaillée bleue.

C'est sans doute comme Cheperer, créateur, qu'il était donné aux soldats en échange de leur serment de fidélité, et qu'il devait rester attaché en bague à leur doigt.

Étudiées de ce point de vue élevé, toutes les représentations en terre siliceuse deviennent intéressantes. L'Ibis, ce destructeur de reptiles nuisibles, pouvait-il rester indifférent aux habitants d'une contrée où les serpents venimeux pullulent sans relâche? Le Chacal, le Vautour, ces agents de la police égyptienne qui, en faisant disparaître les animaux morts, empêchent les miasmes pestilentiels de vicier l'air, devaient-ils passer inaperçus parmi ceux qu'ils ont la mission providentielle de protéger? Certes, l'habitude d'honorer les êtres utiles et de les diviniser annonce l'enfance de l'esprit ; cependant, il y a déjà quelque chose de touchant dans cet hommage indirect rendu à la prévoyance de l'Auteur de toutes choses.

Les terres cuites égyptiennes proviennent toutes des fouilles opérées dans les nécropoles et on les trouve constamment avec les plus précieux travaux de verrerie, d'émail et de bijouterie ; il faut, dès lors, reconnaître qu'elles occupaient un rang important dans l'estime des hautes classes de la société, et, en effet, ces terres, composées de 92 pour 100 de silice, sont si pures, si serrées et tellement aptes à conserver les plus fins reliefs, les empreintes les plus délicates, qu'on les avait d'abord nommées *porcelaines d'Égypte*. Souvent recouvertes d'une glaçure luisante, elles montrent rarement la teinte blanche de la *mie* et sont colorées par des oxydes de cuivre, bleu céleste ou vert tendre. Du moment où ces terres ne peuvent prendre le nom de *porcelaines*, doit-on les classer parmi les *faïences?* Pas davantage, car elles résistent, sans se fondre, à la température du four à porcelaine dure, la plus élevée de toutes.

Les terres siliceuses ou quartzeuses de l'Égypte

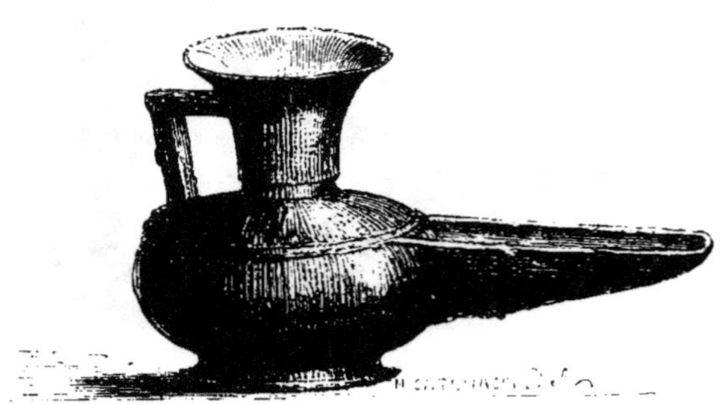

Lampe en terre émaillée de bleu.

tiennent, dès lors, le milieu entre la porcelaine et les grès cérames; elles sont le produit d'un art avancé et si leur coloration générale est aussi uniforme, on doit l'attribuer bien plus à certaines règles symboliques, qu'à l'impuissance des artistes antiques. On peut voir, dans la riche suite du Louvre, des pâtes à glaçure blanche rehaussées de dessins incrustés ou peints en bleu, noir, violet foncé, vert et même rouge ; le vert et le bleu de cuivre s'associent au bleu de cobalt, au noir, au brun, au violet de manganèse, au blanc et au jaune. Ce qui prouve, d'ailleurs, avec quelle certitude les potiers opéraient ces combinaisons, c'est qu'on rencontre des pièces où les tons divers occupent des espaces très-restreints et tranchent vivement l'un sur l'autre ; une figurine bleue a le visage coloré en jaune doré ; des bracelets bleu foncé portent sur leur surface des

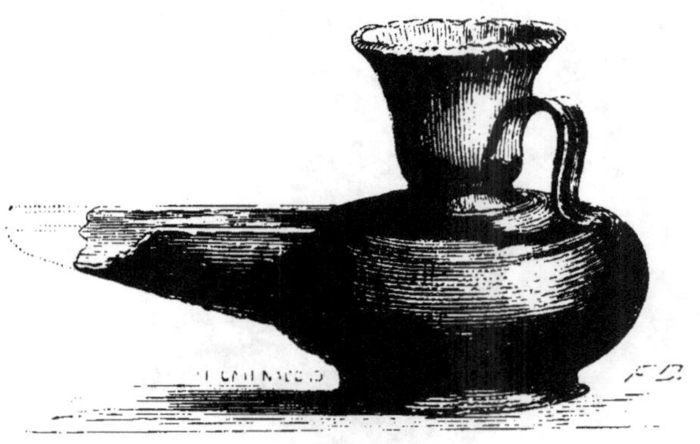

Lampe en terre émaillée de violet.

hiéroglyphes réservés en bleu céleste, ou réciproquement ; — quelquefois, l'objet à décorer a été gravé, puis un émail vif a rempli les cavités pour venir araser la surface ou la dépasser légèrement. Voilà donc tous les procédés que pourra nous offrir la céramique, dans ses âges divers, employés là où Brongniart avait cru entrevoir une certaine uniformité résultant de l'inexpérience !

Or, l'étonnement augmente lorsqu'on cherche à quelle époque il faut attribuer ces travaux : les autorités

les plus incontestables font remonter à 5,850 ans avant
notre ère les belles statues de bois de l'ancien empire
envoyées à l'Exposition universelle par le vice-roi ; la période la plus florissante de l'art égyptien du nouvel empire
correspond au dix-septième siècle avant Jésus-Christ : les

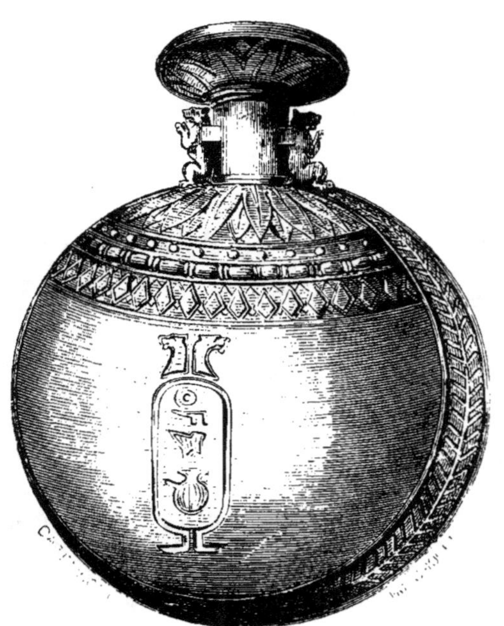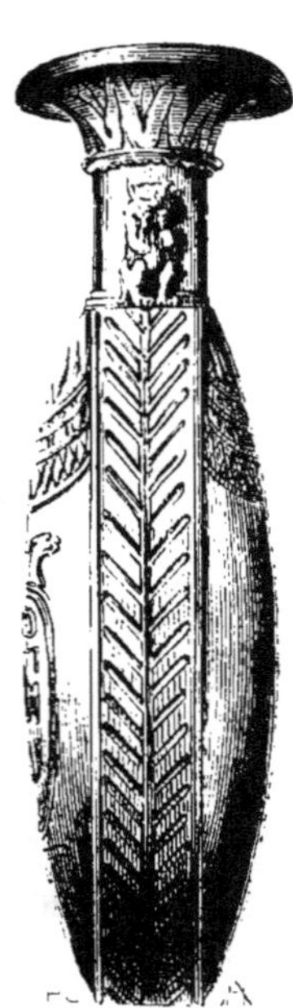

Vase en pâte bleue mate.

peintures des hypogées montrent les formes variées,
l'élégance des vases, et leur emploi multiplié dans tous
les actes de la vie civile ou religieuse ; on peut se con-
vaincre ainsi de l'état d'avancement de la céramique aux
diverses époques de la puissance des pharaons ou de
leurs successeurs, et distinguer trois âges dans les objets en terre siliceuse : la *haute antiquité* fournit les

produits à peine lustrés, ressemblant à un biscuit de porcelaine, et ceux couverts d'un enduit excessivement mince : *l'antiquité moyenne* se manifeste par des objets moins purs de travail et couverts d'une glaçure tellement épaisse qu'on pourrait la prendre pour un émail :

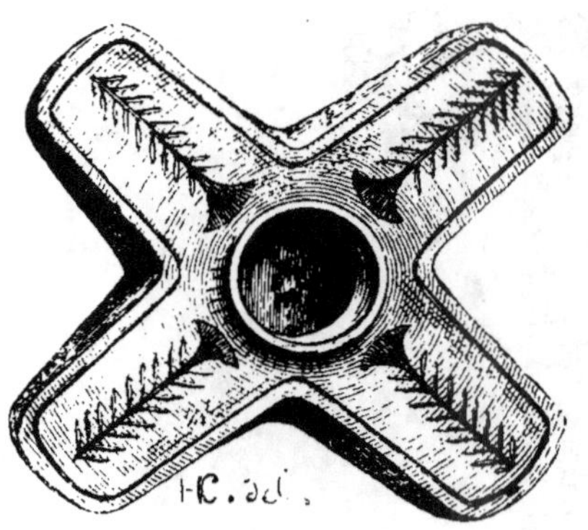

Pâte bleue presque mate.

l'ère des Ptolémées se reconnaît à une influence grecque très-marquée ; la poterie siliceuse fait place à une poterie à pâte grossière et tendre, tantôt peinte sur la surface nue, tantôt couverte d'une glaçure, fabrication qui s'est continuée dans les deuxième et troisième siècles après Jésus-Christ, sous la domination romaine.

Ainsi se forment les deux branches mères de la poterie européenne : la terre siliceuse, qui s'est particulièrement répandue dans les contrées orientales, d'où les Persans et les Arabes devaient nous la ramener comme source de la faïence émaillée ; la terre cuite vernissée, qui, perfectionnée par les Grecs et les Romains, portée par leur commerce dans toutes les contrées civilisées, devait s'introniser chez nous pendant des siècles et survivre même à la découverte et à la renaissance des poteries à pâte dure, plus belles et d'un meilleur usage.

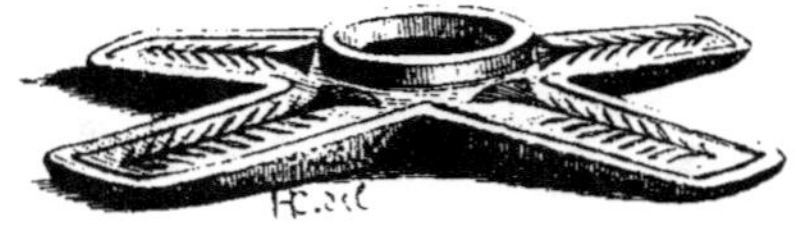

2

CHAPITRE II

TERRE SAINTE, JUDÉE

L'histoire de l'Égypte est liée intimement à celle du peuple hébreu, et le lecteur ne nous pardonnerait pas de négliger une nation dont les livres saints consacrent la mémoire, lorsque nous venons de nous occuper de ses persécuteurs.

Pasteur et nomade, le peuple descendu directement d'Abraham dût bien plutôt porter ses efforts vers les industries agraire que vers les arts d'imagination. Si la Bible ne le laissait entrevoir, on le devinerait en se rappelant que l'invasion des nomades faillit détruire l'Égypte, et qu'elle comprima, pendant plusieurs siècles, l'élan des arts, qui ne reprirent qu'après l'expulsion des étrangers sous le règne d'Amosis. Nous n'avons donc à rechercher quel a pu être le style des œuvres hébraïques qu'au moment du contact des Juifs avec les Égyptiens, c'est-à-dire pendant et après la persécution. Amenés par

Joseph dans le pays des pharaons, les Hébreux y furent d'abord bien accueillis et purent s'initier promptement aux habitudes d'une civilisation avancée ; mais lorsque le puissant ministre mourut, lorsque ses bienfaits commencèrent à disparaître de la mémoire des hommes, les nouveaux venus ne furent plus regardés que comme des envahisseurs ; on les réduisit en esclavage, et les livres saints nous les montrent faisant les briques et travaillant à la construction de la ville de Ramsès. Dieu devait leur susciter un vengeur dans la personne de Moïse ; il encouragea leurs plaintes, les défendit contre leurs agresseurs, et ayant même tué l'un de ceux-ci, il dut s'exiler pour fuir la colère du roi Ménéphtah, fils de Ramsès II.

C'est à la mort de ce monarque et pendant les troubles qui suivirent son règne, que Moïse revint, commençant une lutte ouverte, qui se termina par le passage de la mer Rouge en 1491 avant notre ère.

On sait le reste : cette rude traversée du désert, où les plaintes incessantes du peuple délivré venaient assaillir le libérateur. Mais ce qu'on doit remarquer, c'est la trace profonde qu'un contact de moins d'un siècle parmi les idolâtres laissait au cœur de ces hommes primitifs. Moïse avait à combattre chaque jour des tendances panthéistes ; montait-il au Sinaï pour recevoir la loi dont le premier précepte se formulait ainsi : Un seul dieu tu adoreras, il trouvait en redescendant un peuple enivré dansant autour d'un veau d'or qu'il s'était donné pour idole.

Ainsi, *a priori*, on peut et l'on doit admettre que l'art

hébreu fut une des branches de la souche égyptienne.
modifiée par ce principe qu'il fallait éviter toute figuration pouvant prêter à l'idolâtrie. « Tu ne feras point
d'image taillée, ni aucune figure pour les adorer ni
pour les servir. »

Un précieux fragment recueilli en Judée et conservé
dans les galeries du Louvre prouve en effet que la céramique des Hébreux avait les mêmes couleurs que celle
des Égyptiens : c'est encore la terre siliceuse émaillée
de bleu qui fournissait les amphores et les coupes, les
ampoules côtelées et les lampes.

Si les témoignages sont ici plus rares que partout
ailleurs, il le faut attribuer aux tendances luxueuses des
Israélites qui, dans tous les temps, recherchèrent l'or
et les pierres précieuses, les bijoux et les vases de prix.
C'est avec les pendants d'oreilles, les bracelets de leurs
femmes et de leurs enfants qu'ils formèrent le veau
d'or. C'est avec des offrandes de même genre que Moïse
trouva, plus tard, les moyens d'ériger le tabernacle, de
construire l'arche, le chandelier à sept branches et les
divers instruments du culte, dont la confection fut con-
fiée au talent de Béséléel et Ooliab, les artistes « dési-
gnés par Dieu lui-même et remplis de son esprit. »

Ce goût pour les matières précieuses se conserva toujours, en dépit des malheurs qui fondirent sur la nation
juive. Marangoni rapporte que lorsque Cyrus, roi de
Perse, permit aux Hébreux de retourner à Jérusalem et
d'y relever le temple de Dieu, il leur restitua les objets
d'or et d'argent pris par Nabuchodonosor, et qui, d'a-
près Esdras, montaient au nombre de cinq mille quatre

cents, parmi lesquels on distinguait : phyales d'or, trente ; phyales d'argent, mille ; couteaux de sacrifice, vingt-neuf ; coupes d'or, trente ; coupes d'argent, quatre cent dix ; autres vases, mille.

Bien qu'il s'agisse là de choses consacrées au culte, il est difficile d'admettre qu'un peuple aussi porté vers les œuvres de l'orfévrerie ait consacré ses soins à la modeste poterie de terre ; la mission des céramistes devait être généralement de satisfaire aux besoins journaliers de la masse du peuple, et des ouvrages que ne distinguait ni l'art, ni la consécration à des usages relevés, devaient être voués à une destruction certaine. Estimons-nous donc heureux que quelques fragments nous permettent d'en reconnaître la matière, d'en restituer les formes et d'en deviner le style.

Les paroles de la Bible, d'accord avec les monuments recueillis par le savant M. de Saulcy, prouvent que les clochettes, les grenades, les raisins, et en général les motifs empruntés à la nature végétale, formaient le fond de l'ornementation des Hébreux, qui se distinguaient ainsi de la nation égyptienne et de ses figurations symboliques. La Judée est donc le véritable berceau de l'iconoclastie.

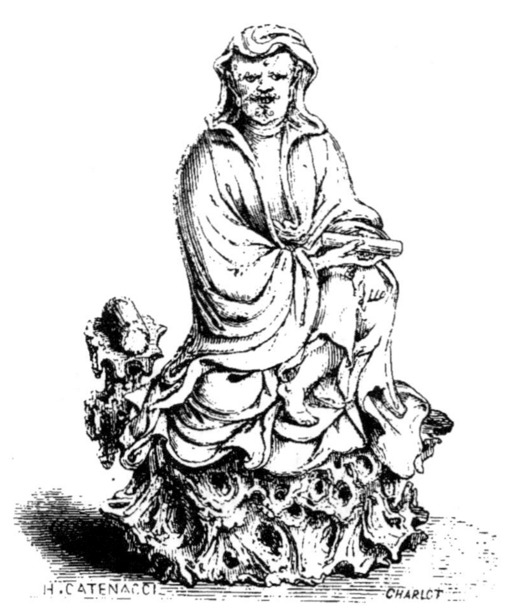

Fo, ou Bouddha.

LIVRE II

CHINE

INTRODUCTION

Aujourd'hui la Chine est complétement ouverte : nous
ne sommes plus au temps où Marco Polo suscitait l'in-
crédulité en parlant de ce merveilleux pays ; nous
sommes loin aussi du scepticisme des deux derniers

siècles qui, malgré le témoignage de nos missionnaires, voyaient le peuple chinois sous un aspect grotesque, et créaient avec le plus risible sang-froid une image idéale de ce peuple qui s'était peint lui-même dans des porcelaines possédées par tout le monde. On recherchait avec ardeur cette admirable et solide poterie, mais on aimait à ridiculiser ceux qui l'avaient produite; c'était la compensation du tribut payé à leur talent.

L'heure est donc venue de parler des Chinois et d'étudier leur histoire, qui se perd pour ainsi dire dans la nuit des temps. On pardonnerait difficilement, toutefois, à celui qui admettrait, avec certains écrivains, qu'on peut faire remonter la période de Pan-Kou, le premier homme, l'Adam chinois, à quatre-vingt-seize millions d'années avant notre ère. Ce Pan-Kou, l'ordonnateur du monde, eut à séparer le ciel de la terre et à chercher sur celle-ci un coin où il pût s'établir en le disputant aux éléments.

Après lui vinrent des êtres au corps de serpent, à la tête de dragon ornée d'un visage de fille et aux pieds de cheval; des dragons à la face d'homme, etc. C'est à la suite de ces extravagances que les mythographes placent l'avénement de Tsang-Kie, l'inventeur des premiers caractères, et de Fou-Hi, qui, 3468 ans avant Jésus-Christ, traça les huit Koua ou symboles, régla la musique, établit les lois, l'union matrimoniale, et posa, en un mot, les bases d'une société régulière.

En l'an 2698 parut Hoang-ti, prince civilisateur plus remarquable encore; à son règne remontent la boussole, la sphère, le calendrier; on inventa les bateaux et la navigation ; la monnaie remplaça l'échange en nature ; le Tribunal chargé d'écrire l'histoire fut institué en même temps que le cycle de soixante ans, destiné à noter les périodes ; l'arithmétique, la géométrie, l'astronomie, vinrent éclairer le monde, et les peuples étrangers, émus au spectacle de tant de merveilles, rendirent hommage au souverain de l'Empire du milieu.

D'aussi grands services devaient être récompensés par le ciel ; voici donc ce que le Chou-King rapporte sur la fin de Hoang-ti. Un jour l'empereur, accompagné de ses principaux ministres, songeait aux choses qu'il avait accomplies, lorsqu'un immense dragon descendant des nues vint s'abattre à ses pieds : le souverain et ceux qui l'avaient secondé dans ses travaux s'assirent sur le dos de la bête sacrée, qui reprit aussitôt son vol vers l'empyrée. Quelques ambitieux courtisans, essayant de s'associer à cette glorieuse apothéose, saisirent les barbes du dragon ; mais, ces appendices se rompirent et précipitèrent ceux qui s'y étaient attachés. Hoang-ti, touché de pitié, se pencha, laissant tomber son arc. Ce trophée a été conservé avec soin, et la piété vient l'honorer dans un temple à certains jours de l'année.

Ces fables, mêlées à des faits historiques, ont un côté touchant. Elles montrent, chez le peuple chinois, une profonde intelligence et une saine appréciation des services qui lui ont été rendus. Les premiers législateurs ont été divinisés par lui, comme la plupart des inventeurs de choses utiles : ainsi, la femme de Hoang-ti, Louï-tseu, enseigna aux dames qui l'entouraient l'art d'élever les vers à soie, de filer les cocons et d'en tisse une étoffe propre à faire des vêtements ; avec le temps, cette industrie devint l'une des sources de la prospérité du Céleste-Empire ; alors Louï-tseu fut placée au rang des génies, et elle est encore honorée sous le nom d'*Esprit des mûriers et des vers à soie*.

La Chine est un pays soumis à une sorte de théocratie : l'empereur, personnage sacré, fils du Ciel, comme on le nomme, est le chef des deux pouvoirs spirituel et temporel ; des agents supérieurs, réunis en tribunaux et ministères, reçoivent la délégation d'une partie de son autorité et la transmettent aux gouverneurs des provinces, qui dirigent à leur tour l'administration civile et le culte ; culte singulier, car on y trouve à peine la trace d'une croyance à la divinité et à l'immortalité de l'âme, le plus grand soin des législateurs ayant été d'inspirer la reconnaissance des peuples envers l'autorité.

Un pareil système gouvernemental semblerait avoir été créé au profit d'une aristocratie. Loin de là ; en Chine l'accès des places est facile à tous ; des concours publics ouvrent aux lettrés les diverses carrières de l'administration publique ; nul ne peut arriver à être préfet ou gouverneur de province, s'il n'a conquis les grades académiques et n'est devenu han-lin (académicien) ou tchoang-youen (le premier des docteurs).

Pourtant, rien n'est parfait dans ce monde et souvent un poëte enorgueilli du succès de ses vers se voit appelé à devenir... général d'armée.

N'importe, prenons le peuple chinois pour ce qu'il est ; on est sûr au moins de trouver, chez lui, des administrateurs instruits, sensibles aux innovations utiles et prêts à les encourager. Ainsi sous l'empereur Hoang-ti (de 2698 à 2599 avant Jésus-Christ), Kouen-ou découvrit les premiers secrets de la céramique ; le souverain, instruit de cette invention et en appréciant la portée, créa un intendant pour en surveiller le développement.

La poterie de Kouen-ou n'était probablement pas de la porcelaine, car les recherches des sinologues placent les commencements de la poterie kaolinique entre les années 185 avant et 87 après Jésus-Christ.

On put croire, un moment, à une antiquité plus haute ; des voyageurs avaient rapporté d'Égypte de petites bouteilles vendues par les Arabes avec certains objets provenant des fouilles ; M. Rosellini, d'abord incrédule, déclara qu'il avait été témoin de la découverte d'une de ces chinoiseries dans un tombeau de la dix-huitième ou de la vingtième dynastie, ouvert pour la première fois ; ces porcelaines auraient eu, dès lors, plus de 3,600 ans d'âge. Aussi l'émoi fut grand : les musées d'Angleterre et de France ouvrirent leurs vitrines aux antiques orientaux. Mais l'on ne s'en tint pas à des assertions légères ; les savants remarquèrent d'abord que les petits vases chinois portaient des inscriptions dont la forme n'avait rien de commun avec les écritures primitives du Céleste-Empire. M. Prisse, en pressant de questions les Arabes du Caire, spécialement voués au trafic des curiosités, finit par leur faire avouer qu'ils n'avaient jamais recueilli de porcelaines dans les ruines et que la plupart des bouteilles livrées aux voyageurs provenaient de Qous, de Geft et de Qosseyr, en-

trepôts successifs du commerce de l'Inde dans la mer
Rouge. M. Medhurst, interprète du gouvernement an-
glais à Hong-Kong, alla plus loin ; aidé de lettrés chinois, il voulut constater la date des fragments littéraires
inscrits sur les vases, et il y parvint ; l'une des inscriptions disait : *Les fleurs qui s'ouvrent ont amené une nou-*

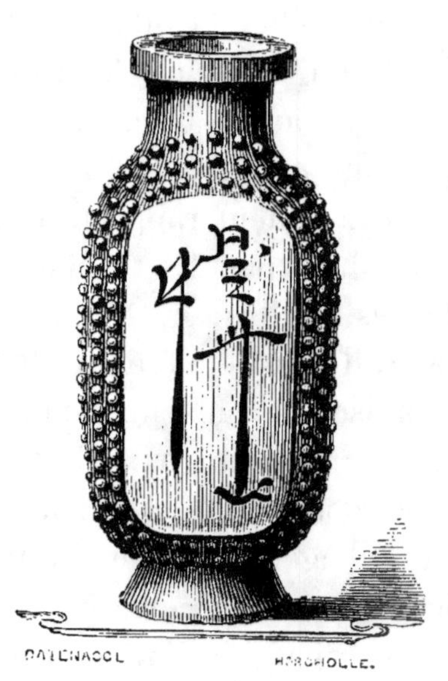

velle année ; c'est le fragment d'un sonnet de Wei-ying-
wouh, poëte qui écrivait de 702 à 795, et dont les vers
mélancoliques donnent une haute idée de la littérature
de cette époque. Voici sa pièce : « L'année dernière,
dans la saison des fleurs, je te rencontrais et partais
avec toi, frère, et maintenant *les fleurs qui s'ouvrent ont
amené une nouvelle année.* Ce monde et ses affaires sont
incertains. Je ne puis sonder l'avenir ; les chagrins du

printemps pèsent sur mon cœur; je cherche solitaire-
ment mon lit; mon être est torturé par la maladie: je
brûle d'envie de revoir ma patrie. »

Du moment où les légendes des vases ne pouvaient
être antérieures au huitième siècle, on ne pensa plus à
faire remonter la porcelaine au delà; la réaction alla
même jusqu'à prétendre que, destinées à contenir le
tabac en poudre, les petites bouteilles de l'Égypte étaient
presque modernes. C'était pousser les choses trop loin,
évidemment. En effet, comme nous le montrerons plus
tard, quelles que soient, en Chine, l'immutabilité des
procédés de l'art et la fidèle transmission des patrons
anciens, il est toujours possible, à l'observateur scrupuleux, de trouver le caractère qui sépare le produit plus
ou moins ancien de ses imitations récentes. En rapprochant les petites fioles conservées à Sèvres et au Louvre,
et réputées antiques, de celles sorties récemment des
fabriques du Céleste-Empire, soit pour servir aux travaux horticoles, soit pour servir à contenir le tabac en
poudre, on reconnaîtra l'énorme différence qu'une
distance de quelques centaines d'années établit entre
des choses réputées semblables.

Nous persistons donc à classer les bouteilles rappor-
tées d'Égypte parmi les merveilles de la céramique, et
nous appelons sur elles l'intérêt des voyageurs et de ceux
qui collectionnent les œuvres intéressantes de toutes
provenances.

CHAPITRE PREMIER

POTERIES ANTIQUES

Au surplus, rien n'est difficile comme de déterminer l'âge des poteries chinoises : on peut dire, en général, que celles dont la pâte est très-dure, noire, lustrée, ferrugineuse, sont les plus anciennes. La surface est couverte alors d'un enduit semi-opaque, destiné à dissimuler la couleur de l'argile, et qu'on nomme *céladon*; il varie du gris roussâtre au vert de mer. Dans le premier cas, le céladon est ordinairement relevé d'un réseau de petites cassures régulièrement espacées : c'est ce qu'on appelle *craquelé*; dans le second, pour enrichir les pièces, on y exécute en relief des méandres, des fleurs, on y creuse des ornements qui, remplis par la couverte *ombrante* vert de mer, constituent le *céladon fleuri*.

Nous venons de nommer le *craquelé*, l'une des porcelaines orientales les plus estimées ; nous devons dire pourtant que son mérite consiste dans un défaut régularisé.

Le craquelage est l'effet qui se produit plus ou moins rapidement sur toute terre cuite dont la pâte, le cœur, est plus sensible aux changements de température que l'enduit extérieur ; dans les faïences cet accident est fréquent ; la terre rouge et poreuse étant très-dilatable entraîne son émail qui, moins élastique qu'elle, se sépare en fragments d'autant plus multipliés que sa résistance est plus grande.

Or, l'une des qualités de la porcelaine dure ordinaire est précisément d'échapper à cette double action ; sa pâte est composée d'une argile blanche, sorte de feldspath décomposé et infusible qu'on nomme *kaolin*, et d'une autre roche feldspathique en partie fusible, dite kaolin caillouteux (en chinois *pe-tun-tse*) ; sa couverte provient d'une roche également feldspathique qui peut se fondre en vitrification ; il y a donc unité d'origine, dès lors affinité complète entre les deux éléments de la porcelaine. Néanmoins, en modifiant la couverte, les Chinois sont arrivés à la rendre plus ou moins dilatable et à rompre l'harmonie de son retrait et de celui de la pâte : de là le *craquelé*, qu'il dépend du potier de rendre *grand*, *moyen* ou *petit ;* dans ce dernier cas, il prend le nom de *truité*.

La parure résultant du craquelage seul est assez simple pour que les vases qui la portent aient besoin de se faire remarquer par leur forme et par la richesse des appendices ; souvent ils sont formulés en lancelles ou en potiches élancées ; les anses supportent des anneaux mobiles, et, assez fréquemment, des zones d'ornements en relief, imprimées sur une pâte d'un brun ferrugineux, divisent la pièce en rompant la monotonie de sa robe grisâtre.

Les petites pièces en truité, dont l'émail est vif, comme le vert feuille de camélia, restent constamment dépourvues d'ornements accessoires ; mais leur galbe est cherché et marqué, presque toujours, au sceau de la plus grande distinction.

Dans les époques intermédiaires entre l'antiquité et le quinzième siècle, le craquelage a été appliqué sur une couverte d'un jaune brun doré appelée en chinois *tse-kin-yeou*, c'est-à-dire vernis d'or bruni ou feuille morte. La science des céramistes est allée jusqu'à tracer sur ce fond des réserves en vernis blanc, rehaussées de traits bleus, et qui résistent au fendillage.

Plus tard on a même fait des vases avec zones successives de vernis coloré (jaune ou bleu) de craquelé et de vernis blanc décoré en cobalt.

Les procédés employés pour fendiller la couverte sont variés, et permettent d'obtenir plusieurs genres de craquelure sur une même pièce. Si à la sortie du four et lorsqu'elle est encore très-chaude, on expose une porcelaine au froid ou même au contact de l'eau, on obtient des fentes profondes que l'on remplit ensuite de noir ou de rouge, suivant que la pièce est céladonée en gris ou en blanc : mais par une chauffe artificielle arrêtée tout à coup, on parsème la surface d'un vase de fentes tellement fines qu'il faut les colorier par l'infiltration d'un liquide ; c'est ainsi qu'est fait le craquelé pourpre et celui café pâle. On peut associer l'un et l'autre à un grand craquelé noir primitif, et obtenir alors les effets les plus singuliers.

Si les Chinois ont toujours estimé la craquelure, ils ont eu quelques autres fabrications de choix.

Dans sa curieuse lettre du 25 janvier 1722, le père d'Entrecolles, missionnaire attaché particulièrement au district de King-te-tchin, où se trouvaient les fabriques de porcelaine, s'exprime ainsi : « On m'a apporté une de ces pièces de porcelaine qu'on nomme *yao-pien* ou *transmutation*. Cette transmutation se fait dans le fourneau et est causée par le défaut ou par l'excès de la chaleur, ou bien par d'autres causes qu'il n'est pas facile de conjecturer. Cette pièce, qui n'a pas réussi, selon l'ouvrier, et qui est l'effet du pur hasard, n'en est pas moins belle ni moins estimée. L'ouvrier avait dessein de faire des vases de rouge soufflé : cent pièces furent entièrement perdues ; celle dont je parle sortit du fourneau semblable à une espèce d'agate. »

Le bon père avait-il été trompé par un faux renseignement ? La fabrication du yao-pien avait-elle été négligée puis reprise au dix-huitième siècle ? Ce qu'il y a de certain, c'est qu'on trouve des vases à couverte *flambée* (tel est le nom français du yao-pien), d'une date très-ancienne et qui indiquent un procédé pratique, et non point un accident.

Quant à la cause de la transmutation, la science moderne la connaît si bien qu'elle peut, dans le laboratoire, obtenir sûrement chacun de ses effets. Les métaux changent d'état et d'aspect suivant leur combinaison

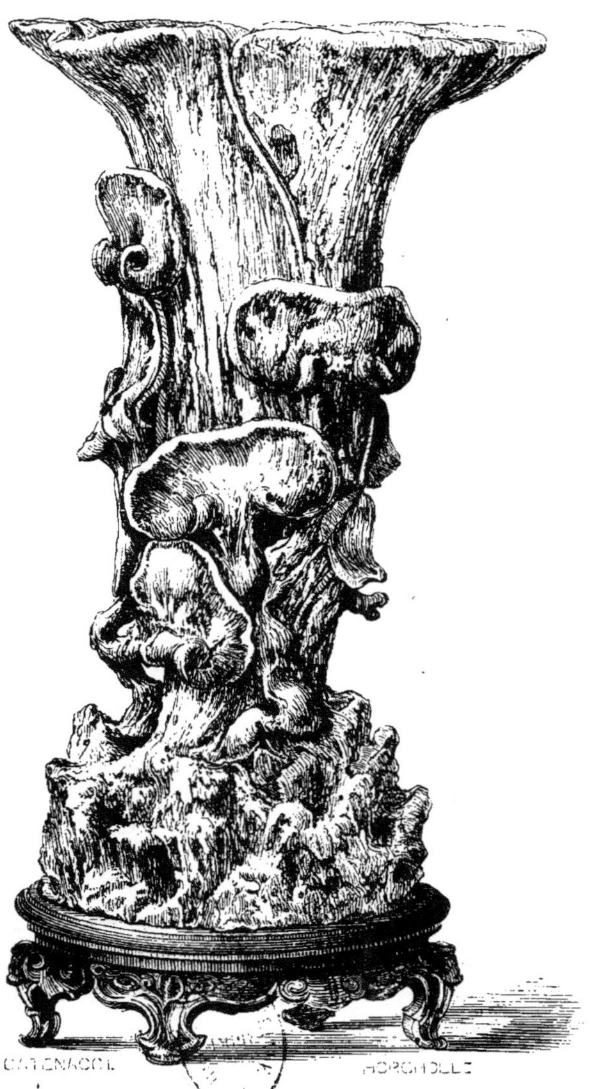

Vase flambé, représentant un groupe de ling-tchy.

avec l'oxygène; ainsi, pour nous borner à la question qui nous occupe, le cuivre *oxydulé* fournit à la peinture vitrifiable un beau rouge qui, jeté en masse sur les vases, forme la teinte dite *haricot;* avec un équivalent de plus d'oxygène, il devient *protoxyde* et produit un beau vert susceptible de se transformer en bleu céleste lorsque l'oxygénation est poussée encore plus loin. Or, ces diverses combinaisons peuvent s'effectuer subitement dans les fours, au moyen de tours de main hardis. Lorsqu'un feu clair, placé dans un courant rapide, entraîne une colonne d'air considérable, tout l'oxygène n'est pas brûlé et il peut s'en combiner une partie avec les métaux en fusion; si, au contraire, on fait arriver dans le récipient d'épaisses fumées dont la masse charbonneuse, avide d'oxygène, absorbe partout ce gaz nécessaire à sa combustion, les oxydes peuvent être détruits et le métal révivifié complétement. Placée à un moment donné dans ces diverses conditions, par l'introduction rapide et simultanée de courants d'air et de vapeurs fuligineuses, la couverte haricot arrive à se transformer pour prendre un aspect des plus pittoresques; des colorations veinées, changeantes, capricieuses comme la flamme du punch, diaprent sa surface : l'oxydule rouge, passant au bleu pâle par le violet et au protoxyde vert, s'évapore même complétement dans certaines saillies devenues blanches, et fournit ainsi d'heureux accidents.

Et, comme pour le craquelé, les Chinois sont tellement sûrs de leur pratique, qu'ils composent toutes leurs paires de vases d'une pièce où le rouge domine et d'une autre à fond presque bleu semé de flammules rouges et lilacées ; ils font aussi des figures dont les chairs carnées disparaissent sous des draperies vertes ou bleues ; ou bien encore des théières en forme de pêche ayant la base bleuâtre, le corps violacé, et le sommet rouge vif.

On peut encore attribuer aux plus anciens céramistes chinois l'invention des couvertes de demi-grand feu,

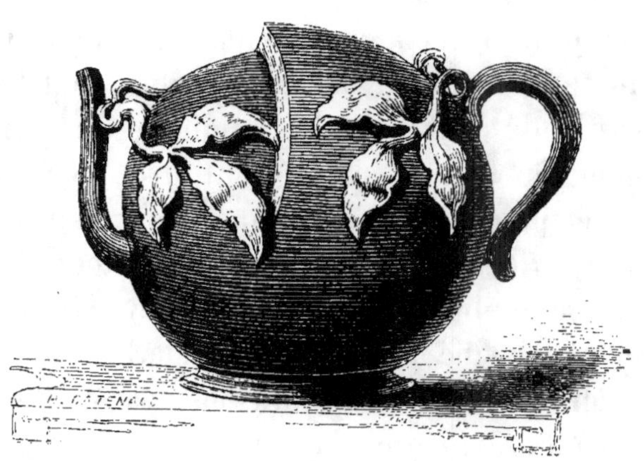
Pêche de longévité, émail violet.

c'est-à-dire du bleu turquoise et du violet pensée ; ces couvertes se posent non pas sur la pâte crue et simplement séchée, mais sur des pièces ayant subi une première cuisson en *biscuit*.

Le bleu turquoise, emprunté au cuivre, a l'avantage de conserver la pureté de sa teinte à la lumière artificielle ; il est tendre et doux, même dans les plus anciens vases d'une pâte un peu noirâtre, et presque toujours truité avec une merveilleuse régularité. Parfois, on y jette des taches métalliques aventurinées, du plus piquant effet.

Le violet, obtenu de l'oxyde de manganèse, est également pur et brillant : assez souvent les deux teintes sont associées sur des vases, des chimères, des figurines ou des groupes figuratifs.

Outre le mérite de leur beauté, les couvertes de demi-grand feu ont celui d'avoir toujours été l'objet d'une vogue exceptionnelle ; en 1782, un *magot* (style du temps) dépareillé, en bleu turquoise, se vendait 540 livres ; vers la même époque, un chat, en vieux violet, ayant fait partie du mobilier de madame de Mazarin, était poussé jusqu'à 1,800 livres. Nous avons vu un vase composé d'une carpe violette avec ses carpeaux, se jouant dans des plantes aquatiques bleu turquoise, obtenir aux enchères un prix de 5,000 francs.

Nous voudrions parler encore de quelques fabrications exceptionnelles comme le *soufflé*, qui couvre d'une dentelle rouge à réseaux imperceptibles la surface d'une couverte bleue opaque ; nous dirions aussi que ce décor manqué produit les fines jaspures aujourd'hui si recherchées qui paraissent imiter certaines pierres naturelles. Mais nous craindrions de tomber dans des détails techniques étrangers à notre but ; il nous suffira de rappeler que les Chinois semblent avoir voulu tout rendre au moyen des pâtes céramiques et des enduits vitrifiables ; certaines de leurs coupes, en bleu tendre et vaporeux nuancé de rouge pourpre, rappellent un ciel voilé, vers le couchant, par les nuages qu'éclaire un dernier rayon de soleil. Des vases rivalisent, dans leurs tons vigoureux, avec les agates les plus vives; d'autres sont nuancés comme l'écaille et en ont la profondeur et la transparence.

L'examen de ces pièces, souvent fort anciennes et toujours très-rares, peut seul faire comprendre l'enthousiasme des écrivains chinois qui placent les antiques produits de la céramique, et certaines de leurs imitations, bien au-dessus des vases précieux, d'époque plus récente, qui sont l'objet de notre admiration.

CHAPITRE II

PORCELAINES

§ 1. Symbolique des formes et des couleurs.

Mais, entraîné par le sujet, nous n'avons rien dit encore des porcelaines peintes, de ces *vraies porcelaines* à fond blanc que tout le monde connaît et qui, seules, peuvent nous initier au secret de la vie intime du peuple chinois, et nous donner une succincte idée de ses croyances et de sa religion. Nous y arrivons donc en hâte.

Commençons par éclaircir un fait diversement interprété par les voyageurs et les écrivains : on a dit qu'au Céleste-Empire, la porcelaine avait été élevée au rang des monuments publics, et l'on a cité pour preuve la fameuse tour de Nankin, sur laquelle on est d'autant plus libre de disserter aujourd'hui qu'elle n'existe plus : les Taï-pings, ces dangereux rebelles qui ont mis la dynastie Thsing, actuellement régnante, à deux doigts de

sa perte, ont démoli le monument lorsqu'ils ont saccagé la capitale du Midi.

D'abord, la tour de porcelaine de Nankin est, en fait
et comparativement, une œuvre peu ancienne; elle fut
reconstruite sous l'empereur Young-lo (1403-1424),
en remplacement d'une antique tour que rien ne dit
avoir été décorée avec les mêmes matériaux.

Voici la description du père Lecomte : « *Tour de porcelaine près de Nan-King*. Il y a hors de la ville, et non
pas au dedans, comme quelques-uns l'ont écrit, un
temple que les Chinois nomment le *Temple de la reconnaissance*..... La salle ne prend jour que par ses
portes; il y en a trois à l'orient, extrèmement grandes,
par lesquelles on entre dans la fameuse tour dont je
veux parler, et qui fait partie de ce temple. Cette tour
est de figure octogone, large d'environ 40 pieds, de
sorte que chaque face en a 15. Elle est entourée par
dehors d'un mur de même figure, éloigné de 15 pieds,
et portant, à une médiocre hauteur, un toit de tuiles
vernissées qui paraît naître du corps de la tour, et qui
forme au-dessous une galerie assez propre. La tour a
neuf étages, dont chacun est orné d'une corniche de
3 pieds, à la naissance des fenêtres, et distingué par
des toits semblables à celui de la galerie, à cela près
qu'ils ont beaucoup moins de saillie, parce qu'ils ne
sont pas soutenus d'un second mur; ils deviennent même
beaucoup plus petits, à mesure que la tour s'élève et
se rétrécit.

« Le mur a au moins sur le rez-de-chaussée 12
pieds d'épaisseur, et plus de 8 et demi par le haut.

Il est incrusté de porcelaine posée de champ ; la pluie et la poussière en ont diminué la beauté : cependant il en reste encore assez pour faire juger que c'est en effet de la porcelaine, quoique grossière, car il y a apparence que la brique, depuis trois cents ans que cet ouvrage dure, n'aurait pas conservé le même éclat.

« L'escalier qu'on a pratiqué en dedans est petit et incommode, parce que les degrés en sont extrèmement hauts : chaque étage est formé par de grosses poutres mises en travers, qui portent un plancher et qui forment une chambre dont le lambris est enrichi de diverses peintures... Les murailles des étages supérieurs sont percées d'une infinité de petites niches qu'on a remplies d'idoles en bas-relief, ce qui fait une espèce de marquetage très-propre : tout l'ouvrage est doré et paraît de marbre ou de pierre ciselée. Mais je crois que ce n'est en effet qu'une brique moulée et posée de champ, car les Chinois ont une adresse merveilleuse pour imprimer toutes sortes d'ornements dans leurs briques, dont la terre, extrèmement fine et bien passée, est plus propre que la nôtre à prendre les figures du moule.

« Le premier étage est le plus élevé, mais les autres ont la même hauteur entre eux ; j'y ai compté 158 marches, presque toutes de 10 bons pouces, que je mesurai exactement ; ce qui fait 158 pieds. Si on y joint la hauteur du massif, celle du neuvième étage, qui n'a point de degrés, et le couronnement, on trouvera que la tour est élevée sur le rez-de-chaussée de plus de 200 pieds.

« Le comble n'est pas une des moindres beautés de cette tour ; c'est un gros mât qui prend au plancher du huitième étage, et qui s'élève plus de 30 pieds en dehors. Il paraît engagé dans une large bande de fer de la même hauteur, tournée en volute et éloignée de plusieurs pieds de l'arbre, de sorte qu'elle forme en l'air une espèce de cône vide et percé à jour, sur la pointe duquel on a posé un globe doré d'une grosseur extraordinaire. Voilà ce que les Chinois appellent la « Tour « de porcelaine. » Quoi qu'il en soit, c'est assurément l'ouvrage le mieux entendu, le plus solide et le plus magnifique qui soit dans l'Orient. Du haut de la tour on découvre presque toute la ville, et surtout la grande colline de l'observatoire qui est à une bonne lieue de là. »

Nous donnons la figure du monument d'après la gravure chinoise que les bouddhistes, desservants du *temple de la gratitude et de la reconnaissance extrêmes*, distribuaient aux visiteurs, en échange de leurs aumônes. Le revêtement de la tour, entièrement blanc, se composait de briques de porcelaine émaillées à la face extérieure. Les entourages des ouvertures étaient seuls en porcelaine vernissée de jaune ou de vert et ornée, en relief, de figures de dragons.

Comme les autres monuments du même genre, construits en Chine depuis le commencement de notre ère, c'est-à-dire à l'époque de l'introduction du bouddhisme, la tour de Nankin symbolise les sphères superposées des cieux ; il n'est donc pas étonnant que les divinités se trouvent réléguées au plus haut étage. Dans

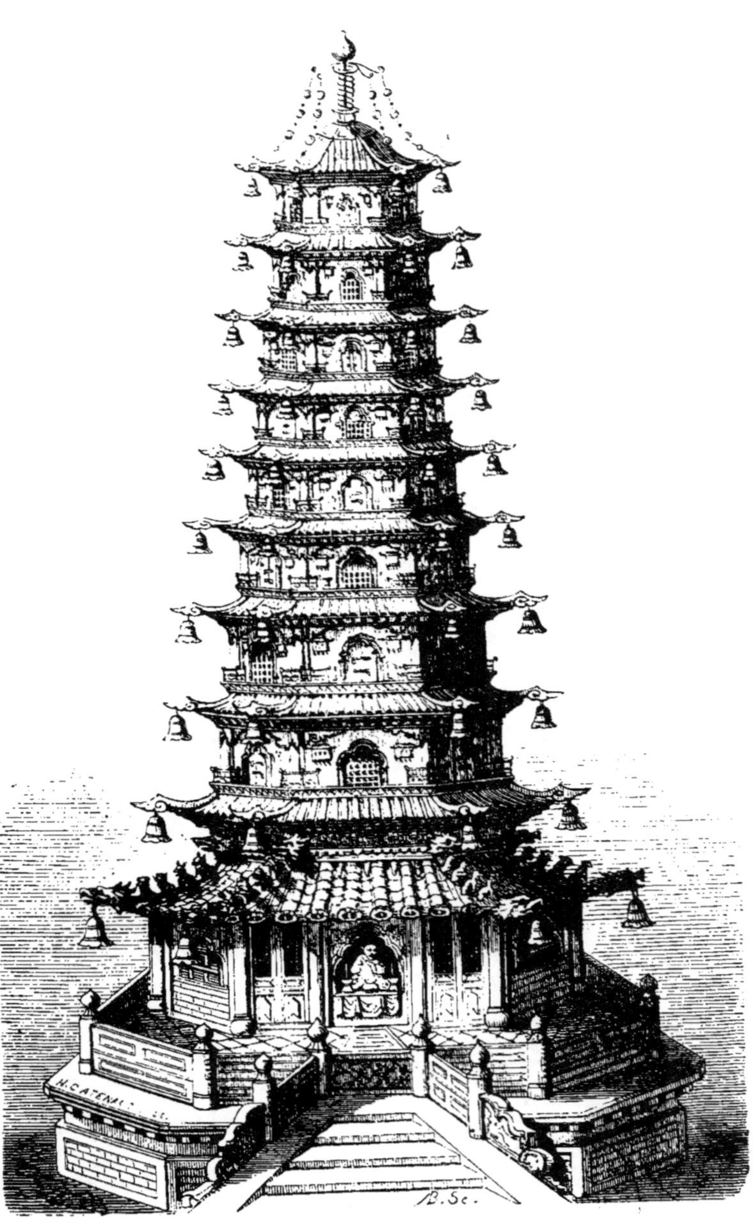

Tour de porcelaine, près Nankin.

l'origine, huit chaînes de fer partant du faîte de la tour, descendaient sur les huit angles en saillies, et supportaient 72 clochettes d'airain : 80 autres clochettes ornaient les angles des toits de chaque étage, et, en dehors de ces neuf étages pendaient 128 lampes : 12 autres lampes de porcelaine décoraient le centre du pavillon octogone du rez-de-chaussée.

Mesurée exactement, la tour fut reconnue avoir 29^m,259 à la base et 79^m,550 de hauteur. L'empereur Khang-hy la visita et la fit réparer en 1664.

Voilà donc la vérité sur un monument singulier plus fait pour émerveiller les voyageurs que pour surprendre les Chinois eux-mêmes, car dans un pays où les constructions solides sont rares, où le bois vient souvent remplacer la pierre et le marbre, on peut s'attendre à voir la poterie entrer dans la combinaison des portiques et des galeries à jour, et contribuer à l'éclat de ces pavillons élégants qui ressemblent plus à des décorations théâtrales qu'à des monuments officiels élevés en l'honneur de la puissance terrestre ou divine.

Les formes sous lesquelles l'art de terre s'unit le plus souvent à l'architecture, en Chine, sont les tuiles à émail coloré, les briques creuses à formes géométriques qui s'ajustent en galeries ou balustrades, et enfin, les briques ou plaques peintes destinées à s'encadrer dans les murailles intérieures, formées de panneaux mobiles, ou même dans les meubles peu nombreux qui garnissent un intérieur luxueux.

Avant d'aller plus loin, consignons une observation essentielle : en Chine rien n'est livré au caprice et à la fantaisie ; telle construction couverte de tuiles vertes ne pourrait l'être en bleu ou en rouge ; telle porte peinte en jaune indique le rang de celui qui doit en franchir le seuil, et il ne saurait appartenir au premier venu de donner à l'huis de sa maison une teinte semblable.

Les preuves de ce fait fourmillent dans la littérature chinoise ; si nous ouvrons le roman des deux Jeunes filles lettrées, nous lisons cette description d'une villa impériale : « Du haut en bas on ne voyait que des briques émaillées en vert. »

« Les murs d'enceinte brillaient de l'éclat du vermillon. »

Aussi un bonze, interrogé sur le nom du possesseur de cette résidence, répond : « Vous voyez là une maison de plaisance de l'empereur. N'avez-vous pas remarqué que le toit du bâtiment est couvert de tuiles émaillées en vert, et que les murs d'enceinte sont peints en rouge? Quel est le magistrat, quel est le prince ou le comte qui oserait usurper une telle décoration ? »

Il y a donc une symbolique des couleurs qu'il importe de connaître et dont les plus anciens livres de la Chine nous ont heureusement conservé les lois.

Les couleurs fondamentales sont au nombre de cinq correspondant aux éléments (l'eau, le feu, le bois, les métaux, la terre) et aux points cardinaux. « Le rouge appartient au feu et correspond au sud ; le noir appartient à l'eau et correspond au nord ; le vert appartient au bois et correspond à l'est ; le blanc appartient au métal et correspond à l'ouest, » dit le commentaire du Li-Ki (Mémorial des rites). « Les rites observés, ajoute le même livre, sous les trois dynasties (Hia, Han et Cheou, de 2,205 av. J.-C. à 264 de notre ère) ont toujours été les mêmes, et le peuple les a unanimement suivis. Si quelque chose a subi des modifications, ce n'a été que la couleur blanche ou la couleur verte caractéristique de telle ou telle dynastie. »

On trouve encore dans le Tcheou-li (les rites des Tcheou, du douzième au huitième siècle avant l'ère vulgaire) : « Le travail des brodeurs en couleurs (hoahoei) consiste à combiner les cinq couleurs.

« Le côté de l'orient est le côté bleu. Le côté du midi est le côté rouge. Le côté de l'occident est le côté blanc. Le côté du nord est le côté noir. Le côté du ciel est le côté bleu noirâtre. Le côté de la terre est le côté jaune. Le bleu se combine avec le blanc. Le rouge se combine avec le noir. Le bleu noirâtre se combine avec le jaune.

« La terre est représentée par la couleur jaune ; sa figure spéciale est le carré. Le ciel varie suivant les saisons.

« Le feu est représenté par la figure du cercle.

« L'eau est représentée par la figure du dragon.

« Les montagnes sont représentées par un daim.

« Les oiseaux, les quadrupèdes, les reptiles sont représentés au naturel. »

Or, voici une source d'instruction immmédiatement applicable : nous savons en effet que la dynastie des Tai-thsing, encore régnante en Chine, a pour livrée la couleur jaune, et nous pourrons lui restituer les vases fabriqués sous son influence et où cette couleur domine. La dynastie antérieure, celle des Ming, avait adopté le vert, et nous verrons, en effet, abonder cette teinte dans les ouvrages créés sous son inspiration. On remarquera toutefois que ceci n'est pas absolu, puisque, indépendamment de sa valeur dynastique, une couleur peut servir à l'expression d'une pensée religieuse et symboliser les éléments ou les astres correspondant aux divisions de l'univers.

Puisque nous avons abordé les doctrines ardues de la métaphysique chinoise, qu'on nous permette d'aller jusqu'au bout et d'en tirer tout ce qui peut éclairer l'histoire des arts céramiques.

Comme la plupart des religions primitives, la théogonie chinoise est obscure dans ses définitions; elle admet d'abord deux principes, le *yang* et le *yn*, l'un actif, l'autre passif: le *yang*, force créatrice, matière en mouvement, a sous sa dépendance le ciel et tout ce qui est *mâle* et noble. Le *yn*, matière inerte, plastique, principe *femelle*, domine la terre et les créations inférieures. *Ti*, l'esprit du ciel, *Che*, l'esprit de la terre, qui préside à toutes ses productions, constituent donc, de fait, deux dieux correspondant aux deux principes, et bien qu'il soit question d'un *Chang-ti*, être suprême, nous ne voyons guère dans cet être qu'un dieu supérieur à d'autres et non un créateur unique et absolu. Du reste, il serait facile de démontrer que le système religieux des Chinois n'est qu'un panthéisme extravagant qui reconnaît des dieux du tonnerre, de la pluie, du vent, des nuages : des esprits protecteurs des grains, des arbres, des fleurs : huit immortels ; trois intendants et cinq empereurs du ciel, et qui va jusqu'à divmiser les anciens souverains, les législateurs et les poëtes.

Mais passons et revenons à ceci : on a vu tout à l'heure, dans le fragment du Tcheou-li, des indications symboliques du plus haut intérêt ; le feu, y est-il dit, est représenté par le cercle : la figure de la terre est

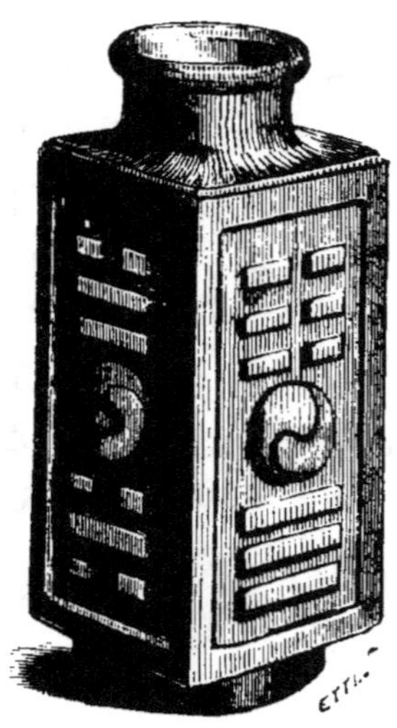

Vase orné des deux forces et des koua.

le carré. En effet, si les Chinois ont voulu faire correspondre les couleurs avec les éléments et les constellations, ils ont cherché également à rendre les idées principales de leur théogonie par des figures emblematiques. Le yang et le yn s'expriment par la figure ci-dessus ; les choses soumises au principal mâle, le soleil, le feu et tous les phénomènes de l'ordre moral le plus élevé, sont représentées par ce qui est circulaire ou ovale et par les divisions impaires. Ce que domine le principe femelle, la lune, la terre et les faits d'un ordre inférieur, est représenté par le carré ou le rectangle, et par les nombres pairs.

On voit de suite où cette règle va nous conduire ; le plan d'un vase, l'observation de ses angles ou des divisions de son décor, vont nous éclairer sur sa destination religieuse et sur le rang de celui qui devait s'en servir, car dans la hiérarchie sociale, certains fonctionnaires doivent se borner au culte des esprits d'ordre secondaire ; les autres peuvent rendre hommage aux puissances supérieures, et l'empereur enfin se réserve le devoir suprême de certains actes, comme les sacrifices au Chang-ti, la réception du printemps, l'ouverture du labourage, etc. Avec leurs formes et leurs couleurs, les vases ont donc un langage facilement compréhensible qui élève au rang de merveilles maintes œuvres devant lesquelles l'ignorant passerait sans s'arrêter.

§ 2. Figurations sacrées.

Mais la symbolique des formes et des couleurs n'est pas la seule dont il faille s'occuper pour apprécier sainement les œuvres chinoises ; passons donc une revue rapide des animaux et des génies qu'on voit figurer le plus souvent sur les poteries du Céleste-Empire.

DRAGONS. Est-ce là une représentation imaginaire ou

les Chinois, témoins des dernières convulsions du globe, auraient-ils aperçu les sauriens monstrueux dont Cuvier nous a restitué l'image d'après leurs restes fossiles? Reptiles à quatre membres, armés de griffes puissantes, et terminés par une tête effroyable, squameuse et fortement dentée, les dragons chinois ont un aspect terrible. On en distingue plusieurs : le *Long*, dragon du ciel, être sacré par excellence ; le *Kau*, dragon de montagne, et le *Li*, dragon de la mer. Le Dictionnaire de Khang-hy contient au mot *Long*, la description suivante : « Il est le plus grand des reptiles à pieds et à écailles ; il peut se rendre obscur ou lumineux, subtil et mince ou lourd et gros, se raccourcir, s'allonger comme il lui plaît. Au printemps, il s'élève vers les cieux ; à l'automne, il se plonge dans les eaux. Il y a le dragon à écailles, le dragon ailé, le dragon cornu, le dragon sans cornes ; enfin, le dragon roulé sur lui-même, qui n'a point encore pris son vol dans les régions supérieures. »

L'empereur, ses fils et les princes de premier et de second rang portent, comme attribut, le dragon à cinq griffes. Les princes de troisième et de quatrième rang portent le même dragon à quatre griffes ; mais ceux du cinquième rang et les mandarins n'ont plus, pour emblème, qu'un serpent à quatre griffes appelé *Mang*.

Les Chinois donnent à plusieurs immortels la figure du dragon ; l'apparition de cet être surnaturel n'a lieu, d'après le Chou-King, que dans des circonstances extraordinaires, telles que la naissance d'un grand empereur, le commencement d'un règne favorable aux hommes. Alors le dragon traverse les airs, hante les palais et les temples, et se montre aux philosophes.

Khi-lin. C'est encore un animal de bon augure ; son corps est couvert d'écailles ; sa tête est rameuse, ressemblant à celle du dragon ; ses quatre pieds délicats sont terminés par un sabot fendu semblable à celui du cerf ; il est si doux et si bienveillant, qu'il évite, dans sa course légère, de fouler le moindre vermisseau.

Chien de Fo. Il ne faut pas le confondre avec l'être fabuleux qui précède ; ses pieds armés de griffes, sa tête grimaçante à dents aiguës, sa crinière frisée, doivent le faire reconnaître pour un lion, modifié par la fantaisie orientale.

Le chien de Fo est le défenseur habituel du seuil des temples et de l'autel bouddhique ; il caractérise aussi certaines fonctions militaires ; c'est la *chimère* de l'ancienne curiosité.

Cheval sacré. L'histoire rapporte qu'au moment où Fou-hi cherchait à combiner des caractères propres à exprimer les formes diverses de la matière et les rapports des choses physiques et intellectuelles, un cheval merveilleux sortit du fleuve, portant sur son dos certains signes dont le philosophe législateur forma les huit *Koua* représentés sur le vase, page 51, et qui ont conservé le nom de source des caractères.

Fong-hoang. C'est un oiseau singulier et immortel qui demeure au plus haut des airs et ne se rapproche des hommes que pour leur annoncer les événements heureux et les règnes prospères. Sa tête ornée de caroncules, son col entouré de plumes soyeuses, sa queue tenant de celles de l'argus et du paon, le font facilement reconnaître.

Dans la haute antiquité, le fong-hoang était le symbole des souverains de la Chine ; le dragon à cinq griffes lui ayant été substitué, il est devenu l'insigne des impératrices.

Un certain nombre d'animaux ordinaires peuvent aussi prendre une valeur symbolique dans la décoration des vases religieux ; ainsi, dans la composition du cycle de soixante ans qui sert à noter les époques historiques, les Chinois ont eu l'idée de représenter les douze tchi périodiques par la figure d'êtres correspondant aux douze lunes ; en d'autres termes, les animaux du cycle sont les signes du zodiaque. Voici leurs noms disposés d'après le rumb, en commençant par le nord : novembre, *le Rat* ; — décembre, *le Bœuf* ; — janvier, *le Tigre* ; — février, *le Lapin* ; — mars, *le Dragon* ; — avril, *le Serpent* ; — mai, *le Cheval* ; — juin, *le Lièvre* ; — juillet, *le Singe* ; — août, *la Poule* ; — septembre, *le Chien* ; — octobre, *le Sanglier*.

Les vases offrent encore l'image d'autres animaux emblématiques ; le cerf blanc et l'axis expriment la longévité, ainsi que la grue qui, dit-on, prolonge son existence jusqu'à des limites extrêmes et prodigue les soins les plus touchants à ses vieux parents. Le canard mandarin passe pour être tellement attaché à sa compagne qu'il meurt de chagrin si on l'en sépare ; aussi le considère-t-on comme le type de la fidélité conjugale et d'une heureuse union.

Mais, laissons les animaux pour nous occuper des

dieux. La figuration des êtres célestes ne doit pas remonter bien haut en Chine : les plus antiques statues dont il soit question dans les livres, appartiennent au culte bouddhique, qui s'est introduit au Céleste-Empire au commencement de notre ère ; quant aux autres effigies sacrées, elles représentent presque toutes des personnages honorés par les Tao-sse, disciples de Lao-tse, qui vivait dans le septième siècle avant Jésus-Christ. Parlons d'abord de Lao-tse lui-même et des légendes fabuleuses qui rappellent sa naissance. Le père du philosophe n'était qu'un pauvre paysan demeuré célibataire jusqu'à l'âge de soixante-dix ans ; il se maria enfin à une femme de quarante ans, qui conçut, dit-on, sous l'influence d'une grande étoile tombante ; elle demeura enceinte quatre-vingt-un ans, et le maître qu'elle servait, lassé d'un prodige qui nuisait à ses intérêts, la chassa sans pitié. Comme elle errait dans la campagne, elle se reposa sous un prunier, et mit au monde un fils dont les cheveux et les sourcils étaient blancs ; le peuple, frappé de ce fait, désigna le nouveau-né par le nom de *Lao-tse* qui signifie *vieillard enfant.*

Voilà le signalement mythique ; en réalité notre Chinois est tout autre chose ; simple et modeste dans sa vie, il étudia longtemps les ouvrages des sages de l'antiquité ; il paraît même avoir été chercher dans l'Inde les doctrines prêchées par Bouddha ; de la méditation de ces théories abstraites sortit le traité célèbre appelé : *Tao-te-King, le Livre de la raison suprême et de la vertu.* Dans l'état de dissolution sociale où se trouvait alors la Chine, un pareil ouvrage eût pu rendre les plus grands

services s'il n'eût été par trop idéologique, et si ses
préceptes n'eussent porté les hommes à la contemplation ascétique et solitaire plutôt qu'à la solidarité sociale.

Aussi, le livre devint la base d'une religion dont les

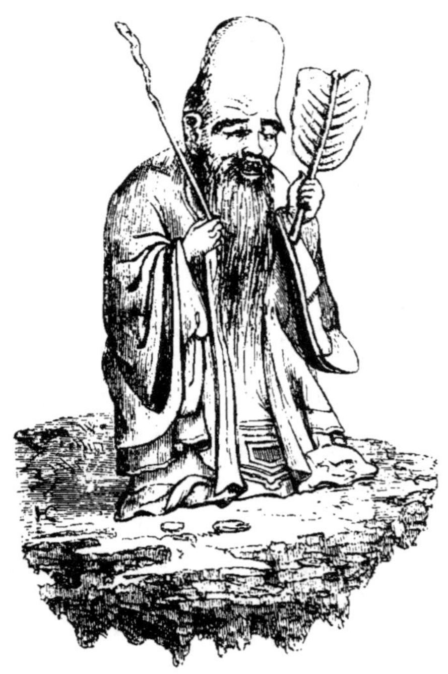

Cheou-lao, dieu de la longévité.

sectateurs tombèrent dans les rêveries les plus extrava-
gantes. La magie, la recherche du breuvage d'immortalité, s'introduisirent dans les pratiques du Tao, et en
obscurcirent la morale. L'auteur du livre, divinisé, fut
considéré comme antérieur au monde créé et ayant con-
tribué à en accomplir les destinées.

C'est comme tel, c'est-à-dire à l'état de *Dieu suprême* ou *Chang-ti*, que la céramique nous le montrera le plus souvent ; parfois il sera représenté sous la forme simple du dieu de la longévité, *Cheou-lao*. Dans tous les cas, sa tête vénérable, monstrueusement élevée à la partie supérieure, apparaîtra douce et souriante, avec ses sourcils et ses cheveux blancs ; monté ou appuyé sur le cerf blanc ou l'axis, il tiendra souvent dans la main le fruit de l'arbre fabuleux de Fan-tao qui fleurit tous les trois mille ans et ne fournit ses pêches que trois mille ans après ; s'il est entouré de champignons *ling-tchy*, qui donnent l'immortalité, et qu'il ait une robe jaune, on le reconnaîtra pour le suprême arbitre des choses terrestres et l'éternel régulateur des saisons.

Cheou-lao est donc l'une des plus respectables figurations chinoises, puisqu'elle nous retrace un grand philosophe et un homme de bien. Il en est une autre, plus joviale d'apparence, qui nous détourne involontairement des pensées élevées pour nous reporter à l'idée des jouissances physiques et matérielles. Voyez-vous cet être obèse, les yeux clos, la bouche ouverte par un rictus sensuel? assis dans un débraillé qui semblerait annoncer l'ébriété, il porte pourtant à la main l'écran, attribut des êtres divinisés ; eh bien, ce *poussah*, comme l'appelaient nos pères, cette masse engraissée par la bonne chère et l'insouciance, c'est *Pou-tai*, le dieu du contentement. Il faut se pénétrer de l'esprit des Chinois, qui trouvent qu'un homme annonce d'autant plus de mérite que sa robuste corpulence remplit mieux son fauteuil, pour comprendre cette singulière divinité. Ses statuettes sont assez fréquentes en porcelaine et surtout en blanc de Chine.

Revenons à de plus nobles personnages en commençant par Confucius, le vrai législateur de l'empire du Milieu. Confucius naquit en 551, environ un demi-siècle après Lao-tse ; frappé comme celui-ci du désordre moral des masses, il s'appliqua à rendre les hommes meilleurs en les rappelant à l'observation des anciens usages, en

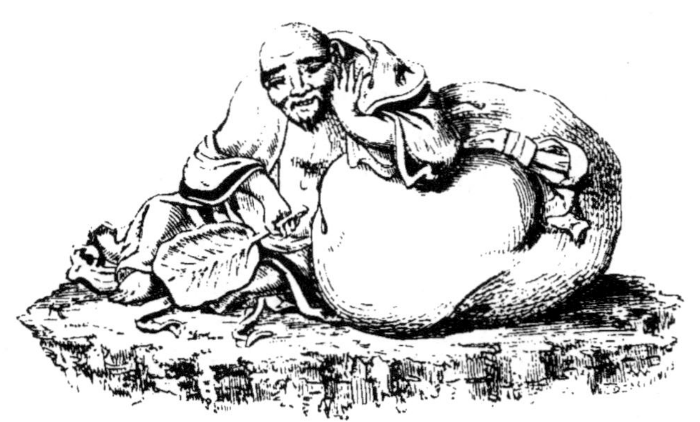

Pou-tai, appuyé sur l'outre contenant les biens terrestres.

codifiant les lois, et ravivant le souvenir des sages de l'antiquité. Ses vertus groupèrent autour de lui de nombreux disciples ; ses doctrines se répandirent avec sa réputation, et il devint, malgré sa modestie, le chef de la religion chinoise. A vrai dire, Koung-tseu se montre très-réservé dans son spiritualisme ; il dirige les hommages des hommes moins vers la Divinité elle-même que vers la manifestation de sa puissance. Le renouvellement des saisons, le retour du soleil dans sa position

vivifiante au printemps, la fécondation des terres,
récolte : voilà pour lui les fêtes religieuses. Les autres
bien plus fréquentes, ont pour but de rendre ineffaçab
le souvenir des empereurs vertueux, des grands philo
sophes, des bienfaiteurs de l'humanité, ou de mainteni
le respect des ancêtres.

La représentation de Koung-tseu est pourtant moin
fréquente que celle de Lao-tse ; assis ou debout, dan
une attitude tranquille, on le reconnaît au simple bonne
du lettré ; sa main tient le rouleau manuscrit ou l
sceptre de bon augure (*Jou-y*).

Cette figuration tient le milieu entre les images re
ligieuses, car Confucius a des temples et reçoit une
sorte de culte, et les portraits commémoratifs des grands
lettrés. Beaucoup de vases en Chine portent, en effet,
une figure principale, prosateur ou poëte, entourée de
sujets se rapportant à ses œuvres les plus renommées.

Terminons par quelques notes sur une divinité des
plus fréquentes *Kouan-in*. Quelle est cette gracieuse
femme voilée, les yeux baissés, parfois assise et tenant
le sou-chou (chapelet), parfois debout portant un enfant ; ou appuyée sur le cerf ou le fong-hoang ? Nos missionnaires la désignèrent d'abord sous le nom de vierge
chinoise ; mais en la trouvant montée sur un lotus, ou
la poitrine imprimée du signe swastika 卍, qui annonce le salut et donne une consécration religieuse
à tout ce qui en est marqué, il est impossible de ne pas
la reconnaître pour une figuration bouddhique. Kouan-in
est une de ces divinités symboliques et hermaphrodites
que l'on identifie tantôt avec le soleil, tantôt avec le

dieu suprême et créateur : c'est ce qu'indique alors le swastika indien, appelé par les Chinois *Wan-tse*, les dix mille choses, la création.

Nous ne dirons rien de quelques autres effigies plus rares, telles que le Dieu de la guerre, avec son ventre

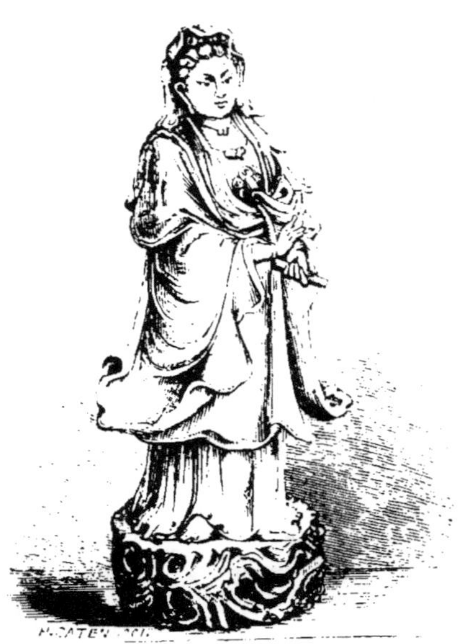

Kouan-in, blanc de Chine.

proéminent, sa face rouge et menaçante, sa lance au fer tranchant ; la Déesse des talents, qui laisse tomber des perles, et mille autres divinités secondaires qui président à la naissance des plantes et aux principaux phénomènes de la nature : il nous faut arriver aux vases eux-mêmes, signaler leurs formes et leurs décors divers.

CHAPITRE III

DESCRIPTION DES PORCELAINES

§ 1. Bleus.

La porcelaine de Chine est principalement composée d'une argile blanche, fine, serrée, extraite d'une roche feldspathique décomposée, appelée *kaolin*; sa couverte est formée par une autre roche de même origine géologique, à grains cristallins, qui fournit le *pe-tun-tse*. Il y a donc identité parfaite entre ces éléments, et la pâte et la couverte s'harmonient si complétement qu'elles ont une résistance égale, une blancheur absolue et une sonorité voisine de celle du métal.

La pâte non couverte peut cuire seule et donner une matière charmante qu'on nomme *biscuit* et qui convient pour modeler des figures. Les Chinois ont associé le biscuit à la porcelaine couverte, et obtenu ainsi de curieux effets.

Rarement la porcelaine est laissée blanche; ce que l'on nomme *blanc de Chine* n'est pas une poterie *sans décor*; c'est une composition toute particulière, plus translucide que la porcelaine ordinaire, à couverte plus vitreuse et plus tendre, susceptible de prendre les couleurs de demi-grand feu bleu turquoise et violet pensée.

Le décor le plus ancien et le plus estimé en Chine est celui en camaïeu bleu ; il s'exécute sur la pâte simplement séchée, après le travail du tournassage, et *crue* on pose la couverte après, on cuit, et dès lors la peinture devient inattaquable. Dans les temps les plus anciens, le cobalt n'était pas d'une pureté irréprochable; son éclat plus ou moins grand peut donc servir à fixer des dates approximatives. C'est, d'ailleurs, parmi les porcelaines bleues qu'on trouve le plus grand nombre de celles qui portent des *nien-hao, indications de règnes*, ou des inscriptions honorifiques ou autres.

L'ancienne nomenclature chinoise suffirait à prouver la haute estime dont jouissaient ces porcelaines appelées *kouan-ki*, vases des magistrats. Elles étaient principalement fabriquées à *King-te-tchin*, dans le district de Feou-liang, dépendant du département de Jao-tcheou. Cette fabrique, fondée sous les Song (1004 à 1007), a toujours eu le privilége de fournir les objets d'art destinés à l'empereur. Voici dans quels termes le père d'Entrecolles en parlait en 1717 : « Il ne manque à King-te-tchin qu'une enceinte de murailles pour mériter le nom de ville, et pouvoir être comparé aux villes même les plus vastes et les plus peuplées de la Chine. Ces endroits nommés *tchin*, qui sont en petit nombre, mais qui sont d'un grand abord et d'un grand commerce, n'ont point coutume d'avoir d'enceinte, peut-être afin qu'on puisse les étendre et agrandir autant qu'on veut, peut-être afin qu'on ait plus de facilité pour embarquer et débarquer les marchandises.

« On compte à King-te-tchin dix-huit mille familles. Il y a de gros marchands dont l'habitation occupe un vaste espace et contient une multitude prodigieuse d'ouvriers ; aussi l'on dit communément qu'il y a plus d'un million d'âmes. Au reste, King-te-tchin a une grande lieue de longueur sur le bord d'une belle rivière. Ce n'est point un amas de maisons comme on pourrait se l'imaginer : les rues sont tirées au cordeau : elles se coupent et se croisent à certaines distances : tout le terrain y est occupé et les maisons n'y sont même que trop serrées et les rues trop étroites. En les traversant, on croit être au milieu d'une foire : on entend de tous côtés les cris des portefaix qui se font faire passage.

« La dépense est bien plus considérable à King-te-tchin qu'à *Jao-tcheou*, parce qu'il faut faire venir d'ailleurs tout ce qui s'y consomme et même le bois pour entretenir le feu des fourneaux. Cependant, malgré la cherté des vivres, King-te-tchin est l'asile d'une multitude de pauvres familles qui n'ont pas de quoi subsister dans les villes des environs. On trouve à y employer les jeunes gens et les personnes les moins robustes. Il n'y a pas même jusqu'aux aveugles et aux estropiés qui n'y gagnent leur vie à broyer les couleurs. Anciennement, dit l'histoire de *Feou-liang*, on ne comptait à King-te-tchin que trois cents fourneaux à porcelaine : mais présentement il y en a bien trois mille. Il n'est pas surprenant qu'on y voie souvent des incendies ; c'est pour cela que le génie du feu y a plusieurs temples. Le culte et les honneurs qu'on rend à ce génie ne diminuent pas le nombre des embrasements. Il y a peu de temps qu'il y eut huit cents maisons de brûlées. Elles ont dû être bientôt rétablies, à en juger par la multitude des charpentiers et des maçons qui travaillent dans ce quartier. Le profit qu'on tire du louage des boutiques rend le peuple chinois très-actif à réparer ces sortes de pertes.

« King-te-tchin est placé dans une vaste plaine environnée de hautes montagnes. Celle qui est à l'orient, et contre laquelle il est adossé, forme en dehors une espèce de demi-cercle : les montagnes qui sont à côté donnent issue à deux rivières qui se réunissent ; l'une est assez petite, mais l'autre est fort grande et forme un beau port de près d'une lieue, dans un vaste bassin, où elle perd beaucoup de sa rapidité. On voit quelquefois, dans ce vaste espace, jusqu'à deux ou trois rangs de barques à la queue les unes des autres. Tel est le spectacle qui se présente à la vue lorsqu'on entre par une des gorges dans le port. Des tourbillons de flamme et de fumée, qui s'élèvent en différents endroits, font d'abord remarquer l'étendue, la profondeur et les contours de King-te-tchin. A l'entrée de la nuit, on croit voir une vaste ville toute en feu ou bien une immense fournaise qui a plusieurs soupiraux. Peut-être que cette enceinte de montagnes forme une situation propre aux ouvrages de porcelaine.

« On sera étonné qu'un lieu si peuplé, où il y a tant de richesses, où une infinité de barques abondent tous les jours et qui n'est point fermé de murailles, soit cependant gouverné par un seul mandarin, sans qu'il y arrive le moindre désordre. A la vérité, King-te-tchin n'est qu'à une lieue de Feou-liang et à 18 lieues de Jao-tcheou, mais il faut avouer que la police y est admirable. Chaque rue a un chef établi par le mandarin, et si elle est un peu longue elle en a plusieurs. Chaque chef a dix subalternes qui répondent chacun de dix maisons. Ils doivent veiller au bon ordre, accourir au premier tumulte, l'apaiser et en donner avis au mandarin, sous peine de la bastonnade, qui se donne ici fort libéralement. Souvent même le chef du quartier a beau avertir du trouble qui vient d'arriver et assurer qu'il a mis tout en œuvre pour le calmer, on est toujours disposé à juger qu'il y a eu de sa faute, et il est difficile qu'il échappe au châtiment. Chaque rue a ses barricades qui se ferment pendant la nuit. Les grandes rues en ont plusieurs. Un homme du quartier veille à chaque barricade, et il n'oserait ouvrir qu'à certains signaux la porte de sa barrière. Outre cela, la ronde se fait souvent par le mandarin du lieu, et, de temps en temps, par des mandarins de Feou-liang. De plus, il n'est guère permis aux étrangers de coucher à King-te-tchin. Il faut, ou qu'ils passent la nuit dans leurs barques ou qu'ils logent chez des gens de leur connaissance, qui répondent de leur conduite. Cette police maintient tout dans l'ordre et établit une sûreté entière dans un lieu dont les richesses réveilleraient la cupidité d'une infinité de voleurs. »

Il était d'autant plus curieux de tracer ce tableau du grand centre de la fabrication céramique, que King-te-tchin n'est plus qu'un monceau de ruines; les Taï-pings ont saccagé le bourg, détruit les usines, et ruiné à jamais l'industrie de la porcelaine en Chine.

Avouons d'abord que, malgré les indications des ouvrages historiques, on ne connaît aucune porcelaine décorée à King-te-tchin pouvant remonter au delà des Ming (1368); les vases de la période Hong-wou (1368 à 1398), ceux de Yong-lo (1403 à 1424), sont généralement grossiers de dessin et d'une fabrication encore imparfaite. Sous Siouen-te (1426 à 1435), la pâte et le décor sont d'une qualité remarquable, et, chose curieuse sur laquelle il importera de revenir ailleurs, beaucoup de pièces empruntent les formes et le style de la poterie persane.

En 1465, l'art chinois est à son apogée, et la période Tching-hoa (qui s'étend jusqu'en 1487) nous offrira les plus curieuses figurations. Disons pourtant qu'avant d'attribuer à un vase la date inscrite sous son pied, il faut l'étudier scrupuleusement.

En effet, les Chinois sont les plus adroits faussaires, et ils cherchent à spéculer sur le goût de leurs concitoyens pour les ouvrages anciens et précieux. Il est arrivé là-bas, de même que chez nous, que le talent des contrefacteurs a fini par donner à leurs œuvres une réputation et un prix égaux à ceux du modèle. C'est ce qui peut s'appliquer à un artiste appelé *Tcheou-tan-tsiouen;* il excellait surtout dans l'imitation des vases antiques, et M. Stanislas Julien rapporte, sur son habileté merveilleuse, l'anecdote suivante :

« Un jour, il monta sur un bateau marchand de *Kin-tchong* et se rendit sur la rive droite du fleuve *Kiang*. Comme il passait à Pi-ling, il alla rendre visite à *Thang*, qui avait la charge de *Thaï-tchang* (président des sacrifices), et lui demanda la permission d'examiner à loisir un ancien trépied en porcelaine de *Ting*, qui était l'un des ornements de son cabinet. Avec la main, il en obtint la mesure exacte : puis il prit l'empreinte des veines du trépied à l'aide d'un papier qu'il serra dans sa manche, et se rendit sur-le-champ à King-te-tchin. Six mois après, il cevint et fit une seconde visite au seigneur *Thang*. Il tira alors de sa poche un trépied et lui dit : « Votre Excellence possède un trépied cassolette en por- « celaine blanche de *Ting* ; en voici un semblable que « je possède aussi. » *Thang* fut rempli d'étonnement. Il le compara avec le trépied ancien, qu'il conservait précieusement, et n'y trouva pas un cheveu de différence. Il y appliqua le pied et le couvercle du sien, et reconnut qu'ils s'y adaptaient avec une admirable précision. *Thang* lui demanda alors d'où venait cette pièce remarquable. « Anciennement, lui dit *Tcheou*, vous « ayant demandé la permission d'examiner votre trépied « à loisir, j'en ai pris avec la main toutes les dimen- « sions. Je vous proteste que c'est une imitation du « vôtre ; je ne voudrais pas vous en imposer. »

Le faux trépied fut acheté un haut prix et les amateurs des seizième et dix-septième siècles (Tcheou vivait de 1567 à 1619 environ) ne regardaient pas à

1,000 onces d'argent (7,500 fr.) pour se procurer des ouvrages du fameux potier.

Ces prix mêmes nous mettent à l'abri de l'importation des fausses porcelaines de Tcheou ; mais il en est beaucoup d'autres qu'on peut rencontrer, et leur signalement est bon à donner. En général, elles sont moins sonores que les porcelaines anciennes ; l'émail est plus vitreux, le décor moins net, moins bien dessiné, et, enfin, les inscriptions sont incorrectes et parfois même illisibles.

Précisément à cause de leur destination, il est rare que les vases bleus ne portent point de symboles ou de sujets intéressants ; rien n'y est plus ordinaire que la représentation du dragon et du fong-hoang, et souvent des signes jetés dans la décoration ou placés en-dessous indiquent le rang du destinataire. Ces signes sont la

perle, insigne du talent et qui marque plus particulièrement les pièces réservées aux poëtes ; la

pierre sonore, instrument régulateur de la musique antique, placé à la porte des temples et à celle des hauts fonctionnaires appelés à rendre la justice : c'est en frappant sur cette pierre qu'on obtient

audience ; le Kouei, tablette honorifique, dont la forme et la matière varient selon le rang du dignitaire ; donnée par l'empereur comme marque des fonctions publiques, cette pierre doit être tenue par le mandarin lorsqu'il se rend à l'audience ou accomplit les actes de sa charge : les Choses précieuses, c'est-à dire le papier, le pinceau, l'encre et la pierre à broyer ; ce sont les insignes du lettré : la hache sacrée, figurée dans le Chou-king, et qui désigne les grands guerriers.

Quelques autres marques expriment simplement des vœux; ainsi le ling-tchy ou la célosie promettent la longévité; quant à une feuille toujours entourée de lemnisques, nous ne savons s'il faut la reconnaître pour celle du Outong chanté par les poëtes : on la voit sous les pieds de certaines divinités, ou servant de support à des animaux sacrés.

Lorsque ces divers signes sont jetés dans la décoration générale et accompagnés de sceptres, de vases contenant des fleurs ou des plumes de paon, ils constituent ce que l'on appelle l'ornementation à *modèles*, et manifestent la noblesse ou la haute position de ceux auxquels les porcelaines sont destinées.

Nous avons parlé des porcelaines bleues de King-tetchin comme de celles qui offrent la plus grande perfection; mais il y a eu d'autres fabriques dont les produits peuvent exister sous nos yeux sans qu'il soit possible d'en assigner l'origine : ainsi, sous les Ming, indépendamment du Kiang-si, où se trouve l'usine impériale, on travaillait dans les provinces de Chan-tong, de Ho-nan, de Chen-si, de Tche-kiang et du Fo-kien. Il y a plus, sans parler de la Perse, dont nous décrirons plus loin les porcelaines, certaines contrées orientales ont pu aussi avoir leurs poteries translucides, imitées plus ou moins complétement du type chinois : on peut

même, dès à présent, signaler une espèce nombreuse
intéressante et bien déterminée qui, parvenue l'une des
premières en Europe, a servi de modèle à nos faïenceries et surtout à Nevers. Les plus fréquents spécimens
de cette porcelaine sont des bouteilles dans le genre
persan, à ouverture annulaire couronnant un nœud
sphéroïdal ; un peu bleuâtre, l'émail est très-uni et
bien posé sur une pâte généralement fine. Les pièces
à figures offrent toujours des sujets chinois, mais à
personnages d'un type particulier qui rappelle la race
tartare : quant aux ornements, ils sont caractéristiques :
ce sont des groupes de feuilles symétriques formant
une palmette et des fleurs rosacées couronnées de points ;
les bordures à faux godrons inclinés et à dents de loup,
sont répétées à profusion et alternent avec des rinceaux
déviés du genre purement chinois.

Parfaitement reconnaissables à première vue, ces porcelaines, plus fines que celles de Perse, sont rarement
marquées en-dessous ; lorsque nous y avons rencontré
des signes, ils formaient toujours une sorte d'inscription rappelant le *nien-ho* chinois,
ou mieux les légendes littéraires
de certaines pièces trouvées en
Égypte ; soumises aux sinologues,
ces inscriptions n'ont pu être lues ;
en voici la figure :

Qu'on y doive voir une écriture
déviée de celle des Chinois, ou
une simple contrefaçon de la forme cursive du T'sao-
chou, ces marques, d'une forme constante, indique-

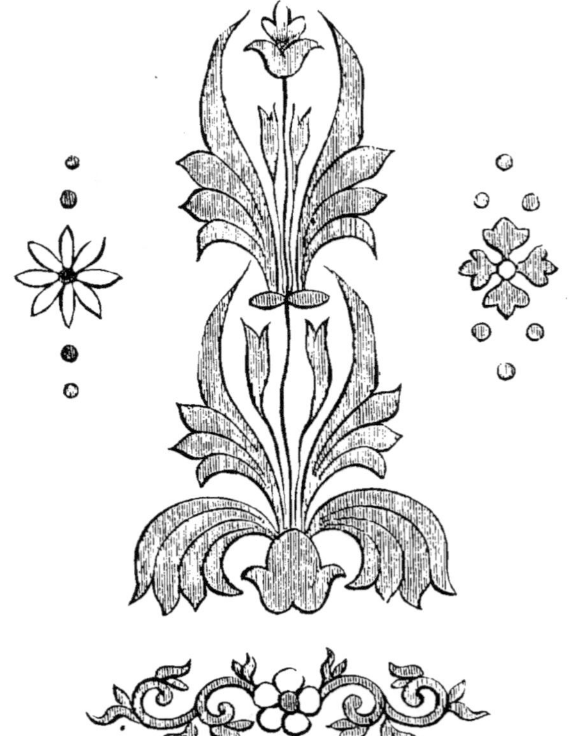

raient toujours avec certitude un centre étranger au
Céleste-Empire, mais soumis à l'influence de son art.

§ 2. Peintures polychromes.

Avant de décrire les divers systèmes de décoration
polychrome, il est indispensable de dire un mot de la
manière dont la peinture des vases s'exécute en Chine.
Le P. d'Entrecolles nous apprend que dans une fabrique
« l'un a soin uniquement de former le premier cercle coloré qu'on voit près des bords de la porcelaine : l'autre
trace des fleurs que peint un troisième : celui-ci est
pour les eaux et les montagnes ; celui-là pour les
oiseaux et les autres animaux. » On ne s'attendrait
certes pas à trouver dans un pays si éloigné de nos
mœurs et de nos doctrines économiques, le système de
la division du travail à un état aussi pratique. Mais,
avec de telles méthodes, tout individualisme disparaît ;
il n'y a plus de peintres, pas même d'école : c'est une
suite de générations travaillant sur un patron séculaire,
immobilisé ; c'est l'atelier dans sa forme la plus matérielle, et l'ouvrage n'est plus qu'un poncif plus ou moins
défiguré, selon qu'il est tombé dans des mains plus ou
moins habiles.

Il résulte de cette immobilité, qui s'est maintenue
plusieurs siècles, qu'on peut classer par familles véritables les décors principaux des poteries chinoises, et
trouver un signalement applicable à l'universalité des
pièces de chaque famille.

FAMILLE CHRYSANTHÉMO-PÆONIENNE.

Elle est caractérisée par la prédominance des chrysanthèmes et de la pivoine (pæonia), qui envahissent
fonds, surchargent les médaillons réservés, et se montrent même en relief dans les appendices des vases ou
à leur surface.

Une coloration particulière, simple et grandiose, fait
d'ailleurs ressortir l'effet ornemental de ces éléments
décoratifs. Un bleu gris ou noirâtre, du rouge de fer
plus ou moins vif, et un or mat et doux s'y balancent
par masses à peu près égales : dans quelques cas assez
rares du vert de cuivre et du noir s'unissent aux
teintes fondamentales et constituent un genre pæonien
riche.

Dans la composition, la fantaisie créatrice se montre
sous des aspects aussi variés qu'ingénieux : cartouches
et médaillons réguliers, savamment espacés sur des
fonds arabesques : draperies pendantes soulevant leurs
plis en tuyaux d'orgues, pour laisser apercevoir un semis
de rinceaux en bleu sous couverte : bandes irrégulières
s'entre-croisant, se cachant à demi, comme si le peintre
avait jeté au hasard les croquis de son portefeuille sur
la panse des vases : bordures richement brodées de fleurs
et d'or : mosaïques aux patients détails : imbrications,
rinceaux : postes, grecques : tous les styles, toutes les
combinaisons : voilà ce que le curieux peut trouver sur
ces porcelaines.

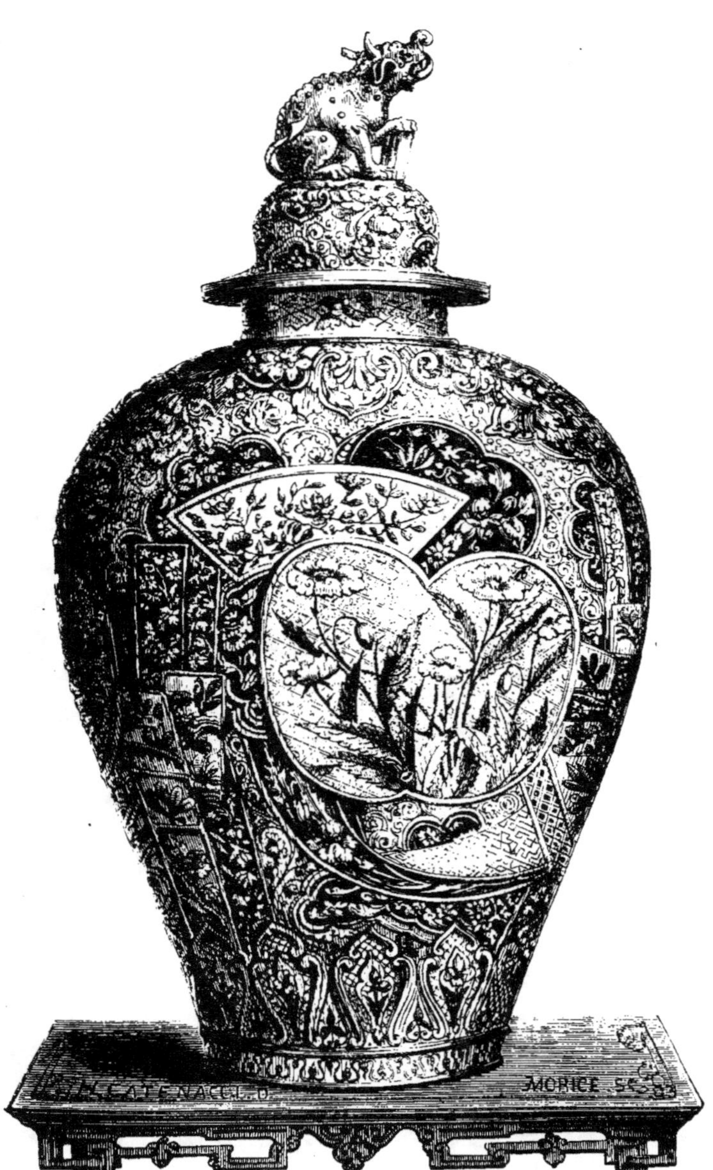

Potiche chrysanthémo avec appliques laqu es.

Les plus grandes réserves sont habituellement occupées par des bouquets isolés ou sortant d'un vase, et composés de pivoines et de chrysanthèmes accompagnées parfois de tiges de graminées, des branches du pêcher à fleurs et d'une sorte d'œillet aux fleurs multiples. D'autres fois, ce sont des paysages avec fabriques, lacs, montagnes, rochers surmontés de grands arbres.

Parmi ces diverses peintures, ou dans des cartouches secondaires, ronds, ovales, polygonaux, ou affectant la silhouette d'un fruit ou d'une feuille, on rencontre le dragon, le fong-hoang, des chevaux, des Ki-lin, des grues, des cailles ou les animaux du cycle.

Partout, les détails sont tracés sans prétention imitative ; les fleurs, les êtres animés se reconnaissent, mais il est évident que l'artiste a cherché les masses, les grands effets, en négligeant à dessein la perfection graphique, inutile dans des objets destinés à être vus à distance.

Les porcelaines chrysanthémo-pæoniennes, sont, en effet, la poterie usuelle, le mobilier commun de la Chine ; autour de l'habitation, dans les jardins, on les voit servant à contenir les fleurs coupées ou, remplies de terre comme nos caisses de bois, porter des pins et des bambous de quelques décimètres de hauteur, ou les plantes rares recherchées des curieux ; à l'intérieur, c'est la même chose ; les cornets, ces vases sveltes et élégants, se couronnent d'une gerbe de nelumbos ou de pivoines *Mou-tan*; les potiches ventrues aux couvercles rappelant le toit des temples, renferment la récolte du tsia (thé), base de la boisson usuelle de toutes les classes de la société ; les plats, posés sur des étagères, reçoivent les fruits odorants destinés à parfumer les appartements, et notamment le cédrat main de Fo, dont le sommet se divise et se contourne comme des doigts crispés.

C'est encore cette famille qui fournit ordinairement le service de table, service qui n'a rien de commun avec le nôtre : ainsi, les mets sont placés sur des plats que nous nommerions assiettes, ou dans des bols, et chaque convive reçoit les modestes parts qui lui sont dévolues dans des soucoupes, devenues assiettes, et dans de petits bols hémisphériques. Cette exiguïté des parts est compensée par la multiplicité des mets. Le thé bouillant et le sam-chou, sorte d'eau-de-vie de grain également chaude, se boivent dans des petites tasses avec ou sans anses, et quelquefois surmontées de la pièce qu'on nomme présentoir.

Nous ne prétendons pas que la table soit exclusivement couverte de porcelaines pæoniennes ; il est même des circonstances où elle en doit porter d'autres ; mais c'est bien là l'espèce usuelle, et si on la voit, comme nous l'avons dit, offrir des insignes nobiliaires ou des emblèmes de dignités, c'est pour manifester le rang de ceux auxquels elle appartient.

FAMILLE VERTE

Voici un nom qui n'a pas besoin d'être expliqué ; il est basé sur un fait ostensible et frappant. Toutes les pièces de cette famille brillent, en effet, de l'éclat d'un beau vert de cuivre tellement dominant, qu'il absorbe et efface les autres couleurs.

On se rappelle que le vert, l'une des cinq couleurs primordiales, correspond à l'élément du bois et à l'est, et qu'il a été adopté comme livrée par les Ming, maîtres de la Chine de 1368 à 1615. On peut donc croire qu'en faisant prédominer à ce point une couleur significative dans une série de vases aussi nombreuse qu'homogène, les artistes ont cédé à une intention religieuse ou politique.

L'examen des décors de la famille verte confirme cette supposition ; presque toutes les scènes qui y sont représentées ont un caractère hiératique ou historique, et l'on peut même, comme nous l'expliquerons tout à l'heure, reconnaître si ces compositions émanent de la secte des Tao-sse ou de celle des Lettrés.

De même pour les plantes : à part certains décors dits agrestes, où des rochers sont chargés et entourés de tiges fleuries d'œillets, de marguerites ou de graminées légères, auprès desquelles voltigent des papillons et des insectes la plupart des fleurs sont symboliques. Ainsi le nelumbo, cette plante essentiellement bouddhique, s'étale complaisamment sur la panse des vases. Ses feuilles étendent leurs vastes ombrelles sur une onde indiquée par de larges traits ; ses fleurs, plus ou moins avancées, inclinent leurs coupes entr'ouvertes ou leurs rosettes de pétales charnus sur des tiges délicates, dont la texture spongieuse est exprimée par un contour finement ponctué.

Les couleurs employées pour ces représentations sont, en dehors du vert de cuivre, le rouge de fer pur, le violet de manganèse, le bleu sous couverte toujours fin, et variant de la nuance céleste au lapis, l'or brillant et solide, le jaune brunâtre et le jaune paille émaillés, le noir en traits déliés, rarement en touches épaisses. Tout cela se détache sur une pâte d'un blanc pur, à couverte mate et parfaitement unie, et forme un ensemble charmant.

Nous venons de dire un mot des sujets hiératiques ou sacrés ; examinons leurs formes principales. Le plus fréquent de tous représente la théorie des huit immortels ; parfois chacun d'eux est isolé, posé sur un nuage ou une feuille, et n'a que sa valeur iconique : plus souvent tous sont réunis sur une montagne céleste, le mont *Li-chan* peut-être, et ils rendent hommage à un être supérieur, tranquillement assis sur une grue qui plane dans l'empyrée : à cet attribut aussi bien qu'à sa physionomie, il est facile de reconnaître ce dieu suprême pour Cheou-lao : nous sommes donc en présence d'une composition de l'école du Tao, laquelle identifie le philosophe avec le Chang-ti. Cette secte, qui cultive les sciences occultes et se livre aux enchantements et à la magie, montrera plus souvent le ciel que la terre ; ses tableaux offriront des personnages nimbés, entourés de flammes fulgurantes, concourant à des actes surnaturels ; s'ils combattent, les éléments fourniront les armes, et, comme dans les récits homériques, les vaincus succomberont engloutis sous des amas de nuages, entraînés par des flots tumultueux, écrasés sous les coups

du tonnerre. Lorsque le peintre abandonne les hautes
régions pour s'occuper de la terre et qu'il emprunte à
l'ancienne histoire quelque épisode digne d'être offert
en exemple aux siècles à venir, il aime encore à y faire
sentir l'intervention céleste : les dieux apparaissent dans
les nues prêts à dominer les événements et à faire pen-
cher la balance du sort en faveur de leurs élus.

Les Lettrés, maintenus par Confucius dans le sentier
de la philosophie, seront bien autrement réservés dans
leurs figurations : sans discuter sur la nature et sur le
rôle de la Divinité, ils se bornent à lui rendre hommage
selon les rites anciens : le respect de la tradition leur
tient lieu de foi, et s'ils ont à manifester l'intervention
céleste dans les événements humains, ils l'expriment
par l'apparition des dragons, du ki-lin et du fong-
hoang, conformément à la doctrine des livres saints.

Leurs sujets de prédilection seront donc tirés de l'histoire des anciens empereurs ou de celle des hommes
illustres ; on leur devra la plupart des *coupes des
Grands lettrés*.

L'une des sources les plus fécondes de la peinture
chinoise est le *San-koue-tchy* ; le livre qui porte ce
titre est en effet l'un des plus intéressants qu'on puisse
lire ; il retrace l'histoire des trois royaumes, alors que
le pays, divisé par les intérêts d'une foule de seigneurs
féodaux, cherchait à retrouver le calme sous le sceptre
d'un souverain unique. Ces luttes ont nécessairement
donné lieu à une foule de traits héroïques : elles ont
permis à tous les hommes doués de mérite et de courage de se faire remarquer et d'arriver au premier

rang : il n'est donc pas étonnant que les scènes du san-kouc-tchy, la représentation des grands hommes de cette époque reculée (elle s'étend de 220 à 618) soient bien accueillis chez les dignitaires et dans les palais.

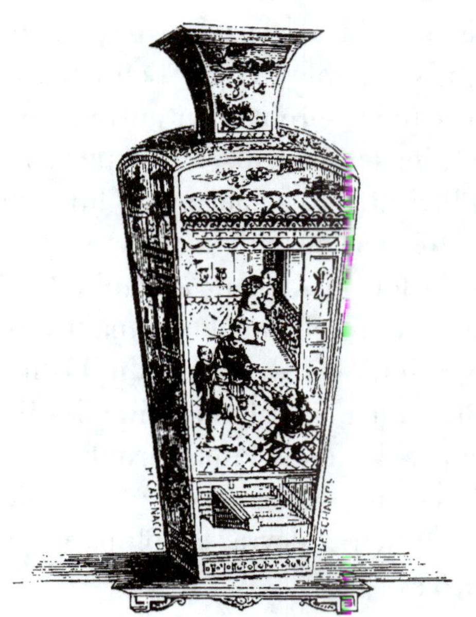

Vase à sujet historique.

Pour bien faire comprendre, d'ailleurs, l'importance du rôle que jouent les vases dans la vie intime des Chinois, il est peut-être nécessaire de rappeler ici ce qu'est la maison d'un grand personnage et quels sont les actes qui s'y accomplissent.

La politesse, le respect du rang et de l'âge, sont les premières vertus de l'homme bien élevé ; aussi, l'hospitalité s'exerce-t-elle, au Céleste-Empire, avec un soin, nous dirions presque une ostentation dont nous ne pouvons avoir l'idée dans notre vie active et occupée ; il y a en Chine une salle de réception chez tout homme du monde, et le mobilier de cette salle consiste uniquement en étagères chargées de vases de fleurs, et en rouleaux suspendus aux murailles, et inscrits de sentences ou couverts de peintures estimées : or, il est de bon goût de choisir les éléments de cette décoration de telle sorte qu'elle puisse flatter l'hôte, et s'harmonier avec ses fonctions et les actes de sa vie. Est-ce un guerrier? les vases lui montreront le Mars chinois ou les grands généraux des anciens jours, les combats, les revues, les tournois, toutes ces peintures que la famille verte aborde dans ses plus beaux spécimens. Est-ce un lettré, un poëte? il verra partout la figuration de Koung-tseu, celle de Pan-hoei-pan, la femme célèbre comme écrivain et comme historiographe, ou bien la singulière image de Li-taï-pe, ivrogne que la fable prétend élever au rang des demi-dieux, et qui aurait été enlevé au ciel sur un poisson monstrueux.

Voilà pour le côté civil ; au point de vue religieux les vases ont un rôle plus important. Bien qu'il y ait en Chine des monuments pour le culte public, les *Than*, grands autels en plein air, les *Miao*, grands temples, et les *Thse* ou petits temples, chacun a, chez soi, un lieu réservé pour les cérémonies sacrées ; on y voit souvent la figure de *Fo*, celle de *Kouan-in*, de *Tsao-Chin*, l'esprit du foyer, ou de *Chin-nong*, cet ancien roi qui apprit aux hommes à faire cuire leurs aliments ;

mais ce qu'on ne saurait manquer d'y voir, ce sont les tablettes des ancêtres, car toutes les sectes religieuses ont maintenu ce culte au premier rang.

L'autel sur lequel reposent ces choses saintes est une table plus ou moins longue, installée ordinairement devant un tableau religieux, et meublée ainsi : des vases à brûler les parfums, ou tings ; les vases d'accompagnement qui contiennent une petite pelle et des bâtonnets de bronze pour attiser le feu ; des coupes pour contenir le vin des offrandes ; d'autres coupes, de forme particulière, pour les libations ; des flambeaux et des potiches ou des cornets remplis de fleurs.

Le nombre des vases de sacrifice n'est, d'ailleurs, pas arbitraire : l'empereur en employait neuf ; les nobles sept ; les ministres d'État cinq et les lettrés trois. Il est bien entendu encore qu'anciennement la matière des coupes était graduée ; celles de l'empereur étaient en or ; celles des ministres en cuivre ; celles des lettrés en airain. Depuis, il s'est établi une liberté plus grande, et le mérite d'art a pu élever la porcelaine au niveau des plus riches métaux. Nous avons même souvent rencontré de simples bols ou des coupes basses (ce que nous appellerions des compotiers), qu'une inscription tracée sous le pied indiquait comme propres à remplacer le brûle-parfum de métal ; on y lisait : *Ting de rare et extraordinaire pierre précieuse.* Ici l'hyperbole est évidente, mais elle ne doit pas surprendre chez un peuple rusé qui cherche même à tromper ses dieux en faisant souvent des offrandes de ronds de papier doré qui doivent être accueillis comme de la bonne monnaie.

Par leur élégance, la recherche de leur forme et de leur décor, les vases de la famille verte sont certes bien dignes d'orner les autels; nous reproduisons ici une coupe *Tsio*, destinée aux libations, et qui est aussi charmante d'ensemble que de détails; des dragons à queue fourchue entourent l'anse et le déversoir; des fong-hoang, séparés par un groupe de nuages, ornent son bord, et la panse montre la tête fabuleuse du dragon avec ses yeux largement ouverts et ses dents aiguës.

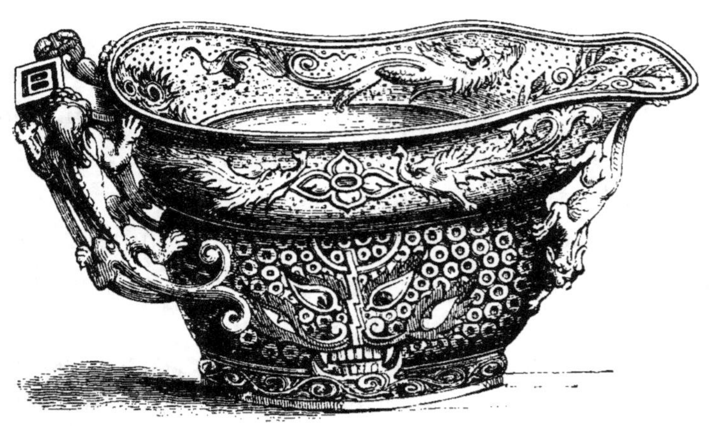

Coupe Tsio, pour les sacrifices.

Quel rôle devaient jouer dans la vie religieuse, des théières ornées des immortels, des bols représentant l'hommage rendu aux étoiles San-hong, des soucoupes où les fong-hoang et les ki-lin sont entourés des nuages et du tonnerre? Des études ultérieures nous l'apprendront peut-être.

FAMILLE ROSE.

La famille rose tire encore son nom de son aspect physique : elle a pour base décorante un rouge *carminé* dégradé jusqu'au rose pâle et obtenu de l'or ; c'est ce qu'on nomme en Europe *pourpre de Cassius* ou *rouge d'or*.

Toujours mêlée à un véhicule abondant, cette couleur forme relief sur la couverte ; le même caractère se rencontre dans la plupart des teintes douces qui l'accompagnent ; la porcelaine rose est donc *émaillée* par excellence et ce caractère frappant lui a valu la dénomination spéciale de *porcelaine de Chine*, bien qu'ailleurs et au Japon surtout on ait peint en relief.

Au point de vue de la fabrication, la famille rose se compose de pièces parfaites, blanches, et parfois si minces qu'on leur a donné, en Chine, le nom de *porcelaines sans embryon*, et ici, celui de *vases coquille d'œuf*. Les matières décorantes sont toutes celles dont dispose la céramique orientale ; les peintres y ont épuisé les ressources complètes de leur palette, et les ont combinées avec un rare bonheur.

La famille rose semblerait donc devoir fournir aux Chinois leurs vases de prédilection ; il n'en est point ainsi : le plus grand nombre des pièces brille d'une fantaisie annonçant l'emploi purement décoratif. Une bordure richement motivée, à pendentifs arabesques, à coins gracieusement repliés sur eux-mêmes, à compartiments diversement coloriés, entoure un bouquet de fleurs ou une terrasse plantureuse sur laquelle courent des cailles, des oies ou des chevaux singulièrement enluminés. Lorsque des figures apparaissent, elles ont un caractère familier : ce sont des jeunes femmes promenant leurs enfants ou se reposant sous des pêchers fleuris ; des jeunes filles se balançant sur une escarpolette ; des dames dans un intérieur s'offrant des bouquets ou s'enivrant du parfum des nelumbos placés dans des vases ; parfois on y voit une servante gravissant les degrés d'un pavillon bâti sur l'étang couvert de fleurs, et rapportant son odorante récolte à des femmes qui, dans l'intérieur, garnissent des cornets et les disposent sur les tables et les étagères. C'est là une allusion à la fête des nelumbos célébrée avec non moins de pompe, dans le gynécée chinois, que ne l'est celle des tulipes dans les sérails musulmans.

Quelques scènes sont tirées du théâtre ; pour citer un exemple des plus connus, nous rappellerons cette jeune fille qu'on voit demeurer interdite dans un coin de son jardin, tandis qu'un jeune homme en escalade la muraille après avoir pris la précaution de jeter ses chaussures devant lui : c'est un épisode du *Si-siang-ki*, histoire du pavillon d'occident, drame lyrique écrit par Wang-chi-fou vers 1110.

De grandes pièces montrent des sujets compliqués ; de vastes palais où le souverain, entouré de sa cour, préside à des réceptions solennelles, à des tournois et à des revues ; des femmes à cheval, lancées à fond de train, se poursuivant en agitant des lances à panonceaux flottants. Est-ce, vers l'an 500 de notre ère, ce monarque des provinces du nord dont parle l'histoire, qui fait évoluer le régiment « de dames à la taille fine et déliée, qui, montées sur des coursiers légers, avec des parures et des robes élégantes, pour faire ressortir leurs belles figures, lui servaient de gardes du corps? »

Quant aux figurations sacrées, elles sont si peu nombreuses qu'on doit les regarder comme une exception, elles n'ont rien, sauf les couleurs, qui les distingue de celles de la famille verte.

La famille rose a-t-elle une date particulière? doit-on la croire contemporaine des autres, ou issue d'une découverte fortuite et postérieure? Nous avons cru longtemps et nous pensons encore qu'il faut attribuer sa création au désir d'imiter les admirables porcelaines du Japon, qui, même au dix-septième siècle, selon le témoignage des missionnaires, étaient encore apportées en Chine pour orner les intérieurs somptueux et pour être offertes en présent.

Mais un fait irrécusable est désormais établi; c'est que la famille rose chinoise a fourni des coupes de la plus admirable pâte et du décor le plus fin, sous la période Houng-tchy (de 1488 à 1505). Nous avons pu voir une série importante de ces pièces, peintes d'animaux, d'oiseaux, de fleurs et d'insectes. Les nombreuses coupes des *grands lettrés*, souvent doublées de rouge d'or, et qui se rapprochent du même faire, doivent donc être du seizième siècle, et les vases du style de la famille verte où se manifestent seulement quelques teintes roses, remontent évidemment à la moitié du quinzième siècle.

CHAPITRE IV

On comprend de quelle importance il peut être, pour l'étude des porcelaines de Chine, de lire les inscriptions qu'elles portent. Le cadre de ce livre ne permet pas de développer ici l'histoire de l'écriture chinoise ; les curieux trouveront ce travail dans un autre de nos ouvrages intitulé : *Histoire artistique, industrielle et commerciale de la porcelaine*. Cependant nous devons expliquer ce qu'est un nien-hao ou *nom d'année*, et surtout la forme particulière de certaines autres inscriptions.

Au Céleste-Empire, un homme qui passe de la vie privée dans la vie publique, peut modifier son nom pour le mettre en harmonie avec ses fonctions nouvelles, ou pour exprimer les dignités dont il a été revêtu ; mais le souverain, en arrivant au trône, doit perdre son individualité afin de se confondre mieux dans le grand pouvoir qu'on appelle la dynastie. Après sa mort, et par un jugement analogue à celui des anciens Égyptiens; on pèse ses actes, et selon leur mérite, on crée la dénomination sous laquelle il ira prendre rang dans la salle des ancêtres. Ainsi, quand l'illustre fondateur de la dynastie des Ming était encore un obscur particulier, son nom était *Tchou-youan-tchang*; lorsqu'il commanda les troupes, qui bientôt le proclamèrent leur chef, on l'appela *Tchou-Kong-tseu*; devenu maître du Kiang-nan, il prit le titre de *Ou-Koue-Kong*, c'est-à-dire prince de Ou; enfin sa tablette commémorative le désigne comme le grand aïeul de la dynastie brillante, *Ming-taï-tsou*.

Or, pour tenir lieu du nom personnel auquel il renonce, et qu'on ne saurait prononcer sans encourir la peine de mort, le souverain impose aux années de son règne une épithète significative qui sert à le désigner lui-même : *Ming-taï-tsou*, empereur par la force des armes, choisit pour exprimer sa puissance, les mots *Hong-wou*, grand guerrier; son successeur, élevé sans conteste, put laisser reposer l'épée et faire fleurir les arts, il s'appela *Kian-wen-ti*, l'empereur restaurateur des lettres. Voilà le *nien-hao*.

L'inscription impériale se compose le plus souvent de six caractères; les deux premiers, *Ta-ming, Taï-thsing* expriment la dynastie (les Ming de 1368 à 1615; les Tsing, de 1616 à l'époque actuelle); les deux suivants sont le nien-hao; *Siouan-te* (1426 à 1435), *Tching-te* (1506 à 1521), *Khang-hy* (1662 à 1722), *Kien-long* (1736 à 1795); les deux derniers, *nien-tchy*, signifient : fabriqué pendant les années, et sont invariables.

Depuis les premières années du dix-huitième siècle,

l'usage s'est établi de remplacer l'inscription en caractères réguliers par une sorte de cachet carré où les signes, composés de lignes rectangulaires, affectent la forme d'écriture appelée *siao-tchouan*. Cette forme, assez difficile à lire, même pour les Chinois non paléographes, était restée inexpliquée en France : poussé par les exigences de nos études spéciales, nous avons essayé de combler cette lacune en nous créant un dictionnaire qui nous permit de lire au moins les inscriptions des vases. Voici le résultat de nos travaux à cet égard.

Une précieuse coupe, ayant appartenu à l'empereur Kien-long, nous a montré le siao-tchouan employé en ligne horizontale, de droite à gauche, et facilement divisible en caractères distincts : on y lit :

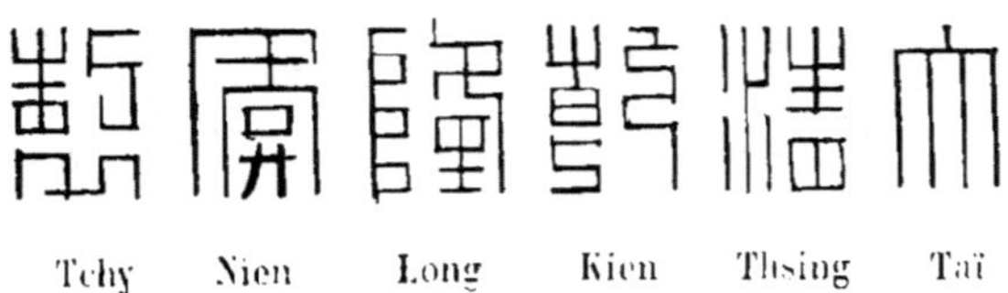

Tchy   Nien   Long   Kien   Thsing   Taï

Tchy, fabriqué ; Nien, dans la période ; Kien-long (nien-hao, de 1736 à 1795) ; Taï-thsing de la dynastie des Thsing (c'est-à-dire très-pure). La même inscription groupée en cachet prend cette forme :

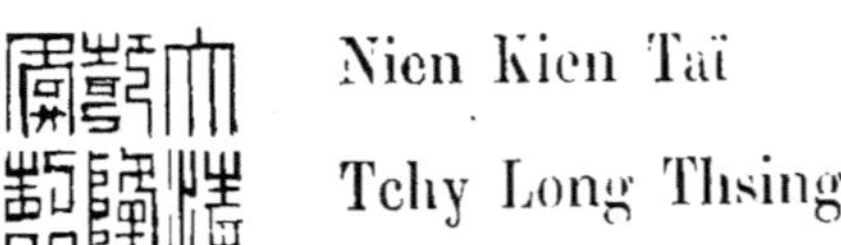

Nien Kien Taï

Tchy Long Thsing

Nous allons donner maintenant les cachets des autres souverains mongols, dans leur ordre chronologique.

Youn-tching, 1723 à 1735. Nous n'avons jamais rencontré son cachet sur la porcelaine.

Kien-long, 1736 à 1795 (voy. ci-dessus).

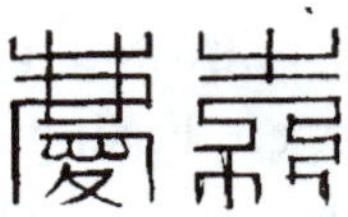

Kia-king, 1796 à 1820.

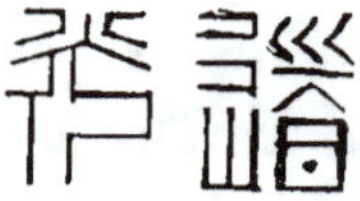

Tao-kouang, 1821 à 1850

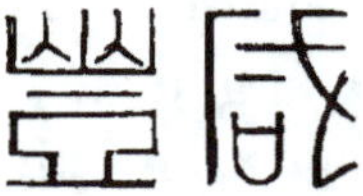

Hien-fong, 1851 :

cet empereur est celui qui prit la fuite au moment où nos troupes marchaient sur sa capitale et qui est mort peu de temps après, laissant les rênes de l'État entre les mains du prince Kong, nommé régent pendant la minorité du souverain actuel.

Les cachets dont nous venons de donner la figure peuvent, comme les inscriptions en caractères kiai ou réguliers, se réduire à quatre signes, le nien-hao formant le premier digramme, et la formule nien-tchy composant le second. Dans ce cas, on le voit, c'est le nom de la dynastie qui disparaît seul, et ici l'inconvénient est d'autant moins grand que la plupart des cachets se rapportent aux Taï-thsing; les Ming faisaient dater en caractères réguliers, ou en ta-tchouan, écriture antique, dérivée du kou-wen.

Mais si ces inscriptions sont intéressantes au point de vue de l'histoire des vases, il en est qui le deviennent pour l'étude des mœurs, et celles-ci doivent particulièrement nous occuper.

En Chine, dès la plus haute antiquité, il a existé une sorte de journal officiel destiné à conserver la mémoire des services éminents rendus au pays : *Tse*, qui, proprement, signifie livre, écriture, est devenu le nom des actes publics qui accordaient ces mentions honorables. Lorsqu'un fonctionnaire les avait plusieurs fois méritées, le souverain lui décernait un vase *Tsun* ou honorifique gravé de l'inscription dédicatoire. C'était un titre à toutes sortes d'immunités.

Cette antique forme de récompense a persisté en se modifiant dans son expression : aux vases de métal précieux ont succédé des dons plus matériellement utiles, tels qu'une maison dans la ville ou aux champs : mais toujours l'inscription *honorante* en a consacré la valeur, et nous voyons par le code chinois que cette inscription était un gage d'inviolabilité, et qu'il fallait à la justice une autorisation de l'empereur pour franchir, même dans un intérêt de vindicte publique, le seuil protégé par la formule sacrée. Or, ceux qui obtenaient une aussi haute récompense ne manquaient pas de la faire mentionner sur les choses à leur usage, et nous avons pu trouver des porcelaines inscrites de cette formule : *Personnages élevés aux honneurs et à la fortune, à cause de leur mérite et de services (rendus à l'État). L'année kia-chin, sous la dynastie actuelle, Sié-tchu-chin s'établit dans une maison de plaisance donnée par l'empereur.*

On comprend combien les choses portant de pareilles
mentions sont rares ; il n'en peut être de même des
pièces destinées aux cadeaux fréquents que se font les
Chinois, soit à l'époque de leur naissance, soit au renouvellement de l'année, soit enfin lorsqu'une nomi-

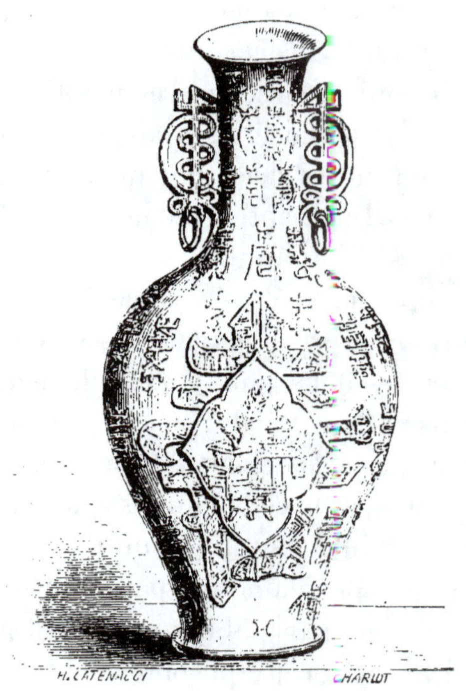

Vase orné de signes Longévité.

nation officielle appelle un homme aux charges publiques. Dans tous les cas, l'objet offert prend le caractère
de *Jou-y*, vœu de bon augure, et il porte une inscription plus ou moins compliquée, comme *fou*, bonheur ;
cheou, longévité ; *fou-kouey-tchang-tchun*, la fortune

les dignités, un printemps éternel ; *cheou-pi-nan-chan,
fou-jou-tong-haï,* longévité comparable à celle de la montagne du Midi, bonheur grand comme la mer d'Orient !
Il est des formules moins banales, celle-ci, par exemple :
Tchoang-youen-ki-ti, puissiez-vous obtenir le titre de
tchoang-youen ! Ce titre est donné au concours, il ouvre
la porte de l'académie des Han-lin et assure un rang éminent dans l'État.

Nous n'étendrons pas ces descriptions en rappelant ici
la forme des inscriptions explicatives qui, ayant rapport à un sujet représenté et inconnu pour nous,
demeurent trop obscures dans leur concision.

Nous ne dirons rien non plus des légendes, si souvent menteuses, dont le but serait de qualifier la porcelaine qui les porte de Jade, de pierre précieuse
comme les perles, ou de la déclarer digne d'être offerte en présent. Il est un genre d'inscription beaucoup plus curieux, qu'on trouve à l'extérieur de la
plupart des pièces du siècle dernier, et qui a une
origine historique. Ce sont les fragments d'une ode devenue célèbre, consacrée au thé par l'empereur Kienlong. Voici la traduction de cette œuvre littéraire :
« La couleur de la fleur mei-hoa n'est pas brillante,
mais elle est gracieuse ; la bonne odeur et la propreté
distinguent surtout le fo-cheou ; le fruit du pin est
aromatique et d'une odeur attrayante ; rien n'est audessus de ces trois choses pour flatter agréablement
la vue, l'odorat et le goût. En même temps mettre
sur un feu modéré un vase à trois pieds dont la couleur et la forme indiquent de longs services ; le rem-

plir d'une eau limpide de neige fondue ; faire chauff[er]
cette eau jusqu'au degré qui suffit pour blanchir [le]
poisson ou rougir le crabe ; la verser aussitôt dans un[e]
tasse faite de terre de Yué, sur de tendres feuilles d'u[n]
thé choisi ; l'y laisser en repos jusqu'à ce que les va[-]
peurs, qui s'élèvent d'abord en abondance, forment de[s]
nuages épais, puis viennent à s'affaiblir peu à peu, et n[e]
soient plus enfin que quelques légers brouillards sur l[a]
superficie ; alors humer sans précipitation cette li[-]
queur délicieuse, c'est travailler efficacement à écarte[r]
les cinq sujets d'inquiétude qui viennent ordinaire[-]
ment nous assaillir. On peut goûter, on peut senti[r]
mais on ne saurait exprimer cette douce tranquillité
dont on est redevable à une boisson ainsi préparée.

« Soustrait pour quelque temps au tumulte des af[-]
faires, je me trouve enfin seul dans ma tente, en état
d'y jouir de moi-même en liberté ; d'une main je
prends un fo-cheou que j'éloigne ou que j'approche à
volonté ; de l'autre, je tiens la tasse au-dessus de la[-]
quelle se forment encore de légères vapeurs agréable[-]
ment nuancées ; je goûte par intervalle quelques traits
de la liqueur qu'elle contient ; je jette de temps en
temps des regards sur le mei-hoa ; je donne un léger
essor à mon esprit, et mes pensées se tournent sans
effort vers les sages de l'antiquité. Je me représente le
fameux Ou-tsiouan ne se nourrissant que du fruit que
porte le pin ; il jouissait en paix de lui-même dans le
sein de cette austère frugalité ; je lui porte envie et je
voudrais l'imiter. Je mets quelques pignons dans ma
bouche et je les trouve délicieux. Tantôt je crois voir

le vertueux Lin-fou façonner de ses propres mains les branches de l'arbre mei-hoa. C'est ainsi, dis-je en moi-même, qu'il donnait quelque relâche à son esprit, déjà fatigué par de profondes méditations sur les objets les plus intéressants. Je regarde alors mon arbrisseau, et il me semble qu'avec Lin-fou j'en arrange les branches, pour leur donner une forme nouvelle. Je passe de chez Lin-fou chez Tchao-tcheou, ou chez Yu-tchouan ; je vois le premier, entouré d'un grand nombre de petits vases dans lesquels sont toutes les espèces de thé, en prendre tantôt de l'une, tantôt de l'autre, et varier ainsi sa boisson ; je vois le second boire avec une profonde indifférence le thé le plus exquis, et le distinguer à peine de la plus vile boisson. Leur goût n'est pas le mien, comment voudrais-je les imiter ?

« Mais j'entends qu'on bat déjà les veilles, la nuit augmente sa fraîcheur ; déjà les rayons de la lune pénètrent à travers les fentes de ma tente et frappent de leur éclat le petit nombre de meubles qui la décorent. Je me trouve sans inquiétude et sans fatigue, mon estomac est dégagé et je puis sans crainte me livrer au repos. C'est ainsi que, suivant ma petite capacité, j'ai fait ces vers au petit printemps de la dixième lune de l'année ping-yn (1746) de mon règne. »

« Kien-long. »

CHAPITRE V

Nous avons passé en revue les poteries antiques et les porcelaines bleues et polychromes, mais nous n'avons point mentionné certaines espèces singulières par leur façonnage ou leur matière.

Il existe des garnitures de vases (réunion de trois, cinq ou sept pièces) dites réticulées, dont la paroi extérieure, entièrement découpée à dessins arabesques, est superposée à un second vase de forme analogue, ou simplement cylindrique, peint de bleu : l'effet de ces pièces est saisissant ; on ne comprend pas d'abord qu'elles aient une solidité proportionnée à leur volume. L'enveloppe réticulée a été appliquée aux services à thé ; le réseau extérieur des tasses permet de les tenir à la main, malgré la chaleur du liquide qu'elles contiennent.

Une décoration des plus remarquables est celle à

jours cloisonnés ; des fleurons symétriques plus ou moins multipliés, des rinceaux ou des fleurs ont été percés dans la pâte, puis la couverte onctueuse du vase a rempli les vides, formant un dessin déjà visible à la lumière directe, et d'une rare élégance lorsqu'on l'observe en transparence. Ce façonnage, appelé *travail à grains de riz*, est charmant et pourrait être exécuté dans nos fabriques.

Les céramistes du Céleste-Empire semblent d'ailleurs se complaire dans une lutte incessante contre les difficultés ; ils font des vases dont le milieu de la panse est découpé par une solution de continuité à contours arabesques ; les deux parties sont séparées sans pouvoir jouer l'une sur l'autre, et l'on se demande comment elles ont pu cuire sans se souder. D'autres fois, une partie mobile comme un anneau tourne entre le col et le renflement d'une pièce, et glisse à frottement, sans jeu sensible, ce qui devient plus inexplicable encore.

Lorsqu'on voit de pareils tours de force, on se rend difficilement compte de ce passage du père d'Entrecolles : « La porcelaine qu'on transporte en Europe se fait toujours sur des modèles nouveaux, souvent bizarres et où il est difficile de réussir. Les mandarins, qui savent quel est le génie des Européens en fait d'invention, m'ont quelquefois prié de faire venir d'Europe des dessins nouveaux et curieux, afin de présenter à l'empereur quelque chose de singulier. D'un autre côté, les chrétiens me pressaient fort de ne point fournir de semblables modèles, car les mandarins ne sont pas tout à fait si faciles à se rendre que nos marchands, lorsque les ouvriers leur disent qu'un ouvrage est impraticable ; et il y a souvent bien des bastonnades données avant que le mandarin abandonne un dessin dont il se promettait de grands avantages. »

Il était assez naturel qu'un pays aussi bien doué que

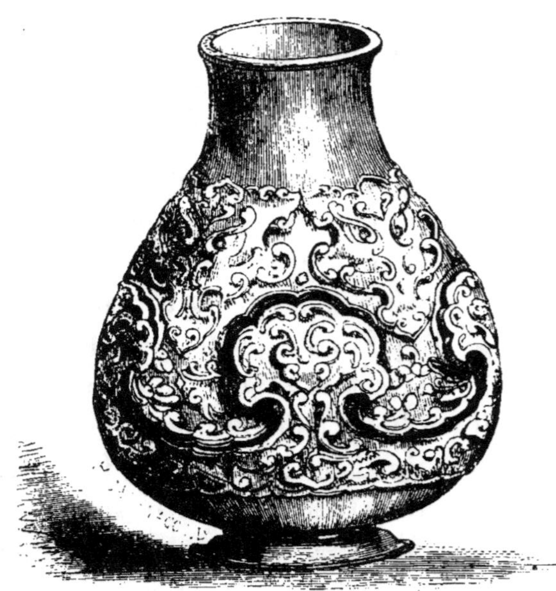

Vase articulé en céladon fleuri.

la Chine sous le rapport des éléments feldspathiques, se livrât particulièrement à la fabrication de la porcelaine ; pourtant les autres genres de poteries n'ont pas été négligés, bien qu'il faille restituer aujourd'hui à la poterie translucide une foule de produits que Brongniart classait parmi les grès cérames.

Telle est la porcelaine de seconde qualité qui a

servi anciennement à fabriquer des objets d'une très-fine exécution et surtout des figurines de divinités ou de personnages célèbres. La pâte en est très-lustrée, d'apparence granuleuse, et pourtant elle se prête à toutes les finesses du moulage. Habituellement les pièces sont couvertes en émaux colorés où dominent le jaune et le vert : certains services à compartiments symétriques ont un fond vert qui imite les flots de la mer où sont réservés des signes honorifiques et des nuages et la foudre.

Pourtant les poteries de grès sont connues en Chine, et il en est une qui y est particulièrement estimée ; c'est la matière fine, dense, serrée, habituellement d'un brun rouge que nous nommons *boccaro* ou *bucaro*, d'un mot emprunté à la langue portugaise. Les meilleures argiles pour la fabrication de ces poteries se trouvent, dit-on, à Wou-sse-hien, dans le Kiang-nan. Mais il est certain qu'il y a un choix à faire dans les boccaros, et que tous, à mérite artistique égal, ne sont pas recherchés au même point. Il y a des vases d'une terre gris jaunâtre semée de lamelles imperceptibles de mica, dont le prix est inestimable ; ils ont, paraît-il une odeur musquée qui communique au thé une saveur particulière. Nous avons vu une théière de cette espèce sans autre ornementation qu'une légende en vieux caractères indiquant avec quel respect on devait traiter la pièce, et quelles précautions il fallait prendre pour préparer la boisson qu'elle devait contenir.

Une autre terre presque jaune piquetée de points rouges, sert particulièrement à modeler des pièces décoratives formées de groupes de fruits et, notamment, de pêches de longévité.

Quant aux boccaros rouges et bruns, on en fait des services à reliefs d'une excessive finesse, ou même des pièces d'assez grande dimension telles que des pitong en forme de tronc d'arbre, des bœufs, emblèmes de l'agriculture, des oiseaux ou animaux sacrés accolés d'un petit tube dans lequel se fiche le *hiang*, bâton odorant destiné à parfumer les intérieurs ou la salle des ancêtres.

Des tasses sont souvent gravées de légendes en creux faisant allusion au plaisir de l'ivresse : celle-ci : « Que les derniers replis du cœur soient satisfaits comme devant un parterre de fleurs ! » annonce assez la satisfaction béate d'une demi-ébriété. Cette autre : « En dehors de ceci, quoi chercher encore ! » exprime mieux peut-être la passion suprême d'un épicurien.

Essentiellement apte à prendre les formes compliquées et les empreintes délicates, ce genre de grès peut s'offrir sous des aspects imprévus ; on rencontre des théières imitant un char à deux roues, ou bien un moulin à eau qui tourne par la seule force de la vapeur ; des vases à surprise inondent celui qui en ignore le secret. Certaines pièces s'emplissent par le dessous, d'autres par l'anse ; il semble, en un mot, que les artistes aient cherché à compenser par les détails curieux ce que peut avoir de monotone une terre assez triste de couleur.

Mais que disons-nous ? Les Chinois sont-ils jamais embarrassés pour donner de l'éclat aux matières qui en manquent ! Le boccaro est triste : on le recouvre en tout ou en partie des plus brillants émaux. Sur l'espèce brune, nous avons vu courir de vives bordures arabesques, et se développer des dragons éclatants entourés de nuages : l'aspect de ce décor en demi-relief rappelle la sévérité des vieux bronzes enrichis d'émail cloisonné.

Pour obtenir un effet plus riant, le grès est parfois recouvert entièrement de couleurs vitrifiées et imite l'émail peint. Ce genre est généralement moins ancien que l'autre.

Par une invention diabolique, les Chinois ont imaginé de chercher dans l'ivresse extatique de la vapeur d'opium, une compensation aux misères et aux ennuis de la vie de chaque jour : cette invention les abrutit et les livre sans forces à leurs ennemis de tout genre ; elle décime les populations, mais elle satisfait ceux qui en usent, et la passion l'emporte nécessairement sur la raison.

Or, pour pratiquer leur empoisonnement quotidien, les hommes du Céleste-Empire ont trouvé deux moyens : ou ils aspirent la fumée de la résine narcotique pour obtenir une intoxication individuelle, égoïste ; ou ils la soufflent dans l'atmosphère d'une salle spéciale ; c'est l'empoisonnement collectif. Le récipient qui reçoit l'opium est une petite pièce céramique charmante, digne d'un meilleur usage. La pâte, excessivement fine, blanche et friable, de l'aspect de notre terre de pipe, est recouverte d'émaux brillants formant un fond sur lequel se détachent des fleurs ou des arabesques ; tout cela est parfaitement glacé, pur de ton, et exécuté avec ce soin minutieux et plein de goût qui caractérise les œuvres chinoises. La forme du récipient concourt à cette élégance ; c'est un sphéroïde turbiné dont le sommet légèrement évasé et percé d'un trou, reçoit le grain d'opium : la base, prolongée par un court cylindre non émaillé, s'insère dans l'ouverture d'un tube en bambou, en ivoire, ou même en matière précieuse.

La richesse extrême du Céleste-Empire en matières céramiques, peut seule faire comprendre comment cette terre et ses charmants émaux restent condamnés à un emploi aussi borné que les pipes à opium. Dans les mains de nos artistes, les mêmes éléments s'appliqueraient à des œuvres du plus grand luxe.

Nous pourrions étendre à l'infini l'histoire des poteries exceptionnelles et curieuses de la Chine ; mais notre étude resterait incomplète si nous ne signalions pas les singularités et les fables auxquelles la porcelaine a donné naissance lorsqu'elle est parvenue chez nous.

Voici ce qu'écrivait en latin G. Pancirol, et ce que traduisait, en 1617, Pierre de la Noue. « Les siècles passés n'ont point veu de porcelanes qui ne sont qu'une certaine masse composée de plastre, d'œufs, d'escailles de locustes marines, et autres semblables espèces, laquelle estant bien unie et liée ensemble est cachée sous terre secrètement par le père de famille qui l'enseigne seulement à ses enfants, et y demeure octante ans sans voir le iour, après lesquels ses héritiers l'en tirant et la trouuant proprement disposée à quelque ouurage, ils en font ces précieux vases transparents et si beaux à la veue en forme et en couleur que les

architectes n'y trouuent que redire, la vertu desque
est admirable d'autant que si on y met du venin deda
ils se rompent tout aussitost.

« Celuy qui une fois enterre cette matière ne la r
lève iamais, ains la laisse à ses enfants, nepueux
héritiers, comme un riche thrésor pour le profit qu'i
en tirent, et c'est bien du plus haut prix que l'o
combien que rarement il s'en trouue de vraye, et qu'i
s'en vend assez de fausse. »

Ces croyances ridicules étonnent de la part d'homme
aussi instruits que Pancirol : mais ce qui prouve com
bien est durable et facile à s'enraciner dans les masse
l'émotion produite par une matière inconnue, importé
de loin, c'est qu'en 1716, c'est-à-dire un siècle apr
la publication de Pierre de la Noue, ces vers burlesque
empruntés à l'*Embarras* de la foire de Beaucaire, e
primaient les mêmes idées :

> Allons à cette porcelaine,
> Sa beauté m'invite et m'entraine,
> Elle vient du monde nouveau,
> L'on ne peut rien voir de plus beau.
> Qu'elle a d'attrait et qu'elle est fine !
> Elle est native de la Chine.
> La terre avait au moins cent ans,
> Qui fit des vases si galants.
> Pourquoi faut-il qu'ils soient fragiles
> Comme la vertu dans les villes?
> De tels bijoux en vérité
> S'ils avaient la solidité
> De l'or, de l'argent et du cuivre,
> Jusques chez eux se feraient suivre;

Car, outre leur attrait divin,
Ils ne souffrent point le venin,
Ils font connaître le mystère
Des bouillons de la Brinvillière,
Et semblent s'ouvrir de douleur
Du crime de l'empoisonneur.

Nous n'avons pas besoin d'ajouter que la porcelaine est, au contraire, à raison de son imperméabilité, la matière que l'on emploie spécialement dans les laboratoires de chimie, pour contenir et chauffer les acides concentrés.

Furetière, au mot *Pourcelaine* de son glossaire répète cette autre singularité : François Cauche, en son voyage de Madagascar, fait mention d'un service de pourcelaine et d'un bocal de terre qui avaient été pris proche le tombeau de Mahomet, qui a cette propriété que lorsqu'on jette de l'eau dedans ou qu'on l'expose au soleil, elle la rafraîchit au lieu de l'eschauffer. » Il y a ici une erreur de nom ; la prétendue porcelaine est la terre perméable et réfrigérante dont on fait les alcarazas.

Terminons par un extrait des lettres du père d'Entrecolles. On y verra combien les voyageurs doivent se méfier des renseignements pris à la légère ; voici ce passage :

« Chaque profession, en Chine, a son idole particulière ; il n'est donc pas étonnant qu'il y ait un dieu de la porcelaine. On dit qu'autrefois un empereur voulut absolument qu'on lui fît des porcelaines sur un modèle qu'il donna. On lui représenta que la chose

était impossible ; mais toutes ces remontrances ne se
virent qu'à exciter de plus en plus son envie. Les em
pereurs de Chine sont, pendant leur vie, les divinit
les plus redoutées de la Chine, et ils croient que ri
ne doit s'opposer à leurs désirs. Les officiers charg
par le demi-dieu de surveiller et d'activer les travau
usèrent de rigueur à l'égard des ouvriers. Ces malhe
reux dépensaient leur argent, se donnaient bien de
peine, et ne recevaient que des coups. L'un d'eux, da
un mouvement de désespoir, se lança dans la fou
naise allumée et y fut consumé à l'instant. La porce
laine qui s'y cuisait en sortit, dit-on, parfaitemer
belle et au gré de l'empereur, lequel n'en demanda p
davantage. Depuis ce temps-là, cet infortuné passa pou
un héros et devint dans la suite l'idole qui présid
aux travaux de la porcelaine. »

Grâce aux progrès de la sinologie, nous pouvo
démontrer aujourd'hui l'erreur du trop crédule mis
sionnaire ; celui qu'il a pris pour le dieu de la porce
laine, n'est point une victime immolée au caprice d'u
prince désœuvré ; c'est tout simplement ce Pou-ta
dieu du contentement, dont nous avons parlé page 58
Pourquoi son image est-elle fréquente au milieu de
ateliers de King-te-tchin, fourmilière humaine agité
par un travail incessant ? C'est que nous sommes ains
faits : des vœux ardents nous poussent vers ce qu
nous ne pouvons atteindre. Que ferait Pou-taï chez le
riches Chinois ? Ils n'ont plus rien à lui demander.

LIVRE III

JAPON

CHAPITRE PREMIER

GÉNÉRALITÉS. — PORCELAINES.

Parler du Japon, au point de vue des arts, c'est exprimer un regret qui peut ressembler à un anathème contre le progrès. Le Japon ! ce pays mystérieux dont Marco Polo avait révélé l'existence, à la recherche duquel se livraient si ardemment les navigateurs du seizième siècle, cette terre du soleil levant, plus brillante qu'un songe des Mille et une Nuits, qu'est-ce aujourd'hui ? L'une des stations sans nombre du commerce maritime. Ses ports, obscurcis par la fumée des bateaux à vapeur, n'ouvriront plus leurs plages tranquilles aux jonques pittoresques chargées de voiles de bambou ; ses forts, hérissés de canons rayés, n'offriront plus à l'œil le curieux aspect qu'ils prenaient sous des tentures pittoresques relevées par les armoiries du prince commandant.

Les rues de Yeddo, constellées d'uniformes européens, ne verront désormais nulle femme sans crinoline, nul habitant qui n'ait substitué à son costume sévère et original, le paletot étriqué, le pantalon étroit et incommode ; peut-être même le chapeau cylindrique remplacera le curieux abri de laque ou de bambou tressé, qui garantit si bien des atteintes du soleil.

Non, à l'heure où nous écrivons, le Japon n'existe plus : il modifie son goût pour le modeler sur le nôtre : il va nous envoyer, à la place des œuvres charmantes et précieuses où se peignait son génie propre, d'odieuses imitations de nos fabrications décolorées.

N'est-ce pas là, en effet, le résultat fatal et inévitable de notre contact avec les nations orientales ? Les moins intelligentes se défendent contre l'ascendant que nous donnent sur elles l'avancement de nos sciences ; elles luttent, et sont vaincues. Les autres admirent nos lois, notre organisation, étudient volontiers nos livres ; mais dans leur enthousiasme, elles vont trop loin, et s'abandonnent sans savoir conserver ce qu'il y avait en elles de séve originale et de goût merveilleux.

Recueillons donc à la hâte quelques notions sur ce que furent les arts du Japon, car déjà c'est de l'histoire, et demain peut-être, l'organisation qui a maintenu si longtemps cette nation brave indépendante des autres peuples, aura elle-même disparu.

Le gouvernement de ce pays n'a d'analogue nulle part ; on ne saurait le considérer comme despotique, puisque le souverain lui-même, courbé sous le joug de la loi, est le premier esclave de l'empire. Quant à la liberté, elle n'existe à Nippon sous aucune de ses formes, pas même dans les relations privées et individuelles ; un espionnage continuel, une méfiance réciproque, tiennent les fonctionnaires de tout ordre dans la stricte observation du devoir ; la loi, ou plutôt la tradition invariable, pèse sur tous les rangs de la société ; en un mot le despotisme existe au Japon sans despote.

Le *mikado*, empereur ecclésiastique, successeur et représentant des dieux, est le propriétaire et le souverain de l'empire ; en lui se confondent le pouvoir spirituel et le pouvoir temporel ; écrasé sous le poids de sa haute dignité et du respect qu'il se doit à lui-même, il est en quelque sorte condamné à une existence automatique, réglée par un cérémonial fastidieux ; son palais de Miyako est pour lui une prison dorée dont le luxe ne saurait bannir l'ennui.

Le *siogoun*, *koubo* ou *taïcoun*, est le lieutenant du mikado, ou proprement, le général en chef ; mais il avait su se rendre relativement indépendant et devenir empereur civil ou exécutif. Soumis aux rigueurs d'une étiquette pointilleuse, il était réduit à l'impuissance par le conseil d'État qui gouverne véritablement. Sa résidence est à Yeddo. Il doit pourtant chaque année aller à Miyako afin de rendre hommage au souverain suprême, et lui rendre compte de sa conduite.

Aujourd'hui, par une révolution de cour, sa puissance est tombée : une forme fédérative succède à ce simulacre de centralisation.

Au-dessous de ces autorités de premier ordre, viennent les princes vassaux de l'empire : souverains absolus et héréditaires de leurs fiefs respectifs, ils sembleraient devoir jouir d'une indépendance complète ; cependant, deux secrétaires du conseil résidant, l'un dans la principauté même, l'autre à Yeddo, administrent en leur nom, les observent afin de leur interdire toute entreprise contre le pouvoir central, et empêchent leur influence personnelle de prendre trop d'accroissement. Cette gêne perpétuelle, les sacrifices énormes qu'entraîne pour chaque prince l'obligation d'entretenir son armée, de résider six mois de l'année à Yeddo pour y faire la cour au siogoun, tout cela dégoûte promptement les hommes raisonnables d'un fantôme de pouvoir ; aussi l'abdication est-elle un des moyens employés par les grands pour échapper à la ruine et rentrer dans la vie réelle.

Si bas que l'on pénètre dans la société japonaise, en parcourant les classes qui la composent, partout et toujours on rencontre le même système d'espionnage et d'asservissement. Néanmoins, ou plutôt à cause de cet asservissement continuel, les grands ont généralement un goût déterminé pour les objets d'art, et ils encouragent la production des œuvres remarquables en entretenant à leurs frais des ateliers considérables où se fabriquent, non pas les pièces que le commerce nous apporte, mais ces bijoux précieux connus seulement chez nous par les cadeaux faits aux fonctionnaires élevés de la factorerie hollandaise de Désima.

Il est regrettable que l'histoire même ne nous donne aucune notion sur la fabrication de la porcelaine au Japon : mais les documents écrits disent positivement que la peinture et la dorure des vases sont un secret qu'il n'est pas permis de divulguer.

Voici donc le peu que l'on sait sur l'origine des poteries translucides à Nippon : au printemps de l'an 27 avant Jésus-Christ, un vaisseau coréen aborda dans la province d'Halima. Le chef de l'expédition, prétendu fils du roi de Sin-ra, se fixa dans la province d'Omi, où des hommes de sa suite établirent une corporation de fabricants de porcelaine.

Vers la même époque vivait, dans la province d'Idsoumi, située comme celle d'Omi dans la grande île de Nippon, un athlète du nom de Nomino-Soukouné, qui faisait en faïence et en porcelaine des vases et surtout des figures humaines, pour les substituer aux esclaves qu'il était d'usage, jusqu'alors, d'inhumer avec leurs maîtres. Nomino-Soukouné reçut, en récompense, l'autorisation de prendre pour nom de famille *Fazi*, en coréen *Patzi*, fabricant, artiste.

Sous le règne du mikado Teu-tsi (662-672 de l'ère vulgaire), un moine bouddhiste nommé Gyôgui, dont les ancêtres étaient coréens, vulgarisa, parmi les habitants de la province d'Idsoumi, le secret de la fabrication des poteries translucides : le village où il s'était établi s'appelait Tô-Ki-Moura, village aux services de porcelaine.

Sous Sei-wa (859-876) le nombre des usines augmentait considérablement ; en 859 même, deux provinces, Kavatsi, et Idsoumi, se disputèrent une montagne pour cuire la porcelaine et abattre du bois à brûler.

Sous Syoun-tok (1211-1221), un fabricant nommé Katosiro-ouye-mon commença à confectionner de petits vases pour servir de boîtes à thé ; mais, faute d'un meilleur procédé, il les plaçait dans le four sur leur orifice, qui paraissait usé et peu soigné. On les désigna par l'appellation de *koutsi fakata* (pièces à orifice usé). Désireux de s'instruire, Katosiro, accompagné du moine bouddhiste Fô-gen, se rendit en Chine de 1211 à 1212, et apprit là tous les secrets de l'art céramique.

Dans les temps plus modernes, c'est sur l'île de Kiou-siou et particulièrement dans l'arrondissement de Matsoura, près du hameau de Ouresino, qu'on a produit la plus fine porcelaine.

Ces données historiques permettent d'établir deux faits importants : l'art céramique a été importé au Japon par les Coréens, et il s'est perfectionné par l'inspiration des Chinois sous les Youen. Il ne faut donc pas chercher un caractère particulier et original dans les poteries de Nippon ; elles sont reconnaissables plutôt à leur perfection même et à la délicatesse des tons et de la touche.

Deux anciens voyageurs, Pierre de Goyer et Jacob de Keyser, l'affirmaient au dix-septième siècle : « C'est l'ancienneté et l'adresse des maîtres qui ont fait ces pots qui leur donnent le prix, et comme la pierre de touche parmi nos orfévres fait connaître le prix de l'or et de l'argent, de même pour ces pots ils ont des maîtres jurés qui jugent de ce qu'ils valent et selon l'antiquité, l'ouvrage, l'art ou la réputation de l'ouvrier, et c'est souvent d'un prix fort haut. De sorte que le roi de Sungo acheta, il y a quelque temps, un de ces pots pour quatorze mille ducats ; et un Japonais chrétien, dans la ville de Sacai, paya pour un autre, qui était de trois pièces, quatorze cents ducats. »

Voilà donc un abîme entre les œuvres de la Chine et du Japon ; là c'est une production industrielle sur laquelle des mains sans nombre ont laissé trace de leur travail ; ici c'est une création individuelle, marquée du sceau d'un talent appréciable.

Distinguons toutefois ; il y a deux porcelaines au Japon . l'une courante, usuelle et tellement voisine de celle de la Chine qu'il est difficile de l'en distinguer ; l'autre fine, admirable de pâte, délicieuse de décor et sans rivale dans l'Orient. Il faut donc les étudier séparément.

La première espèce de porcelaine appartient à la famille *chrysanthémo-pæonienne ;* elle est généralement riche de décor, bien que sa pâte soit grisâtre et sujette à la tressaillure.

Nous n'avons pas besoin de décrire ces porcelaines, dont le signalement général a été donné plus haut ; il nous suffira d'énumérer les caractères différentiels qui les séparent des similaires faites au Céleste-Empire.

Il est d'abord un genre de produits qui ne peut prêter au doute ; ce sont les statuettes civiles, toujours revêtues du costume japonais, et qui se fabriquent peut-être encore en souvenir des figurines de Nomino-soukouné.

Mais, dira-t-on, quel est le costume des Japonais? Cela dépend, puisque la société est divisée en huit classes, et qu'il est certaines parties du vêtement formellement interdites aux classes inférieures ; or, par une singularité remarquable, la chose interdite est précisément celle qui, chez nous est considérée comme indispensable pour tout le monde. Laissons Kœmpfer décrire la toilette des membres de la cour ou du daïri. « Ils portent des culottes larges et longues, et par-dessus est une longue robe d'une largeur extrême et d'une figure particulière, principalement vers les épaules, avec une queue traînante qui s'étend bien loin derrière eux. Ils se couvrent la tête d'un bonnet ou chapeau noir sans apprêt, dont la figure est une des marques d'honneur auxquelles on peut distinguer de quel rang est un seigneur, ou quel poste il occupe à la cour. » Titsingh ajoute : « Le daïri (l'empereur ou mikado) change tous les jours de vêtements, pour lesquels on se sert d'étoffes très-fortes et précieuses. Deux de ces étoffes sont de couleur pourpre avec des fleurs blanches ; la troisième, toute blanche, est tissue en fleurs ; les étoffes à raies droites sont nommées *fate-sima*, et celles tissues à sarments et avec des fleurs ont le nom de *fate-wakou*. »

Le costume des classes moyennes et inférieures se compose d'un certain nombre de robes longues et larges portées l'une sur l'autre, et ne diffère de celui des classes supérieures que par la qualité et la couleur des étoffes ;

les robes sont retenues autour de la taille par une ceinture. Les manches ont d'énormes dimensions ; la partie pendant au-dessous du bras est fermée inférieurement, pour former une poche supplémentaire : la ceinture renferme, toutefois, les objets de quelque valeur. Des couleurs plus vives et des bordures d'or ou des broderies distinguent seulement les vêtements des femmes de ceux des hommes ; la ceinture est très-large, fait deux fois le tour du corps, et se noue en rosette avec deux bouts flottants ; les jeunes filles ont ce nœud derrière le dos ; les femmes mariées le portent devant.

Les hommes se rasent le front et tout le crâne, à l'exception d'une demi-couronne allant d'une tempe à l'autre par le derrière de la tête, et dont les cheveux relevés et pommadés avec soin, forment une touffe au sommet de l'occiput. En général, les femmes roulent leur chevelure en turban ; les jeunes filles et les servantes la disposent sur les deux côtés de la tête comme des ailes ou la nouent avec un goût particulier. Les plus élégantes ajoutent à leur coiffure un peigne et de longues épingles d'écaille, d'or ou d'argent.

Les princes, les nobles, les prêtres et les militaires sont les seules classes qui jouissent du privilége de s'armer de deux sabres et de porter le *hakama* ou pantalon large et plissé.

La cinquième classe qui comprend les employés subalternes et les médecins, a droit de porter le pantalon et un sabre.

A partir de la sixième classe, composée des négociants et marchands en gros, les lois somptuaires interdisent le pantalon, et ce n'est qu'à force de démarches humiliantes que les négociants peuvent parfois obtenir de porter le sabre.

Après avoir lu ces descriptions, on reconnaîtra que la plupart des figurines japonaises en porcelaine, représentent des personnages appartenant aux classes supérieures ; leurs riches costumes indiquent des étoffes de choix, et souvent, dans les motifs de l'ornementation, on retrouve des fleurs, des plantes ou des insignes particuliers, qui n'appartiennent qu'aux princes et aux nobles.

En effet, l'organisation féodale de la haute société japonaise répond assez bien à ce qui existait en Europe au moyen âge pour que certains voyageurs aient cherché à rendre par les expressions de princes, ducs, marquis, comtes et chevaliers, les divers degrés de la hiérarchie nobiliaire, et aient assimilé à nos *armoiries* les figures qui, sous le nom de *mon*, constellent les objets à l'usage des membres des grandes familles du pays.

Le mikado a deux armoiries, le *kiri-mon* et le *guik-*

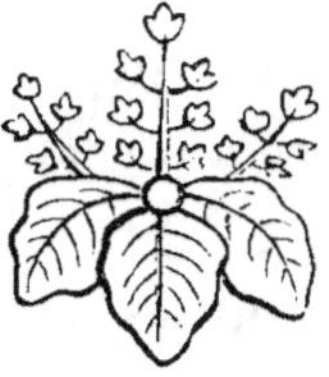 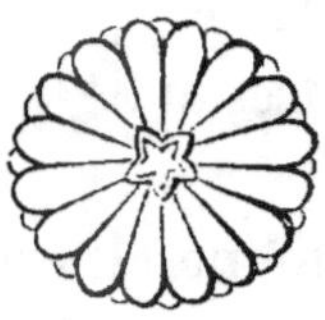

mon; la première, dont le nom signifie : les armoiries en feuilles et fleurs de kiri (*paullownia imperialis*), est plus particulièrement l'insigne officiel, la marque du pouvoir ; on la voit sur la monnaie et jusque sur les pains ou gâteaux qui se servent dans les repas d'étiquette offerts aux ambassadeurs hollandais. La seconde armoirie impériale ou *guik-mon*, c'est-à-dire en fleur de chrysanthème, est celle de la famille qui, depuis l'an 667 avant Jésus-Christ, occupe le trône du Japon et descend, dit-on, de Ten-sio-daï-sin, le dieu Soleil, créateur de l'archipel japonais.

Les siogouns actuels appartiennent à la maison de *Minamoto*, dont les armoiries se composent de trois feuilles de mauve et s'appellent *awoi-no-gomon*. Nous ne prétendons pas décrire les insignes des princes et seigneurs placés autour des deux souverains ; la tâche serait trop longue et sans intérêt réel, car peu de porcelaines parvenues en Europe offrent ce genre d'armoiries ; on les trouve fréquemment sur les laques et autres objets qui se portent ostensiblement dans les voyages.

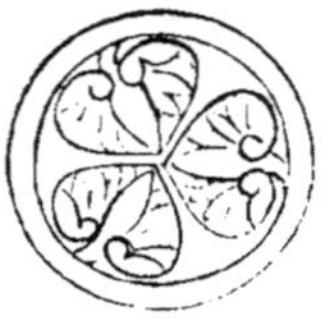

Les figures civiles nous ont parfois offert la figure du kiri-mon, plus souvent la chrysanthème armoriale et fréquemment le kiri ou arbre impérial.

Dans les porcelaines d'usage, vases, plats, assiettes et tasses, les caractères significatifs sont les suivants : présence de l'arbre daïrien ou *kiri ;* du dragon impérial japonais armé de trois griffes seulement ; d'un oiseau de proie au regard noble et fier, et quelquefois du *guik-mon* en relief. Un indice presque aussi certain d'origine, résulte de la réunion sur une même pièce de tous les emblèmes de la longévité, c'est-à-dire le pin, le bambou, la grue et surtout une tortue fantastique, inusitée en Chine, et dont l'extrémité est entourée d'une flamme terminée en pointe.

Les porcelaines chrysanthémo-pæoniennes du Japon ont une autre ressemblance avec celles de la Chine; elles portent parfois des *nen-go* ou noms d'années qui permettent d'assigner leur date. Un plateau orné d'une tige fleurie de pêcher, porte en dessous : *eul-soui-yang-ing*, deuxième année de la période yang-ing. Cette deuxième année correspond à 1655.

Mais laissons ces porcelaines évidemment imitées et qui n'ont point d'intérêt particulier; arrivons à la famille rose et surtout à ces fines poteries qu'on n'a pas flattées en les qualifiant de coquilles d'œuf, car si elles ont la minceur du test crétacé de l'œuf de la poule, elles possèdent de plus une translucidité merveilleuse qui les rapproche des gemmes et surtout du jade.

CHAPITRE II

PORCELAINE, FAMILLE ROSE

La famille rose japonaise n'a de commun avec celle
de la Chine, que le nom tiré de l'emploi du rouge d'or ;
les émaux sont les mêmes, mais ils sont si bien choisis
et expurgés qu'ils ont une pureté irréprochable ; le
rouge d'or éclate de vigueur lorsqu'il est seul, et passe
au rose le plus tendre en s'associant à l'émail blanc ; il
en est de même du bleu ; mis sous couverte en traits
déliés ou en couches puissantes, il forme un camaïeu
rendu plus vif par la transparence du vernis pétro-sili-
ceux ; posé sur ce vernis, soit en fond, soit en touches
de relief, il se montre vigoureux comme une lazulite,
ou suave comme une turquoise. Le vert d'eau, le jaune
orangé, partagent ce caractère de pureté *gouachée*. Si ces
émaux s'enrichissent d'un damassé fin, d'une mosaïque
courante, le rouge vif relève le jaune et le rose ; le noir
fait ressortir le bleu céleste ; le bleu foncé, mêlé de tou-

ches de carmin, rehausse les roses pâles, etc. Quant au dessin, l'aspect en est tout nouveau : les figures, maniérées sans doute et trop semblables entre elles pour n'être pas le produit d'un poncif, ont cependant une grâce naïve, une mollesse voluptueuse, reflet évident des mœurs orientales. Ce n'est certes pas l'imitation de la nature, ce n'est pas l'art tel que nous le comprenons avec ses qualités complexes; c'est l'art rêvé, la première manifestation de la pensée sous la forme.

Les oiseaux, les plantes ont aussi plus d'exactitude dans l'ensemble et dans les détails : rien n'est joli comme certains merles huppés à ventre rose, comme les coqs au fier regard, perchés sur des rocs ou perdus dans les fleurs. Les liliacées, les roses au feuillage abondant, le camellia crémeux, les chrysanthèmes variées, la vanille, le mille-pertuis, le bégonia, mille autres fleurs simples ou cultivées, puis le cédrat main-de-Fo, le raisin, la grenade, les mangues, exposent aux yeux la flore et la pomone de l'extrême Orient.

Mais dans ces productions distinguées, on peut encore reconnaître des écoles et des époques diverses; il est donc indispensable, pour apprécier les merveilles de chaque genre, d'établir des divisions régulières et bien caractérisées.

§ Ier. — PORCELAINES ARTISTIQUES.

Ces poteries sont le chef-d'œuvre de la fabrication japonaise ; elles réunissent au suprême degré les perfections de détail dont nous venons de parler et la grâce de l'ensemble : la majeure partie paraît destinée à la décoration des intérieurs somptueux et représente des bouquets de fleurs, des oiseaux au brillant plumage, ou des scènes familières empruntées à la haute société chinoise. Il est pourtant quelques pièces qui ont un caractère sacré et où figurent les divinités du panthéon bouddhique de Nippon. Nous devons citer entre autres, une scène assez fréquente : deux femmes debout, l'une sur une rose, l'autre sur une feuille, voguent sur les flots, entourées de nuages. La première, élégamment vêtue, porte un sceptre : la seconde est une suivante, et tient un panier de fleurs, passé dans une sorte de lance ou d'instrument aratoire. D'après les indications des livres japonais, c'est la déesse des mers ou la patronne des pêcheurs. *Si-wang-mou*, la déesse d'Occident, portant la branche ou le fruit du pêcher qui lui est consacré, se voit aussi quelquefois.

Pourquoi ne rencontre-t-on que des figures de la religion bouddhique sur les porcelaines, tandis que le *sinsyou* est le culte éminemment national? On peut supposer que cela tient et à l'âge des produits venus entre nos mains et à la défense expresse de laisser tomber dans le commerce tout ce qui peut révéler les secrets des mœurs du pays. D'après la cosmogonie du *si you*, un dieu suprême, créé par sa propre volonté, sortit du chaos primitif pour établir son trône au plus haut des cieux ; trop grand pour se livrer à des soins qui eussent troublé sa tranquillité immuable, il laissa des dieux *créateurs* ébaucher l'organisation de l'univers. Sept dieux *célestes* vinrent ensuite, et le dernier, *Iza-na-gimo mikoto*, trouvant un moment de loisir, créa la terre, les dix milles choses, et en confia le gouvernement entier à son enfant favori, la déesse Soleil, *Tensio-dai-sin*.

Voilà les fables religieuses ; il ne faut pas croire que la porcelaine n'ait pas aussi les siennes. Kœmpfer en a consigné une assez curieuse dans ses écrits. « Les Japonais, dit-il, conservent la récolte du thé commun dans de grands vases de terre à orifice étroit ; quant à la qualité supérieure destinée à l'empereur et aux princes, ils la renferment dans des vases murrhins ou de porcelaine et surtout, s'ils peuvent s'en procurer, dans ces petits vases précieux et renommés par leur antiquité, qu'ils appellent *maats-ubo* (pots véritables). On suppose que non-seulement ces vaisseaux conservent, mais qu'ils améliorent la qualité du thé lequel augmente de valeur en raison du temps qu'il y est demeuré enfermé. Le ficki-tsià même réduit en poussière, y garde son arome pendant quelques mois ; éventé, il y reprend toute sa saveur. Aussi, les grands personnages recherchent à tout prix cette sorte de vases, qui tiennent le premier rang parmi les ustensiles coûteux que le luxe a imaginés pour l'usage du thé. Leur célébrité m'engage à rapporter ici une légende qui n'a encore été consignée nulle part. Les maats-ubo ont été faits d'une terre de la plus grande finesse, à *Mauri-ga-sima*, c'est-à-dire l'île Mauri, laquelle, à ce que l'on rapporte, a été entièrement détruite et submergée par les dieux, à cause des mœurs dissolues de ses habitants. Aujourd'hui, il n'en apparaît d'autres vestiges que quelques rochers visibles à marée basse. Cette île était près de *Teyovaan* ou *Formose*, dont la place se désigne dans les cartes hydrographiques par des astérisques et des points qui indiquent un bas-fond semé de bancs de sable et d'écueils. Voici ce qu'en racontent les Chinois : *Mauri-ga-sima* était, au temps des anciens, une terre fertile où l'on trouvait, entre autres richesses, une argile admirable pour la fabrication des vases murrhins, que l'on appelle aujourd'hui : vases de porcelaine. De là, pour ses habitants, des trésors immenses et une dissolution sans bornes. Leurs vice et leurs mépris de la religion irritèrent les dieux à ce point, qu'ils résolurent, par un décret irrévocable, de submerger *Mauri-ga-sima*. Un songe envoyé par le ciel révéla cette terrible sentence au chef de l'île, nommé *Peirum*, homme religieux et d'une vie sans tache. Les dieux l'avertissaient de s'enfuir sur des embarcations dès qu'il verrait le visage de deux idoles placées à l'entrée du temple, se couvrir de rougeur... Le roi publia immédiatement le danger qui menaçait l'île et le désastre dont elle devait être frappée ; mais il ne trouva dans ses sujets que dérision et mépris pour ce qu'on appelait sa crédulité. Peu de temps après, un bouffon se riant des avis de *Peirum*, s'approcha pendant la nuit des deux idoles, et, sans que personne s'en aperçut leur barbouilla la face de couleur rouge. Averti de ce changement subit, qu'il attribua à un prodige et non à un sacrilége, le roi prit la fuite avec les siens et se dirigea à force de rames vers Foktsju, province de la Chine méridionale. Après son départ, le bouffon, ses complices et tous les incrédules que cette précipitation n'é pouvanta pas, furent engloutis avec l'île, ses potiers et ses magnifiques murrhins. Les Chinois du Sud célèbrent le souvenir de ce prodige par une fête... Quant aux vases disparus, on les recherche à marée basse dans le fond de la mer, sur les rocs auxquels ils se sont attachés ; on les retire avec précaution pour ne pas les briser, couverts d'une couche de coquillages qui les déforme et que les ouvriers enlèvent ensuite, en en laissant une partie qui atteste leur origine. Ces vases sont transparents, de la plus rare ténuité, et d'une couleur blanche teintée de vert. Ils ont, pour la plupart, la forme d'une capsule ou d'un petit tonneau avec un col étroit et court, comme s'ils eussent été, dès l'origine, destinés à contenir du thé. Ils sont apportés au Japon, à de très-rares intervalles, par des marchands de la province de Foktsju qui les achètent des plongeurs. Les plus communs se vendent vingt taels, la seconde sorte, cent ou deux cents taels ; quant à ceux qui atteignent cette valeur, personne n'oserait les acquérir ; ils sont destinés à l'empereur. Celui-ci en a reçu, dit-on, de ses ancêtres et de ses prédécesseurs une collection d'un prix inestimable qui est conservée dans son trésor.

Est-ce à la porcelaine artistique que cette fable fait allusion ? Nous ne le pensons pas, et nous parlerons bientôt d'une autre espèce transparente, blanche teintée de vert, qui pourrait faire croire aux *maats-ubo* selon la vraie orthographe japonaise. Mais le récit de Kœmpfer prouve une chose : c'est la supériorité des vases du Japon sur ceux de la Chine et la réputation qu'ils ont su se faire partout. Le P. Duhalde cite parmi les marchandises que les Chinois chargent sur leurs vaisseaux pour le retour du Japon « des porcelaines qui sont très-belles, mais qui ne sont pas du même usage que celles de la Chine parce qu'elles souffrent difficilement l'eau bouillante. » On trouve en outre dans les Mémoires des missionnaires de Pékin : « On fait cas ici de leur porcelaine (celle des Japonais)...: du reste, si l'on excepte les provinces de Fou-mai, de Tche-Kiang et Kiang-nan, qui trafiquent avec les Japonais, et Pékin, où elles en envoient pour être offertes à l'empereur et données aux grands, les porcelaines du Japon sont très-rares. Outre la raison de leur cherté, il y a encore celle de leurs formes et peintures, qui ne sont pas de notre goût. »

Ce qu'il faut entendre par cette dernière phrase, c'est le goût des missionnaires, et ce qui le prouve, c'est que les pièces japonaises servaient aux dons mutuels que l'empereur et les grands doivent se faire. Que pourraient-ils trouver, en effet, de plus élégant que ces poteries délicates où l'art et la patience ont épuisé toutes leurs ressources? Tantôt ce sont de véritables mosaïques, aux tons doux, aux minutieux détails, qui flattent l'œil et le surprennent en même temps; d'autres fois, la porcelaine presque nue offre un motif en traits déliés et noirs qu'on nomme encre de Chine, et s'entoure d'une bordure d'or à parties brunies, rouges, vertes, qui donnent au métal la plus merveilleuse animation.

Chose assez singulière, la nature plus ou moins compliquée du décor équivaut presque à une date; d'abord

la pâte blanche, unie, translucide, parut assez belle de
sa propre parure et le peintre eut à peine à la décorer :
un filet sur le bord : une scène doucement esquissée **au**
centre ; ce fut tout. Plus tard, les bordures se compli-

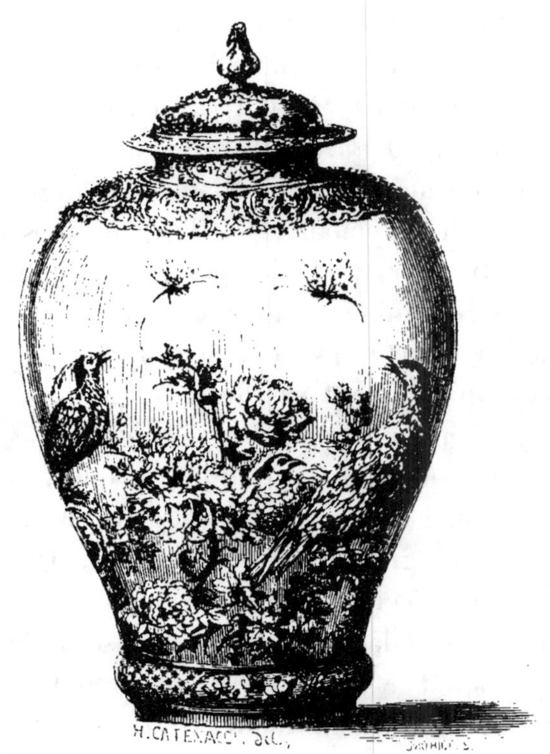

Potiche en porcelaine artistique, ornée de fleurs et d'oiseaux impériaux.

quèrent ; des fonds *clathrés*, c'est-à-dire imitant les
tresses d'une fine corbeille, ou *pavés* en forme de mosaïque composée de carrés et d'octogones, en firent les
principaux frais ; tantôt le noir et l'or en indiquent les

contours, tantôt ils s'enlèvent sur une teinte rose ou bleue, jaune ou vert pâle. Lorsque les besoins du luxe augmentèrent, la bordure, parfois losangée, à réserves chargées de fleurs, surmonta des fonds partiels délimités en arabesques et qui formèrent eux-mêmes comme un encadrement restreint au motif médian, sujet ou corbeille de fleurs, modèles ou rochers chargés de plantes et d'oiseaux.

Est-il possible d'assigner une date certaine aux changements que nous venons de signaler? Le tenter serait téméraire. Nous avons déjà dit que les fines porcelaines faites en Chine, à l'imitation de celles de Nippon, remontaient au dernier tiers du quinzième siècle : il faudrait donc admettre que la famille rose japonaise, inspirée des pièces de Nankin, selon le témoignage des encyclopédies nationales, serait au moins contemporaine de Tching-hoa (1465), époque à laquelle les livres chinois parlent pour la première fois de vases ornés de fleurs et d'oiseaux.

Il y a au fond de tout cela une obscurité que nous désespérons de voir disparaître, puisque les écrits semblent en augmenter l'impénétrabilité. Pourquoi les Japonais ont-ils transformé le nom scientifique *Imari-tsoutsi* (terre d'Imari) en celui de *Nan-Kin-tsoutsi* (terre de Nan-King)? pourquoi, d'après les travaux les plus récents des linguistes, semblerait-il que le Japon, la terre bénie des arts, n'a que des poteries empruntées à la Chine ou à la Corée? Ne cherchons pas à sonder ces mystères ; admirons sans les discuter ces splendides produits dont la vue a suscité une si vive émulation chez nos ancêtres, et a donné naissance à une industrie dont nous pouvons encore nous montrer fiers.

§ 2. — PORCELAINES A MANDARINS.

Qu'est-ce qu'un mandarin? C'est un Chinois, revêtu d'une autorité quelconque, et affublé d'un nom d'emprunt. Mandarin est un mot dérivé de *mandar* commander, et la langue portugaise nous l'a légué comme titre unique de tout homme en place au Céleste-Empire.

Or, si l'on nous demandait pourquoi nous avons appliqué à toute une division de porcelaines un nom aussi ridicule, voici ce que nous répondrions : le mot mandarin est passé dans la langue vulgaire; chacun l'interprète dans un sens tout moderne, c'est-à-dire que le mandarin proprement dit, c'est aussi bien le ministre à la toque ornée de la plume de paon, que le sous-préfet ou le maire, avec son simple bouton caractéristique. C'est ainsi que nous l'employons nous-mêmes sans vouloir en étendre la signification aux personnages historiques qu'on voit figurer sur les vieux vases orientaux.

Expliquons d'abord la différence qui existe entre l'ancien costume chinois et le costume moderne, et l'origine de celui-ci. Les peuples de l'extrême Orient ont par-dessus tout le respect des usages consacrés par le temps. Lorsque les dynasties nationales luttaient, au Céleste-Empire, contre les envahisseurs tartares, leur plus puissant moyen d'action consistait à soulever les populations par la seule idée de la violation des rites et de l'abolition des coutumes séculaires. Aussi, dès que l'illustre Hong-wou eut chassé les empereurs mongols, il publia un édit par lequel il obligeait son peuple à reprendre entièrement le costume chinois tel qu'on le portait sous la dynastie des Thang.

Plus tard les Thsing, cherchant à faire oublier la dynastie des Ming vaincue par eux, imaginèrent de changer les usages ; il fut ordonné à tous les Chinois, sous peine de mort, de se raser la tête à la manière tartare. Plusieurs milliers d'hommes aimèrent mieux perdre la vie que de se laisser déshonorer ainsi. Le temps seul, en affermissant les Mongols, leur permit de faire prévaloir la coiffure actuellement en usage.

La toque bordée remplaça le *mien* impérial et le bonnet de crêpe des fonctionnaires ; la longue queue pendante se substitua aux cheveux retroussés sur le crâne ; le surtout, coupé au-dessous des hanches, prit la place des longues robes à l'aspect sévère, que serrait une ceinture à pendeloques de jade ; ces pendeloques bruyantes obligeaient l'homme respectable à conserver une démarche tranquille afin que leur son fût toujours harmonieux et mesuré.

Tout ceci est bien pointilleux sans doute ; mais c'est grâce à ces règles que les Chinois étaient restés le peuple le plus poli et le mieux réglé de la terre.

En changeant le costume, il fallut nécessairement créer des emblèmes destinés à caractériser les différents ordres de fonctionnaires ; voici ces emblèmes :

1er *ordre*. Bonnet avec un bouton d'or travaillé, orné d'une perle et surmonté d'un bouton oblong de rubis *rouge transparent ;* habit violet avec une plaque carrée sur la poitrine et une autre sur le dos, dans lesquelles il y a, en broderie, une figure de *ho* (pélican). La ceinture est décorée de quatre pierres de yu-che (agate), incrustées de rubis.

Les officiers militaires du même ordre portent sur la plaque un ki-lin.

2e *Ordre*. Bonnet avec un bouton d'or travaillé, orné d'un petit rubis et surmonté d'un bouton de corail travaillé *rouge opaque*. Les plaques de l'habit portent un *kin-ky* (poule dorée). La ceinture dorée est ornée de quatre plaques d'or travaillées, enrichies de rubis.

Les officiers militaires portent sur la plaque un *su* (lion).

3e *Ordre*. Bonnet à bouton d'or travaillé, surmonté d'un bouton de saphir *bleu transparent*. Sa plume de paon n'a qu'un œil. Plaques portant le *kong-tsio* (paon). Ceinture à quatre plaques d'or travaillées.

Les officiers militaires portent sur leur plaques un *pao* (panthère).

4e *Ordre*. Bonnet à bouton d'or travaillé, orné d'un petit saphir surmonté d'un bouton de pierre d'azur *bleu opaque*. Plaques portant un *yen* (grue) ; ceinture à quatre plaques d'or travaillées, avec un bouton d'argent.

Officiers militaires portant sur les plaques un *hou* (tigre).

5e *Ordre*. Bonnet à bouton d'or orné d'un petit saphir et surmonté d'un bouton de cristal de roche *blanc transparent*. Plaques brodées d'un *pé-hien* (faisan blanc); ceinture à quatre plaques d'or unies, avec un bouton d'argent.

Officiers militaires portant un *hiong* (ours) sur les plaques.

6e *Ordre*. Bonnet surmonté d'un bouton fait d'une coquille marine *blanc opaque*; la plume n'est pas une plume de paon, mais une plume bleue: habit portant en broderie un *lu-su* (cigogne) : ceinture à quatre plaques rondes d'écaille, avec un bouton d'argent.

Officiers militaires portant sur les plaques un *pien* (petit tigre).

7e *Ordre*. Bonnet surmonté d'un bouton d'or travaillé, orné d'un petit cristal et surmonté d'un bouton d'or uni. Les plaques portent en broderie un *ky-chi* (perdrix); ceinture à quatre plaques rondes d'argent.

Officiers militaires portant un *sy* (rhinocéros) sur les plaques.

8e *Ordre*. Bonnet orné d'un bouton d'or travaillé surmonté d'un autre bouton également travaillé; sur la plaque, un *ngan-chun* (caille); ceinture à quatre plaques en corne de bélier, avec bouton d'argent.

Officiers militaires portant le *lu-su* (cigogne).

9e *Ordre*. Bonnet orné d'un bouton d'or surmonté d'un bouton d'argent, l'un et l'autre travaillés. Les plaques portent un *tsio* (moineau); ceinture à quatre plaques de corne noire, avec un bouton d'argent.

Officiers militaires : plaques portant un *haï-ma* (cheval marin).

Le caractère spécial de ces costumes est facile à reconnaître, et il délimite parfaitement la porcelaine qui
représente des personnages ainsi vêtus. Mais ce caractère
seul ne suffirait pas pour l'établissement d'un groupe,
et nous allons prouver que les couleurs, le mode d'exécution, s'unissent au genre des sujets pour justifier la
dénomination des pièces à mandarins.

Les porcelaines de grande dimension, les plus anciennes particulièrement, sont plutôt épaisses que minces et assez souvent à *pâte ondulée* à la surface, ce qui
indique qu'elles ont été faites par *coulage* et au moule ;
quelques-unes sont ornées de reliefs. La forme générale
des vases est plus élancée que celle des poteries chinoises.

La décoration est peinte plutôt qu'émaillée ; les tons
rouges tirés de l'or sont violacés, et le violet pur, le
vert d'eau, le rouge de fer vif, le chamois ou couleur
rouille, y abondent. Un procédé aussi étranger aux
peintres de la Chine qu'à ceux de l'atelier artistique,
apparaît dans le rendu des figures et des fleurs ; c'est
une sorte de modelé obtenu par pointillé et au moyen
de hachures parallèles ou croisées ; les chairs sont faites
avec le soin d'une miniature, et les draperies se sou-
lèvent en plis moelleux parfaitement détachés l'un de
l'autre.

Le plus souvent les sujets sont circonscrits par un
fond ornementé ; d'après ce qui a été dit plus haut, on
en conclurait déjà que le genre mandarin n'est pas très-
ancien. En effet, c'est en 1616 que les Thsing ont conquis le trône, et le costume tartare n'a pu être adopté,

pour les figures décoratives, que postérieurement à cette époque. Nous irons plus loin, en nous appuyant de l'observation des produits chinois de tout genre, jamais les artistes du Céleste-Empire n'ont consenti à représenter des mandarins dans leurs bois sculptés, leurs laques, leurs ivoires ni leurs porcelaines. Aucune pièce authentique à nien-hao n'a montré autre chose que les héros des anciens temps, et les sujets de l'antique histoire. Il fallait une nation voisine, à la fois curieuse et commerçante, pour jeter à foison, sur les vases, ce costume exécré qui ne pouvait s'imposer qu'à la longue et par la force.

Aussi la nature des sujets à mandarins n'est presque jamais historique ; ce sont des scènes d'intérieur, des jeux d'enfants, des représentations scéniques, des jongleurs exécutant des tours d'agilité ou lançant des poignards avec une adresse qu'on a pu récemment admirer, non sans appréhension, sur nos théâtres.

La régularité plus ou moins parfaite des décors, la nature des fonds ornés, permettent d'établir plusieurs sections dans les porcelaines à mandarins. La première, toute de transition, montre l'association du genre artistique à la nouvelle école : ou les fonds encre de chine et les bordures d'or encadrent un sujet *peint* ; ou les fonds nouveaux éclatent autour d'un médaillon à figures artistiques.

La seconde section, à *fonds filigranés*, renferme encore des pièces de très-fine qualité, parfois enrichies de médaillons *émaillés*. Le fond est un semé de rinceaux d'or très-serrés formant un ton doux, coupé de réserves

plus ou moins grandes. Le médaillon principal est dé-
limité par un trait ou par des arabesques d'or bruni;
quant aux petites réserves, elles sont occupées par des
oiseaux, des fleurs, ou des paysages en camaïeu rouge
ou noir, d'une délicatesse et d'une liberté charmantes.

Quelques services peu anciens ont leurs bordures et
les entourages des médaillons en bleu sous couverte.

Les *Mandarins rouges* forment la troisième section
et se reconnaissent à la sévérité de leur aspect; une
bordure noire à grecque d'or circonscrit le fond, rouge
de fer vif, que rehaussent une mosaïque clathrée noire
et des traits d'or groupés par trois, étoilant chaque
compartiment de la mosaïque. Rien n'est plus décoratif que ce genre; aussi acquiert-il, dans les ventes publiques, des prix fort élevés.

Les *Mandarins à fonds variés* sont ceux qui affectent
une telle fantaisie qu'on ne pourrait essayer de les décrire tous; des losanges en rouge de fer, des pavages
en traits noirs et rouges, d'autres à compatiments arle-
quinés se rencontrent dans cette section; jamais les
peintures n'en sont aussi fines que celles des espèces
précédentes.

Mandarins chagrinés et gaufrés. Cette section est
intéressante parce qu'elle renferme des pièces toujours
travaillées avec soin, et dont les appendices et quelquefois les médaillons sont ornés de figures en relief. Le
plus souvent les vases chagrinés sont des potiches
élancées, à col étroit, ouverture évasée, à panse ovoïde,
aplatie et anguleuse au point de réunion des deux
pièces moulées. Des rinceaux d'ornement saillent sur

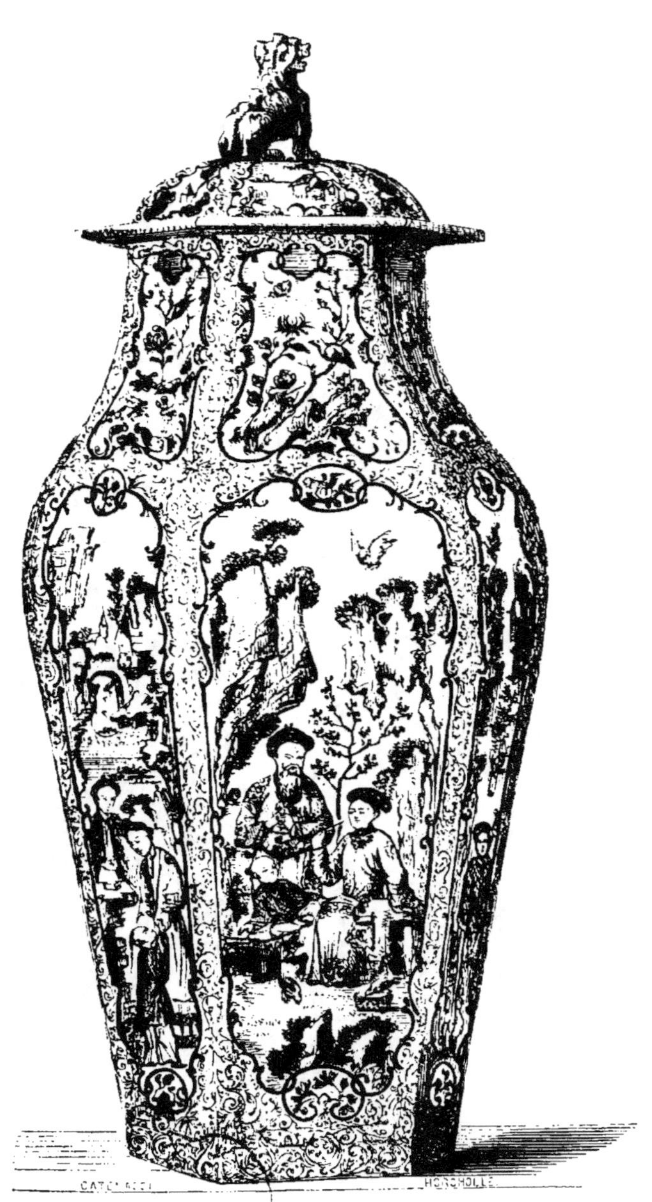

Potiche à mandarins, fond filigrané d'or.

chaque face en dessinant un grand médaillons médian, et de plus petits sur les côtés ; tout l'espace compris entre ces médaillons, ou le fond, si l'on veut, est semé de points hémisphériques imitant la peau de chagrin, ou mieux, selon l'expression chinoise, la *chair de poule*. Lorsque le vase est décoré, ce fond affecte la teinte appelée vert de gris : quand le chagriné reste blanc, ses saillies, sur lesquelles la couverte a glissé, ressortent mates sur le vernis vitreux.

Les peintures des vases chagrinés sont assez fines mais presque toujours crues de ton.

Les petites bouteilles à tabac, dites vases des tombeaux égyptiens, ont une connexion étroite avec ce genre ; les Chinois fabriquent encore, pour l'usage des horticulteurs, des pièces à chair de poule.

Les espèces gaufrées sont très-recommandables ; elles portent dans la pâte de fines dentelures, des sujets, des guirlandes et des bouquets de fleurs, que fait ressortir la couverte, en remplissant les vides à la manière des céladons. La plus grande partie de la décoration est en bleu sous couverte, et les sujets sont presque toujours émaillés.

Une cinquième section dite *Madarins camaïeu*, offre ces fonds partiels, remplis d'un losangé ombré, que la Saxe et les autres porcelaineries d'Europe ont imités pendant une partie du dix-huitième siècle ; le genre a pris, chez nous, le nom de Pompadour, et l'on a cru longtemps que les Orientaux nous l'avaient emprunté.

Cette erreur n'est pas la seule à laquelle ait donné

lieu la porcelaine à mandarins ; l'abbé Raynal, parlant
de cette espèce qu'il appelle *porcelaine des Indes*, dit :
« Au voisinage de Canton on fabrique la porcelaine
connue parmi nous sous le nom de *porcelaine des Indes*.
La pâte en est longue et facile, mais en général les
couleurs, le bleu surtout et le rouge de mars, y sont
très-inférieures à ce qui vient du Japon et de l'intérieur
de la Chine. Toutes les couleurs, excepté le bleu,
relèvent en bosse, et sont communément mal appliquées.
On ne voit du pourpre que sur cette porcelaine, ce qui
a fait follement imaginer qu'on la peignait en Hollande.
La plupart des tasses, des assiettes, des autres vases
que portent nos négociants, sortent de cette manufac-
ture, moins estimée à la Chine que ne le sont dans nos
contrées celles de faïence. »

Nous relèverons tout à l'heure, en parlant des porcelaines à fleurs, ce qu'il y a d'erroné dans ce passage, curieux sous bien d'autres rapports. Pour ter-
miner ce que nous avons à dire des pièces à mandarins,
nous ferons remarquer qu'en descendant de la section
filigranée à celle à camaïeu, les espèces deviennent de
plus en plus communes, et montrent l'influence de la
commande extérieure ; il y a donc un choix à faire
parmi les vases de cette division.

§ 3. — PORCELAINE DE L'INDE A FLEURS.

Ce qui caractérise cette division, c'est la nature spéciale ou la délinéation particulière des variétés flo-

rales. Les espèces principales sont la chrysanthème, la rose, l'œillet, le pavot lacinié et les anémones doubles, des fleurettes légères, des cinéraires, un myosotis, puis plus rarement la célosie à crête : voilà la flore du genre.

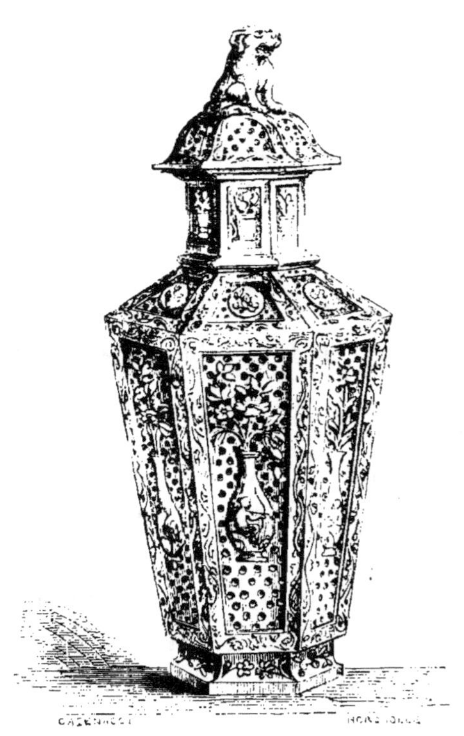

Vase de l'Inde, à reliefs et réticulé.

à peu d'exceptions près. Pour modeler, l'artiste se sert du haché carmin sur rose, noir sur gris, rouille sur jaune ; les feuilles mêmes reçoivent un rehaut de traits noirs, spirituellement touché, mais fort peu naturel.

Lorsque les bouquets sont entourés de fonds par-

tiels, ce sont la plupart de ceux de la division précédente ; il en est un tout particulier, cependant ;
c'est une riche broderie de fleurs et feuillages en
émail blanc, qui forme sur la couverte vitreuse comme
un damassé mat, du plus charmant effet. L'aspect de
cette broderie est si distingué que beaucoup de pièces
excessivement fines n'ont pas reçu d'autre décoration.

Les porcelaines à fleurs de l'Inde sont les plus communes de celles que procure le commerce de la curiosité ; il existe des services de table timbrés d'armoiries
européennes et qui prouvent que, comme les vases à
mandarins, ceux à fleurs s'exécutaient sur commande à
une époque assez voisine de la nôtre. Cherchons donc
quel a pu être le centre de cette fabrication, et pourquoi le nom qui lui a été donné a prêté si vite à de
fausses interprétations.

La porcelaine dite des Indes n'a rien de commun en
effet avec l'Hindoustan ; son origine japonaise ne fait
plus aucun doute quand on veut bien se rappeler
ceci : lorsqu'après avoir vainement tenté de s'ouvrir
une route vers l'extrème orient par le nord et la mer
glaciale, les Hollandais se hasardèrent à lancer des
vaisseaux sur l'Océan, leurs États-Généraux sentirent
le danger d'entreprises isolées en présence des formi-
dables flottes du Portugal. En 1602, il fut fondé une
Compagnie des Indes orientales des Provinces-Unies,
dans le but de soutenir les navigateurs hollandais et
d'élever les intérêts du commerce à la hauteur de la
chose publique. Sous l'impulsion de cette compagnie,

les Pays-Bas eurent bientôt la première marine du monde.

Plus de soixante ans après, en 1664, lorsque les Hollandais étaient solidement établis en Orient, la France aussi voulut créer une Compagnie des Indes Orientales : mais le génie de Colbert, la bravoure des officiers chargés de fonder ou de défendre nos comptoirs, ne purent lutter contre les événements contraires. La Compagnie fut ruinée.

Une seule *Compagnie des Indes* a pu, dès lors, avoir, au dix-huitième siècle, cette notoriété sans conteste, cette puissance illimitée, qui permettent de résumer tout un ordre de faits dans un mot : c'est la Compagnie des Provinces-Unies. Elle seule a pu donner son nom à cette *porcelaine des Indes* fabriquée au Japon et exportée par masses considérables en vertu de traités remontant à 1609.

En 1664, au moment même ou Louis XIV concédait un privilége spécial pour le commerce en Orient, il arrivait en Hollande 44,945 pièces de porcelaines du Japon très-rares. Il partait de Batavia, au mois de décembre de la même année, 16,580 autres pièces de porcelaines de diverses sortes recueillies par la Compagnie néerlandaise.

Si l'on veut savoir maintenant quelle était l'action des négociants hollandais sur la fabrique même, les *Ambassades mémorables* fourniront ces curieux détails : « Pendant que le sieur Wagenaar se disposait à retourner à Batavia, il reçut 21,567 pièces de porcelaine blanche, et un mois auparavant il en était venu à Désima très-grande quantité, mais dont le débit ne fut pas grand, n'ayant pas assez de fleurs, Depuis quelques années les Japonais se sont appliqués à ces sortes d'ouvrages avec beaucoup d'assiduité. Ils y deviennent si habiles que non-seulement les Hollandais, mais les Chinois mêmes en achètent... Le sieur Wagenaar, grand connaisseur et fort habile dans ces sortes d'ouvrages, inventa une fleur sur un fond bleu qui fut trouvée si belle que de deux cents pièces où il la fit peindre, il n'en resta pas une seule qui ne fût aussitôt vendue, de sorte qu'il n'y avait point de boutique qui n'en fût garnie. »

N'est-ce point une chose curieuse à constater que cette intromission des étrangers dans une fabrication nationale? La Hollande voulait récompenser Wagenaar des services qu'il lui avait rendus en la représentant au Japon : elle lui concède pendant un certain nombre d'années le monopole du commerce des porcelaines, et le voilà montant des ateliers de décor, passant des marchés avec les fabriques; en un mot, imposant ses conditions à des hommes dont il eût dû accepter les travaux avec admiration. Il invente des fleurs, des décors, parce que la porcelaine nationale n'est pas de son goût, *n'ayant pas assez de fleurs.*

Puis, chez nous, cette céramique bâtarde devient à la mode, on reconnaît que les Orientaux se perfectionnent au contact de nos artistes; on commande des services sans nombre ; tout noble envoie ses armoiries ou transmet les images plus ou moins *légères* qu'il veut faire reproduire sur sa vaisselle de luxe; et lorsque cela revient de la factorerie hollandaise, sur les vaisseaux hollandais, on parle de porcelaine des Indes, et on se demande si les artistes qui ont exécuté ces commandes habitent Canton ou toute autre ville de la Chine ! Essayez donc de faire l'histoire, même de tessons âgés d'un siècle, lorsque de pareilles traditions s'interposent entre vous et la vérité !

Faut-il attribuer à l'influence de Wagenaar les porcelaines que nous appelons à feuilles versicolores ? Le principal motif de leur décoration est un groupe de feuilles dentées ou sinuées, les unes bleues (sous couverte), les autres vert pâle, rose, jaune, émaillées ; au bas du faisceau principal, s'épanouit une large fleur aux pétales découpés ornementalement, avec un cœur fermé, d'une couleur particulière : les pétales sont roses doublés de jaune, la pomme centrale jaune ou verdâtre panachée de rose : quant aux feuilles, leur forme, leurs dimensions, feraient penser au châtaignier, tandis que leur couleur rappelle le platane aimé des Orientaux et qui se pare de touffes variant du vert frais au rouge vif en passant par les nuances intermédiaires. Le bord des pièces porte une légère guirlande de fleurettes et, derrière les grandes feuilles, sortent des tiges surmontées aussi de fleurs délicates en rouge de fer, jaune, rose ou bleu émaillés.

Ce qui pourrait faire supposer une origine nationale aux décors versicolores, c'est qu'on rencontre de grands et admirables vases où la fleur d'Anona, les groupes de feuilles changeantes, les guirlandes de fleurs, entourent de splendides fong-hoang finement peints en tons vifs et harmonieux. Il y aussi loin de ces vases, hauts d'un mètre et demi, aux services de table ordinaires, que d'un beau spécimen à mandarins filigrané à ces horribles potiches qu'on rencontre partout montées en lampes de pacotille.

CHAPITRE III

PORCELAINE VITREUSE

Nous avons décrit, jusqu'ici, des porcelaines japonaises imitées de l'école chinoise, ou pouvant, par leur décor, être attribuées à l'empire du Milieu. Voici une espèce qui n'a jamais fait doute, quant à sa nationalité, et qu'on peut dire inimitable.

La pâte a été fabriquée avec des matériaux tellement purs, l'émail est si complétement homogène qu'on ne soupçonne pas la superposition de deux substances distinctes ; la couleur et la translucidité sont celles d'un jade très-aminci.

Rien qu'en voyant la porcelaine vitreuse, on soupçonnerait qu'un autre élément que le kaolin entre dans sa composition. En effet, la manière première rapportée par M. de Sieboldt est une pierre dure, tenace, compacte, difficile à réduire en poudre ; l'on comprend, en la considérant, le proverbe des céramistes japonais : *il entre des os humains dans la composition de la porcelaine*. Certes un travail bien rude et capable d'user ceux qui s'y livrent, est nécessaire pour amener cette pierre à l'état d'une pâte maniable et propre au moulage ou au tournassage.

Les pièces caractéristiques en porcelaine vitreuse sont de petites coupes très-ouvertes portées sur un pied assez élevé en forme de cône tronqué ; elles servent à boire le saki, sorte d'eau-de-vie de grains qui se prend bouillante.

La décoration très-sobre, d'une grande netteté d'exécution, présente toujours des émaux en relief, et souvent des espèces de perles blanches presque hémisphériques. Des graminées, des oiseaux en simples traits rouges ou d'or, ou une femme couchée peinte en émaux légers, forment le sujet principal : c'est dans la bordure que se trouvent les émaux blancs ou bleus en grand relief.

A côté des coupes à saki se classe une fabrication non moins remarquable et peut-être plus ancienne encore : ce sont de petites tasses campanulées, sans soucoupes, minces comme du papier, et du plus beau blanc. L'extérieur, destiné à se détacher sur un présentoir en laque, n'est jamais décoré ; en dedans existe un filet d'or ; quelques traits d'émail bleu en relief ou d'or indiquent la silhouette d'une montagne et d'un vaste horizon, puis le soleil, des nuages et des oiseaux volant en ligne. Cette simple esquisse permet de reconnaître le célèbre *Fousi-yama*, mont sacré des Japonais, ancien volcan redouté, bien que le souvenir de ses dernières éruptions se perde dans la nuit des époques fabuleuses. D'autres tasses ornementées seulement en or bruni représentent le fong-hoang dans les nuages ou la grue éployée.

Ces rares spécimens qui donneraient une idée avantageuse de la sobriété des Japonais, s'il n'était reconnu qu'on arrive aussi bien à l'ivresse par petits coups répétés que par rasades importantes, mènent par gradations de taille et développement de décor, à des pièces émaillées d'une rare beauté ; quelques-unes, simples de forme, sagement décorées, portent de légers bouquets jetés irrégulièrement sur la surface laiteuse et translucide ; c'est le bégonia avec ses feuilles doublées de rose et ses fleurs délicates, le bananier aux bractées empourprées ; le lis bleu du Japon.

Mais les véritables tasses courantes en porcelaine vitreuse se caractérisent par leur forme même, qui imite la fleur régulière à pétales irréguliers de l'hibiscus cultivé. La pâte crémeuse se prête à merveille à la figuration délicate de la fibre végétale ; des traits gravés dans l'épaisseur de la porcelaine rendent les moindres nervures qui partent de la base des pétales, et le galbe extérieur de ceux-ci forme, autour des tasses et soucoupes, la plus gracieuse découpure à six lobes qu'il soit possible d'imaginer.

Le décor des porcelaines vitreuses est généralement simple et peu couvert. Le plus ancien, on pourrait même dire le mieux choisi, consiste en représentations d'animaux, en or rehaussé de rouge ; ce sont des oiseaux fabuleux à cornes de cerfs, à griffes de lions et ailes de chauve-souris ; des oies picorant au bord d'une rivière ; des grillons ou des mantes posés sur des tiges de fleurs. Plus tard on y a mis quelques peintures du style des familles verte et rose chinoises ; nous y avons même vu un coq de l'école artistique posé sur un rocher au milieu des tiges fleuries du rosier japonais.

C'est à la poterie translucide vitreuse qu'appartiennent les plus précieuses espèces modernes du Japon ; les coupes à saki, imitation des anciennes, les tasses délicates recouvertes d'un clissage de fils de bambou, et ces grandes tasses couvertes, plus minces que la porcelaine coulée de Sèvres, et dont le tournassage et la cuisson semblent un problème insoluble : on ne comprend pas comment une paroi à peine épaisse comme un papier, a pu être formée d'abord d'une première couche d'argile sur laquelle il a fallu ensuite appliquer une double épaisseur de couverte.

D'où proviennent ces précieuses porcelaines, si fréquentes pourtant sur le marché européen? L'histoire nous permet de répondre : Aujourd'hui, comme dans les temps anciens, c'est à Imali, province de Fizen, qu'on a fabriqué la plus fine poterie translucide du Japon. Ce n'est pas dans le bourg lui-même que se trouvent les usines ; au nombre de vingt-quatre ou vingt-cinq, elles s'étagent sur le penchant de l'Idsoumi-yama (montagne aux sources), d'où l'on extrait la roche kaolinique ou pétro-silicieuse.

M. Hoffmann cite dix-huit de ces usines comme jouissant d'une célébrité particulière : voici leurs noms :

1. Oho-kavatsi-yama, grande montagne entre les rivières ;

2. Mi kavatsi-yama, les trois montagnes entre les rivières ;

3. Idsoumi-yama, montagne aux sources ;

4. Kan-ko-fira, beau plateau supérieur ;

5. Fon-ko-fira, beau plateau principal ;

6. Oho-tarou, grand vase ;

7. Naka-tarou, vase moyen ;

8. Sira-kava, ruisseau blanc ;

9. Five-koba, vieux pin ;

10. Akaye-Matsi, quartier des peintres en rouge ;

11. Naka-no-fira, plateau moyen ;

12. Ivaya, la grotte ;

13. Naga-fira, long plateau ;

14. Minami-kawara, rive méridionale ;

15. Foka-wo, queue extérieure ;

16. Kouromouda, champ noir ;

17. Firo-se ;

18. Itsi-no-se.

Les produits des deux premières fabriques n'entrent
pas dans le commerce. D'autres établissements situés
sur la frontière d'Arida, dans le district de Matsoura,
comme Nakawo, Mits'nomata, Five-koba, appartiennent à divers propriétaires domiciliés dans la province
de Fizen. La porcelaine bleue se fait en grande partie
à Firo-se, mais elle n'est pas de première qualité.

Le bleu dont il est question, est très-facile à distinguer de celui de la Chine ; il est caractérisé d'abord
par son intensité générale, par sa bordure ocellée,

qui est celle de la division à Mandarins, et par la régularité de ses bouquets de fleurs, où dominent la pivoine et les chrysanthèmes : cette régularité est poussée si loin, qu'on a pu croire un moment que ce décor était obtenu par impression.

Ce que nous venons de dire touchant les porcelaines de Fizen, prouve combien nous sommes peu ou mal renseignés sur l'industrie japonaise ; l'Exposition universelle, malgré les proportions restreintes de certains envois, a pourtant ajouté quelques faits intéressants à ce que les écrits nous avaient révélé. Ainsi nous avons pu voir les ouvrages céramiques d'un centre nouvellement ouvert à nos relations commerciales : Yego ; sa porcelaine ancienne est excessivement lourde de pâte, émaillée en couleurs, et presque toujours à extérieur vert chargé de nuages noirs ; des paysages y affectent une certaine crudité de ton ; de ces époques primitives à l'époque actuelle, on voit peu à peu s'introduire l'émaillage en blanc relevé d'un décor rouge de fer et or extrêmement fin ; des sujets sacrés à personnages s'y montrent avec une rare perfection de dessin. Les porcelaines de Yego sont dignes d'occuper une place dans les collections, même auprès des œuvres de Fizen.

CHAPITRE IV

FABRICATIONS PARTICULIÈRES

Il nous reste à parler de quelques fabrications particulières où le Japon égale et même surpasse la Chine. En première ligne, nous devons naturellement signaler la porcelaine laquée.

Le laque, on le sait, est la gomme résine qui exsude de certains arbres ; en Chine, où on l'appelle *tsi-chou*, cette résine paraît provenir de l'*augia sinensis* ; au Japon, on l'extrait du *rhus vernix* ; et on lui donne le nom d'*ourousi-no-ki*. Ce précieux vernis est appliqué par les Japonais sur toutes sortes de matières, avec une supériorité incontestable ; mais eux seuls semblent avoir imaginé d'en revêtir la porcelaine et d'y exécuter, en mosaïque de nacre, les plus fins tableaux ; c'est ce qu'on nomme porcelaine *laquée burgautée*.

Expliquons d'abord l'origine du nom ; le *burgau* est une espèce de coquille univalve du genre Turbo ; son épiderme noirâtre et mat recouvre une nacre assez belle qui, avant que la navigation nous apportât les haliotides et les pintadines mères perles des Indes et de l'Amérique, servait à nos marqueteurs pour leurs incrustations orientées. Une fois l'habitude prise, le mot *burgau* a servi à désigner les travaux de nacre, quelle que fût l'origine de la matière.

Habituellement la décoration des laques burgautés est agreste : sur le fond, d'un noir parfait et velouté, se détache un paysage en mosaïque chatoyante. Les pièces, d'une ténuité extrême, sont découpées avec habileté, et coloriées artificiellement, de manière à varier l'effet des ondes nacrées. On a peine à comprendre que la patience humaine puisse arriver à ce point, de tailler une à une les feuilles d'un arbre ou d'un bambou, les plumes d'un oiseau, les parcelles miroitantes destinées à imiter la rive caillouteuse d'un fleuve ou les facettes d'un rocher. L'assemblage et la combinaison de ces pièces annoncent au moins autant de talent que d'adresse : des filaments nacrés, déliés et souples comme un trait de crayon, silhouettent les nuages ou les eaux ; les arbres, les montagnes, les terrains sont rendus par des mosaïques diversement colorées, de l'aspect le plus agréable : les plantes de premier plan, les herbes, les graminées sont taillées avec une hardiesse annonçant la science du dessin. Quant aux animaux et aux oiseaux surtout, on pourrait dire qu'ils sont modelés comme au pinceau, tant la forme des pièces est bien combinée pour rendre les raccourcis et la fuite des parties, donner du mouvement à l'ensemble et exprimer les moindres détails. Le plus souvent un paysage montueux coupé par les eaux occupe la surface des vases : sur les bols on voit plus particulièrement des plaines basses ou des rivages fréquentés par les palmipèdes.

Un fait curieux à noter, c'est que les Japonais n'ont pas toujours employé la porcelaine de leur pays pour servir de base au travail laqué. En retournant un plateau et un petit bol, nous y avons trouvé ces inscriptions : *Fabriqué pendant la période Tching-hoa* (1465 *à* 1487) *de la grande dynastie des Ming ; fabriqué pendant la période Yung-Tching de la grande dynastie des Thsing* (1725 à 1755). On peut conclure de ceci que les laqueurs prennent pour leur travail toute porcelaine qui leur convient, et plus particulièrement celle un peu rugueuse, épaisse, à pâte dense et ondulée, qui subit le moins les effets de dilatation produits par les changements de température. Pour assurer la parfaite adhérence du vernis noir sur la porcelaine, il arrive même parfois qu'on pose cet enduit sur la pâte nue ou le biscuit. Nous ne saurions dire si, dans ce cas, la pièce a été cuite sans émail, ou si le laqueur l'a dénudée au moyen de la meule avant d'y appliquer l'orousi-no-ki.

Parmi les merveilles de l'art japonais nous pouvons citer encore l'emploi partiel du laque d'or à reliefs sur le craquelé fauve. Un vase nous a montré des paysages espacés de distance en distance sur sa partie cylindrique. Une théière, nue par le bas, offrait à sa partie supérieure un fond veiné imitant le bois, sur lequel se détachait la silhouette d'un horizon dominé par le

Fousi-yama. La mer, les plages, les accidents de terrain, s'exprimaient par des reliefs d'or, parfois mêlés de teintes de vermillon.

Nippon a dû certainement employer toutes les couvertes céladon, pourtant nous n'avons jamais rencontré aucune pièce à couverte ombrante olivâtre qu'on pût, avec confiance, attribuer au Japon. Il n'en est pas de même du céladon gris bleu qu'on nomme *empois*; on le trouve en grands vases, en jardinières polygonales à bord plat : il recouvre habituellement un décor tout particulier, posé sur le biscuit, et qui se compose de traits bleu foncé, de rouge de cuivre, et de quelques touches ou rehauts en blanc d'engobe. Une fois glacé par la couverte colorée, ce décor est d'une harmonie parfaite : on voit surtout, exécutés ainsi, des bouquets de fleurs, des bambous ou des pêchers à fleurs autour desquels voltigent des oiseaux à ventre blanc ressemblant à l'hirondelle.

D'après les ouvrages orientaux, les craquelés remontent à une époque très-reculée; voici ce que les auteurs disent à cet égard : « Les anciens vases craquelés sont fort estimés au Japon. Là, pour acquérir un véritable vase craquelé, on ne regarde pas à mille onces d'argent (7,500 fr.) On ne sait pas sous quelle dynastie on a commencé à fabriquer des cassolettes à parfum en porcelaine craquelée. Sous le pied il y a un clou en fer qui est fort brillant et ne se rouille jamais. »

Nulle cassolette à *clou* ne nous est apparue dans les collections publiques ou privées, et nous ne pouvons dire si cet appendice si singulier se trouve sous un craquelé gris, brun, noir ou vert. Mais à la forme des vases, à la délicatesse du travail et à certains détails d'ornementation, nous avons pu reconnaître, comme provenant de Nippon, certain craquelé fin, jaunâtre ou chamois, relevé de bandes multiples de grecques, de bambou, en pâte ferrugineuse noirâtre, modelée en relief.

Un autre travail que l'Exposition universelle a mis fort en vogue, est le truité appliqué sur grès et relevé de dessins en émaux et en or, fait dans les usines du prince de Satzouma ; peu répandu, ce truité était pourtant connu au dix-huitième siècle : sa couleur générale lui avait valu le nom de *Truité ventre de biche*. Les nombreux morceaux de fabrication moderne sont généralement riches de décor, de forme gracieuse et d'un aspect harmonieux. Des vases de proportions colossales, des veilleuses armoriées, de petits bols, des coupes, des pi-tong et autres pièces d'apparat, ont permis de juger du goût des artistes japonais actuels. On peut même admettre comme règle que les truités de Satzouma sont d'autant plus sobres d'ornementation qu'ils remontent davantage vers les temps anciens.

LIVRE IV

CORÉE

Il a été question bien des fois de l'intervention des Coréens dans l'éducation des Chinois et des Japonais : cette intervention, avouée dans les livres des deux nations, nous obligeait à trouver le caractère des œuvres du peuple initiateur, dussions-nous même le chercher uniquement dans des copies anciennes ou dans des fabrications diverses révélant une inspiration unique.

Or, en Chine, au Japon, en Europe même, on peut remarquer qu'un type particulier a servi de premier modèle aux usines à porcelaine : une haie de graminées cachant le pied de quelques plantes, la vigne chargée de raisins, une espèce d'écureuil, des oiseaux fantastiques, voilà la base de la décoration, généralement exécutée en émaux peu nombreux.

En comparant les pièces qui portent ce décor *archaïque* on reconnaît bientôt qu'un certain nombre se
distingue par une pâte très-blanche, mate, à couverte
unie, non vitreuse. De forme généralement polygo-
nale, les vases ont un galbe très-simple ; des potiches
à huit pans en baril ou légèrement amincies à la base,
avec gorge supérieure rétrécie et couvercle surbaissé ;
des vasques et compotiers à bord plat, comme le
marly de nos assiettes, avec l'extrême limbe relevé et
coloré d'une tranche brun foncé ; des boîtes à thé
assez élevées, carrées de base, ou à angles coupés,
terminées par un goulot cylindrique à rebord : des
bols hémisphériques ; des gobelets en litrons, cylindriques ou octogones, voilà ce qu'on rencontre le plus
souvent.

Dans la décoration, la plupart des objets naturels
s'écartent de l'imitation pure et prennent une disposition symétrique : on peut toutefois reconnaître plusieurs espèces végétales souvent répétées, telles que l'iris,
la chrysanthème, la pivoine, le bambou, le pêcher à
fleurs. Le paon, caractérisé par les yeux de sa queue
traînante, un autre oiseau voisin de l'argus, remplacent
habituellement le fong-hoang sacré. Le dragon est
assez rare et la grue peu commune ; et d'autres termes,
les animaux symboliques sont presque exceptionnels.

Les bordures sont fort simples : c'est le zigzag ou
dent de loup, la grecque et une sorte de rinceau dont
les spirales plus ou moins serrées se peuvent multiplier sous la main de l'artiste pour former des fonds
d'une grande richesse.

Les matières décorantes sont peu nombreuses et distribuées sobrement. Le rouge de fer d'une teinte riche et pure, le vert de cuivre pâle, presque bleuâtre, le bleu céleste foncé, le jaune paille, le noir et l'or, c'est tout le bagage du peintre. Les couleurs posées sur couverte forment souvent relief. Le rouge est mince et bien glacé, le noir, borné à des surfaces restreintes, n'a, non plus, aucune épaisseur ; il est employé le plus souvent à *chatironner* ou entourer d'un trait les figures, les feuilles, etc. L'or, assez solide, est toujours plus foncé que dans les autres poteries orientales.

Quant aux sujets, bornés à un petit nombre de personnages, ils sont tantôt japonais, tantôt chinois ; dans le premier cas, on voit des dignitaires daïriens avec leurs vastes robes et les coiffures, insignes de leur rang ; parfois même on peut reconnaître des impératrices pieds nus et les cheveux pendants, c'est-à-dire dans la tenue qui leur est imposée en présence de leur maître et seigneur le mikado. Rien qu'à ce double caractère, on reconnaîtrait que la porcelaine archaïque provient d'une contrée intermédiaire entre les deux empires et qui, travaillant pour l'un et pour l'autre, a pu sans scrupule livrer parfois au commerce des choses dont la vente eût été, ailleurs, considérée comme un sacrilége.

Nous reproduisons ici une charmante théière couverte de gravures simulant, sur la pâte, les flots de la mer, et décorée en outre d'un semé de fleurs détachées, et de la figure quatre fois répétés du *kiri-mon* impérial japonais. De pareils emblèmes ne permettent pas de douter que la pièce n'ait été destinée au mikado ; mais si l'on en concluait qu'elle a été faite à Nippon, nous aurions une réponse toute prête : nous possédons un bol de fabrication identique, orné de bouquets de fleurs

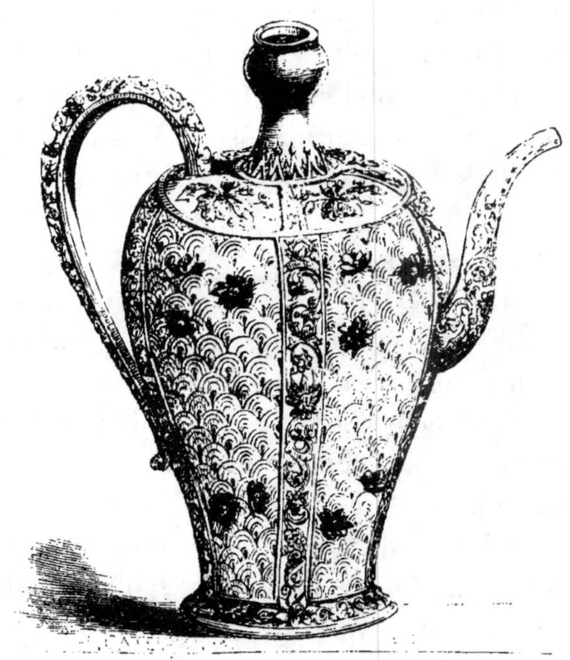

Vase coréen orné du kiri-mon japonais.

régulières et ornementales, inscrit en dessous d'un nien-hao chinois indiquant la période Kia-thsing (1522-1566). Chi-tsong l'avait donc commandé pour son usage, ou reçu à titre de tribut, car longtemps la Corée fut soumise au protectorat de la Chine et du Japon.

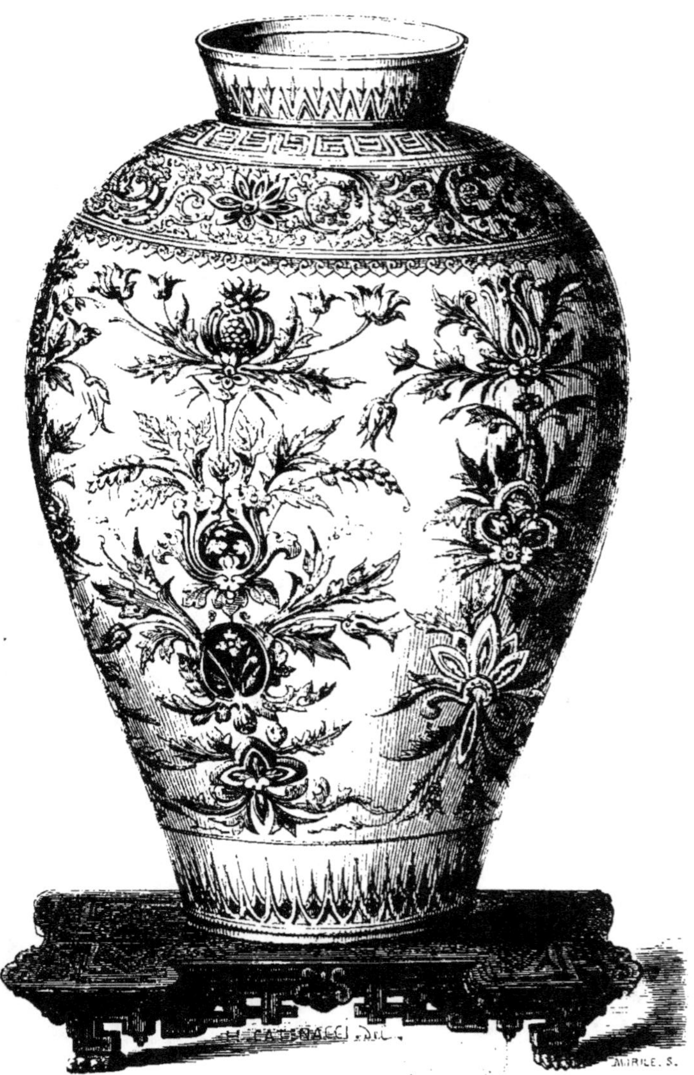

Potiche coréenne à décor persan.

Au surplus, toutes les pièces coréennes ont un caractère de grandeur et de simplicité qui avait séduit nos ancêtres : c'est la porcelaine archaïque, d'abord imitée à Saint-Cloud, à Chantilly, à Sèvres, que copiait la Saxe avec un telle fidélité qu'il est certaines œuvres susceptibles de tromper même un œil exercé.

La porcelaine de Corée, parvenue en Europe avec les premiers envois du Japon, devait tromper les amateurs anciens et passer à leurs yeux pour être l'œuvre de Nippon. Julliot, l'un des plus experts marchands de curiosité du dix-huitième siècle, qualifie cette espèce : *ancienne porcelaine du Japon, première qualité colorée*, et il en parle en ces termes dans ses précieux catalogues : « Cette porcelaine, dont la composition est entièrement perdue, a toujours eu l'avantage d'inspirer la plus grande sensation aux amateurs par le grenu si fin du beau blanc de sa pâte, le flou séduisant de son rouge mat, le velouté de ses vives et douces couleurs en vert et bleu céleste foncé, tel est le véritable mérite reconnu dans cette porcelaine ; aussi tous les cabinets supérieurs en ont été et en sont composés, ce qui seul fait son éloge. »

On voit combien cette définition enthousiaste est conforme aux caractères donnés plus haut ; qu'aurait donc pensé Julliot d'une pièce du genre de la potiche figurée ci-contre dont le décor peut rivaliser avec les plus riches conceptions de la Perse et de l'Inde.

Toutes les porcelaines coréennes ne répondent pas exactement au signalement donné par Julliot et par nous. A une certaine époque, celle peut-être du contact des artistes du Japon et de la Chine avec l'atelier archaïque, la pâte très-lourde, abondante en fondant, a reçu une couverte vitreuse et bleuâtre; le bleu sous couverte a été introduit dans le décor, concurremment à des reliefs imprimés ou appliqués par collage. La plupart des pièces de cette espèce portent, en dessous, l'impression de la toile grossière sur laquelle la pâte a été travaillée. On voit, dans cette série, des fontaines à thé, des pièces figuratives représentant un poulpe sur un roc entouré d'eau; des pi-tong imitant un tronc d'arbre qu'enveloppe un cep de vigne ou les branches du pin et du pêcher à fleurs.

Des lagènes à anses et à goulot renflé, avec des bandes d'ornement bleu encadrant des bouquets rigides, forment le passage de cette division à la première et en montrent les connexions.

Qu'on ait cru, au dix-huitième siècle, que le secret de la porcelaine archaïque était perdu, cela n'a rien d'étonnant, puisque le pays dont on la croyait originaire cessait d'en envoyer. Les ouvrages coréens existaient au Japon comme marchandise importée; lors de l'établissement du commerce hollandais, la Corée, avilie par la conquête, était tombée entièrement, et ne satisfaisait pas à ses propres besoins. Aujourd'hui la fabrication céramique n'y existe même plus à l'état de souvenir.

LIVRE V

ASIE MINEURE

Suivant Hérodote, les murs d'Ecbatane, en Médie, étaient peints de sept couleurs. Alexandre Brongniart fait observer avec raison que si ces couleurs, appliquées sur terre cuite, avaient été vitrifiées, les revêtements émaillés de l'Asie Mineure remonteraient à une bien haute antiquité.

Si ce point d'histoire reste douteux, nos musées sont là pour montrer quelle était la nature des murailles d'une autre ville célèbre, Babylone ; l'âge de ces monuments n'est pas, il est vrai, facile à déterminer ; mais en prenant pour minimum l'époque de la destruction de la ville par Darius, on arrive encore à l'an 522 avant J.-C., ce qui est déjà une date respectable.

Les briques de Babylone, en terre d'un blanc jau-

nâtre tournant au rose, sont enduites d'une glaçure
composée de silicate alcalin d'alumine, sans traces de
plomb ni d'étain ; l'argile n'est pas recouverte partout ;
réservée dans certains points, elle ajoute par sa couleur
carnée à la variété des dessins où dominent le bleu
turquoise des Égyptiens, un ton gris bleuté assez peu
déterminé, mais plus foncé que la teinte céleste, un
blanc plus ou moins pur, rehaussé de quelques points
jaunâtres dus, sans doute, à une ocre ferrugineuse.

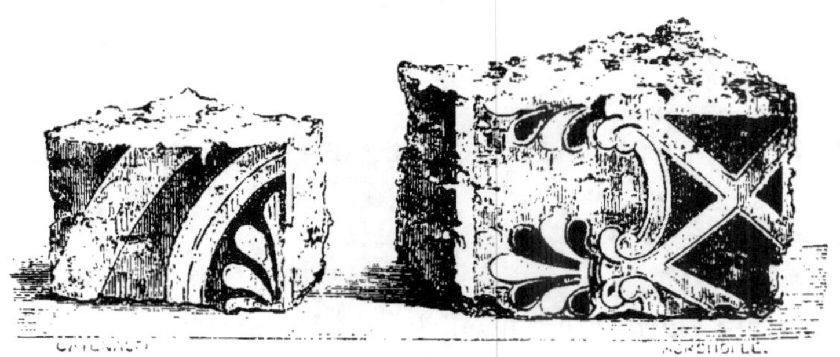

Briques émaillées de Babylone.

Des rosaces, des palmettes, des oves, des dispositions symétriques se rapprochant de l'art grec, tel est
le style général, non-seulement des briques babylo-
niennes, mais encore des fragments céramiques recueillis en Phénicie, en Assyrie, en Arménie et jusque dans
la Perse antique. Leur réunion avec des grains travaillés
en émail et en verre, prouve à quel point d'avancement était arrivé, dans ces contrées, l'art des vitrifica-
tions.

On lisait dans l'histoire que les briques de Babylone
formaient le revêtement des quais et des murailles in-

térieures ; les découvertes de M. Place dans les ruines du palais assyrien de Khorsabad ont confirmé ces indications et prouvé l'exactitude des descriptions de Ctésias et Diodore. Le savant consul a rencontré, encore debout, un mur de cinq pieds de haut sur vingt et un pieds de long, entièrement revêtu de briques peintes en couleur vitrifiées et représentant des hommes, des animaux et des arbres.

Kennet Loftus, le premier Européen qui ait visité les anciennes ruines de Warka, dans la Mésopotamie, y a trouvé aussi la terre émaillée employée aux usages civils ; voici ce qu'il dit à ce sujet : « Warka est, sans aucun doute, l'Erech de l'Écriture, la seconde ville de Nemrod ou l'Orchoé des Chaldéens.

« Les remblais qui se trouvent à l'intérieur des murs offrent des objets d'un grand intérêt pour l'historien et l'antiquaire. Ces remblais se composent littéralement de cercueils empilés les uns sur les autres, à une hauteur de quarante-cinq pieds. Cette ville doit avoir été, évidemment, le grand cimetière des générations chaldéennes, de même que Meshad-Ali et Kerbella sont de nos jours les cimetières des Perses. Les cercueils sont très-étrangement construits ; ils ont généralement la forme d'une baignoire ouverte, mais les parois en sont plus basses et de forme symétrique, et ils sont pourvus d'une large ouverture ovale destinée à l'introduction du corps. Cette ouverture se ferme avec un couvercle en faïence ou en poterie.

« Les cercueils eux-mêmes sont également en terre cuite enduite d'un vernis de couleur verte et ornée, en relief, de figures de guerriers munis d'étranges et d'énormes coiffures, vêtus d'une tunique courte et d'une sorte de long jupon sous cette tunique, avec une épée au côté, les bras appuyés sur les hanches et les jambes écartées. De grandes quantités de poteries et de figures en terre, dont quelques-unes sont modelées avec une grande délicatesse, ont été trouvées au milieu de ces cercueils ; celles-ci contiennent à l'intérieur une énorme quantité d'ornements en or, argent, fer, cuivre, verre, etc. »

A cette description ne reconnaît-on pas les figures saisissantes qui, sauvées des ruines de l'Asie Mineure, sont venues meubler les salles basses du Louvre et former un pendant aux sphinx de granit de l'Égypte ? C'est, en effet, à cette origine qu'il faut attribuer la première forme de l'art, modifiée ensuite par l'influence grecque, jusqu'au moment de la révolution causée par l'islamisme.

Les terres cuites à reliefs, vernissées en beau vert, M. Langlois les a retrouvées à Tarse, en Cilicie, et là, elles ont la pureté de style, l'ampleur et la sévérité de l'art grec même. Divers fragments réunis au Louvre nous montrent toute la finesse de leur travail ; l'un appartient à ces pièces en forme de pomme de pin que la Perse imitait plus tard, et qui furent le modèle des faïences primitives de Déruta en Italie ; les autres sont des parties de coupes élégantes, ornées de moulures, de guirlandes modelées, de rinceaux composés avec goût. Le potier cherchait plus encore : à la richesse des reliefs il voulait ajouter la variété des tons : l'é-

mail intérieur n'était pas le même que celui du dehors;
une bordure jaune relevait parfois le vert vif du fond.
Deux morceaux surtout prouvent à quel point les ressources de l'art étaient étendues : ici c'est un beau
masque comique d'un jaune doré nuancé par des teintes
rouges étendues sur les oreilles, les paupières et l'ar-
cade des sourcils : un trait noir grassement parfondu
rehausse ceux-ci et indique la bordure des cils ; cette
sage application de la polychromie donne à la pièce
une animation presque naturelle. Plus loin est un débris de vase dont le pourtour saillant teint en vert,
s'enlevait vigoureusement sur un vernis jaune d'or.
L'ornementation en relief se compose d'une première
frise de feuilles trilobées entre les pointes desquelles
saillissent des demi-perles alternativement rouges et
brunes ; au-dessous est un rinceau formant couronne,
dont les feuilles découpées et nervées, sont successive-
ment opposées à des sortes de fruits rouges. On ne saurait se figurer rien de plus élégant que cet ouvrage,
composé dans le style des plus riches productions des
verriers antiques.

Après avoir vu l'art du potier atteindre à ces hau-
teurs, on n'a plus à se préoccuper des questions qui
ont tant agité les archéologues : savoir : si les Grecs et
les Romains ont, ou non, connu les vernis céramiques,
et en ont fait l'application à leurs lampes ou à l'intérieur des conduites d'eau. Seulement, on peut conclure
ceci des découvertes faites en Asie Mineure. Les
Grecs, possesseurs d'inépuisables carrières de marbre,
n'eurent point à chercher en dehors de la sculpture les

éléments de la décoration des monuments publics, initiés aux beautés de la ligne et à la sévérité des compositions simples, ils n'éprouvèrent pas le besoin des tons vifs que fournissent les couleurs vitrifiées, tous en si parfaite harmonie, au contraire, avec les vêtements luxueux, les meubles incrustés d'or et de pierreries, des satrapes de l'Orient. C'est donc en remontant et en traversant l'Euphrate et le Tigre qu'on arrive vers la patrie réelle de la céramique brillante, des terres cuites richement émaillées appliquées à la décoration des temples et des palais.

Pourquoi faut-il que les éléments fassent défaut pour la reconstruction complète de l'intéressante histoire des arts de l'Asie Mineure? Où sont les œuvres de ses conquérants successifs et surtout des Sassanides qui ont laissé dans le pays des souvenirs si vivaces?

On a trouvé à Rhodes et dans quelques autres localités des ampoules cotelées, à vernis bleu turquoise, rappelant les antiques produits de l'Égypte : mais ces témoins isolés ne peuvent avoir qu'une valeur technique; ils prouvent la filiation réelle des poteries siliceuses et leur irradiation du sol pharaonique vers la Perse et l'Inde.

Pour ressaisir la chaîne brisée, il faut attendre la naissance et le développement de l'islamisme. Mahomet, obscur habitant de la Mecque, se met à prêcher une doctrine nouvelle; le vendredi 16 juillet 622, il est obligé de fuir de sa ville natale, où ses opinions étaient mal accueillies; il se réfugie à Médine et y est reçu en apôtre; bientôt entouré de nombreux sectaires, chef d'une armée, il retourne à la Mecque et y entre en conquérant : en 651 il s'empare d'une partie de la Syrie, et sa mort, survenue en 652, suspend à peine le succès de ses armes. En effet, l'un de ses beaux-pères, Aboubekre, prend le titre de *calife* ou de *vicaire* et se rend maître de la Syrie : l'autre, Omar, envahit l'Égypte. En 644, Othman, général, enlève la Perse à

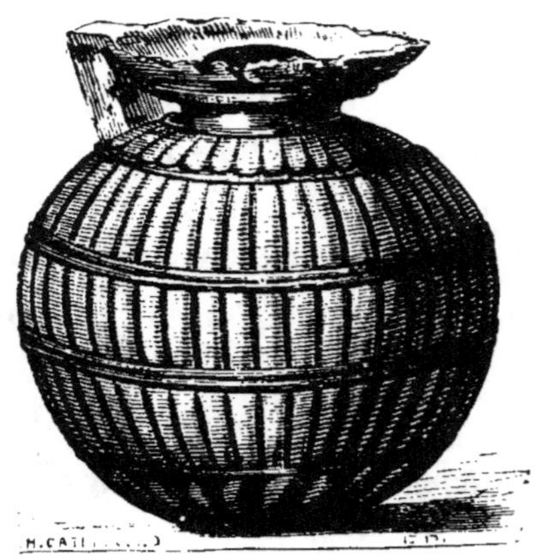

Vase antique bleu turquoise, trouvé à Rhodes.

Isdegerde III, dernier roi sassanide. Les Ommiades fondent au nord de l'Afrique le royaume de Kairouan et conquièrent l'Espagne ; les Abassides sont maîtres de toute l'Asie occidentale, et dès lors commence cette lutte incessante du christianisme contre les mahométans.

Le premier soin des Arabes vainqueurs fut d'élever partout des monuments au culte nouveau, ou d'approprier à ce culte les temples conquis ; dès 707 on consa-

ère, à Médine même, un tombeau à Mahomet, et on le
couvre de plaques céramiques dont l'une est parvenue
au musée de Sèvres : or, cette plaque, semblable pour
la pâte aux pièces que nous retrouvons en Perse, est
également teinte de glaçures silico-alcalines bleues et
vertes rehaussées de noir. Voici donc un type de la fabrication arabe pure, et les monuments de Konieh, en
Asie Mineure, construits de 1074 à 1275 par Kilidji-
Arslan et Ala-Eddin nous offriront des plaques du même
genre. Le minaret de la mosquée de Nicée, élevé en
1589, et qui est le monument le plus occidental de
l'art arabe, nous montrera les mêmes revêtements.

Au surplus, nul n'aura visité les galeries de l'histoire
du travail, à l'Exposition universelle, sans s'arrêter devant la précieuse collection de fragments céramiques
qui nous révélait le style des faïences spéciales à la
Roumanie. Là, parmi les morceaux d'architecture à
relief où les rinceaux et les légendes ressortaient en
blanc sur fond bleu, exactement comme dans les œuvres persanes, se distinguaient des plaques de revêtement à feuilles composées, palmettes et autres ornements byzantins, enduits précisément de couleurs vitrifiables *fondues*, imitées de ce que nous montrent les
couvertures d'évangéliaires, les châsses et autres travaux d'orfévrerie rehaussés d'émaux dits *de Byzance;*
ainsi, dans de véritables cloisons formées d'un contour
noir saillant, qui s'élève sur un fond bleu foncé, ressortent des dessins d'un beau style où le vert passe au
jaune nuancé, le bleu vif au blanc par les teintes célestes, le violet pensée au lilas, etc. Les carreaux de style

purement persan se spécialisent par des couleurs fluides
et pâles.

Ce double caractère de la céramique de l'Asie Mineure démontre clairement et l'origine persane de l'industrie des terres émaillées, et la prompte transformation du style importé par l'influence des arts existant

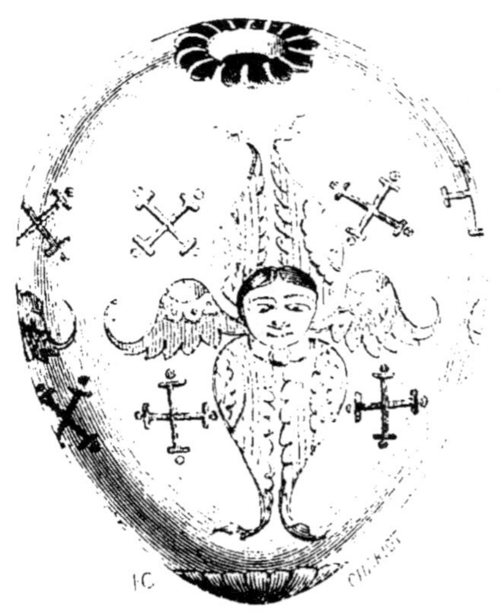

Œuf en faïence siliceuse de l'Asie Mineure.

déjà dans les principaux centres de la civilisation sassanide.

Les plus surprenants spécimens de la verrerie au
treizième siècle sont certainement les lampes suspendues dans les mosquées de l'Asie Mineure, de l'Égypte
et de la Perse. Or, les trois chaînes de suspension de ces
lampes viennent aboutir à un œuf qui, très-souvent, est
en faïence siliceuse. Voici l'un de ces œufs dont le décor

est des plus intéressants : l'influence chrétienne s'y manifeste par de nombreuses croix et des figures de chérubins, évidemment imitées de celles qu'on voit encore sur les pendentifs de la coupole de Sainte-Sophie, à Constantinople. Le style, en passant de Byzance à Brousse ou à Nicée, n'a rien perdu de sa simplicité primitive, et il devait se perpétuer dans l'école du mont Athos, où on le retrouve aujourd'hui.

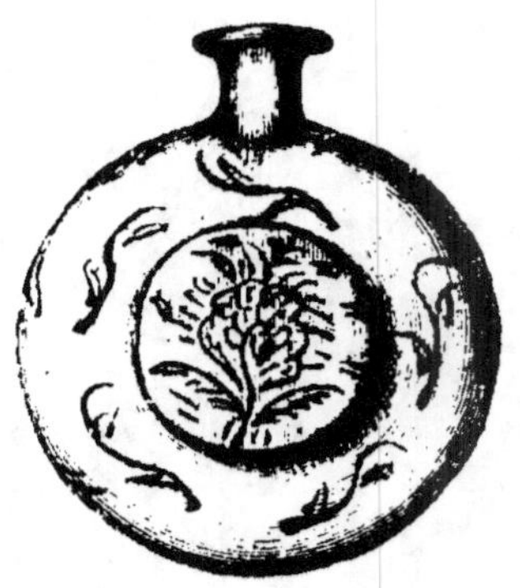

Gourde de Noé, faïence siliceuse bleue.

Pour les vases, une rare pièce que nous devons à la bienveillance de M. Natalis Rondot, va nous montrer le goût des céramistes arabes de l'Asie Mineure. C'est une gourde lenticulaire, à petit goulot cylindrique bordé, destinée évidemment à contenir du vin. Selon la tradition répandue dans le pays, ces vases, qui sont en grande vénération, remonteraient à une si haute antiquité que l'un d'eux aurait trahi Noé en lui procurant la première ivresse dont l'histoire fasse mention. Si invraisemblable que soit cette légende, elle prouve du moins l'âge reculé des vases de cette sorte, et leur pâte siliceuse à vernis turquoise forme le trait d'union entre la céramique imitée de l'Égypte et les fabrications plus ou moins anciennes de Kutahia et des autres usines de l'Anatolie, d'où viennent, dit-on, ces charmants brûle-parfums, ces services à café en faïence diaprée de couleurs vives combinées dans le goût des étoffes de Cachemire.

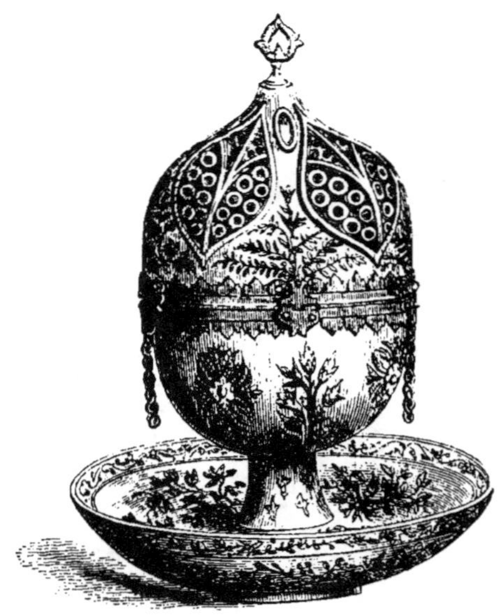

Brûle-parfums, faïence de Kutahia.

LIVRE VI

PERSE

CHAPITRE PREMIER

GÉNÉRALITÉS

L'historien céramiste est dans cette situation singulière de ne pouvoir assigner aucune date aux premières œuvres de la Perse, et de ne savoir si les traditions de cette contrée remontent à l'antiquité ou au moyen âge, proviennent de l'extrême Orient, de l'Asie Mineure ou de l'Arabie.

Certes la Perse antique a dû avoir ses poteries, comme elle a eu ses vases d'or et d'argent ; qu'on fasse donc commencer, avec les Grecs, les annales d'Iran à Cyrus, ou qu'on suive les auteurs arabes et qu'on remonte à Caïoumors, le roi de l'univers, pour arriver au légendaire Roustam, il faut traverser des dynasties sans nombre et redescendre jusqu'à la civilisation musulmane pour trouver des monuments suivis de l'art de terre.

Selon toute probabilité, néanmoins, les antiques vases persans ont dû avoir, par la pâte et la couleur, la plus étroite ressemblance avec les poteries égyptiennes.

Les ruines de Persépolis et de Nakschi-Roustam nous disent d'ailleurs quel pouvait être le style de leur décoration.

Mais après les commotions sans nombre de l'empire, après des siècles de combats et d'envahissements perpétuels, les traces du passé durent se perdre, et l'esprit des derniers vainqueurs domina les créations du peuple subjugué.

Les temples, les palais fondés postérieurement aux Sassanides semblent prouver qu'il en fut ainsi : nous avons vu les Arabes revêtir les murailles de plaques émaillées, couvrir les minarets des mosquées de terres vernissées éclatantes ; un spectacle semblable nous sera offert par l'architecture persane.

Certes, les monuments publics peuvent être considérés comme donnant la mesure exacte de la civilisation d'un peuple et de son avancement dans les arts ; pourtant le philosophe qui veut pénétrer au delà de l'apparence des choses doit chercher plus loin encore et scruter les produits intimes où se reflètent les idées, les passions même de la nation qu'il étudie. Nous ferons ainsi pour la Perse, et peut-être trouverons-nous quelques faits nouveaux et intéressants.

Posons d'abord en principe que la céramique persane n'a jamais été étudiée, et que le peu qu'en ont écrit certains voyageurs est un tissu d'absurdités et de propositions contradictoires : on ne sera donc pas étonné si nous négligeons souvent des citations qui exigeraient une discussion longue et minutieuse, pour nous en tenir à l'examen des pièces elles mêmes.

Le sol de la Perse est ainsi constitué qu'il peut, comme celui de la Chine, fournir tous les genres de poteries ; c'est là un fait hors de doute, puisqu'au commencement de ce siècle, des tentatives ont été faites pour relever l'industrie de la porcelaine, et que l'entreprise a manqué uniquement à défaut de subsides et de débouchés ; le Français qui s'était mis à la tête de l'établissement n'eut qu'une ressource, ce fut de changer son usine en... fabrique de poudre.

Voilà donc deux poteries en présence : *la porcelaine kaolinique* ou à *pâte dure*, et la *faïence*. Mais ce dernier mot, qui chez nous a une valeur technique absolue, ne conserve pas la même invariabilité en Perse. La faïence est d'ordinaire une terre cuite à pâte tendre recouverte d'un émail opaque composé d'étain et de plomb ; dans l'Iran, elle peut affecter au moins trois formes particulières qui la rapprochent plus ou moins de la porcelaine.

Sa pâte siliceuse, composée d'un sable quartzeux blanc à peine lié par de l'argile, est facilement vitrifiable ; en sorte qu'elle prend, lorsque sa cuisson a été un peu prolongée, une translucidité partielle ou totale ; parfois elle n'a point de couverte et est simplement lustrée au moyen d'un vernis silico-alcalin d'une admirable égalité. Plus souvent elle doit sa blancheur à un émail plumbo-stannique analogue à celui de notre faïence. Enfin, nous avons vu quelques spécimens qui, sur la pâte siliceuse ordinaire, portaient une couverte feldspathique voisine de celle de la porcelaine dure.

Nous pourrons donc étudier séparément ce que nous appellerons la *porcelaine émail ;* la *porcelaine tendre* ou poterie siliceuse translucide ; la *faïence* proprement dite, et enfin la *porcelaine dure.*

Mais, avant tout, pour comprendre la signification de certains décors et tenter d'assigner une origine probable aux vases anciens, il est nécessaire de jeter un coup d'œil sur l'organisation civile et religieuse de la Perse. La religion primitive de cette contrée a été celle des mages ; sous le règne de Gouschtasp apparut un sage législateur qui, pour longtemps, devait imposer une croyance nouvelle à l'Iran : cet homme était Zoroastre. Nous ne parlerons pas des phénomènes qui, selon la tradition, se produisirent à sa naissance ; nous ne dirons rien non plus de sa première apparition au milieu du conseil du souverain, lorsque le plancher de la salle s'entr'ouvrit pour lui livrer passage ; nous nous contenterons de constater qu'il apportait un livre, l'*Avesta* écrit en langue *zend*, dans lequel se trouvaient réunis les préceptes de la loi religieuse et civile.

Les dogmes principaux professés par Zoroastre, sont : l'existence du temps sans bornes, premier principe de tout, subsistant par lui-même et créateur de deux principes secondaires, *Ormouzd* et *Ahrimane*, le pre-

mier auteur de tout bien, le second source de tout mal.
Chacun de ces deux principes a un pouvoir de création
qu'il exerce dans des desseins opposés. Les bons génies, l'homme et les animaux utiles, sont des créatures
d'Ormouzd : les mauvais génies, les animaux nuisibles
ou venimeux, sont créés par Ahrimane. Les agents d'Ormouzd cherchent à conserver le monde et l'espèce humaine, que l'armée d'Ahrimane s'efforce sans cesse de
détruire. La lumière est l'emblème d'Ormouzd et les
ténèbres sont le symbole d'Ahrimane. Le monde est
peuplé de génies et d'intelligences, créatures d'Ormouzd
et d'Ahrimane, et sans cesse occupés à amener la vic-
toire du principe auquel ils appartiennent.

Les êtres raisonnables produits par le bon principe
sont intimement liés, tant les génies que les hommes,
à une substance spirituelle qui est désignée sous le
nom de *férouher*. Les animaux n'ont ni âme ni férouher.
Celui-ci est distingué de l'intelligence et des autres fa-
cultés de l'âme ; il est le principe des sensations. Ces
substances spirituelles existaient longtemps avant la
création des hommes ; elles s'unissent à l'homme au
moment de la naissance et le quittent à la mort. Elles
combattent les mauvais génies produits par Ahrimane,
et sont la cause de la conservation des êtres. Le férouher, après la mort, demeure uni à l'âme et à l'intelligence, et subit un jugement qui décide de son sort.

Après la mort l'homme est heureux ou malheureux,
suivant la conduite qu'il a tenue pendant sa vie. Mais
à la fin, tous les êtres de la création, hommes et génies, sans en excepter Ahrimane lui-même, se conver-

tiront à la loi d'Ormouzd, et les méchants, purifiés par le feu de l'enfer, partageront avec les justes un bonheur éternel qui sera précédé de la résurrection des corps.

On voit combien cette religion attache d'importance à l'antagonisme des deux principes du bien et du mal, et l'on ne s'étonnera pas de trouver sur la plupart des monuments qu'elle a inspirés, la lutte du lion contre le taureau. En réalité, elle n'est point iconoclastique, et la figuration de l'homme et des animaux n'a rien qui lui soit contraire ; ce n'est que la superstition des gens voués à la magie, qui a fait croire au danger de la représentation humaine, — parce que l'image d'un être peut être soumise à des enchantements et à des supplices qui agissent directement sur lui. L'ancienne céramique persane, outre la figure humaine, pourra montrer aussi le cyprès symbolique ; déjà, pour Zoroastre et ses sectateurs, cet arbre représentait l'âme aspirant au ciel, et il était l'emblème de la religion ; en effet, outre les temples du feu qu'il fit ériger de toutes parts, le philosophe législateur planta, à Balkh, un cyprès apporté, disait-il, du paradis, et sur lequel il grava ces paroles : « Gouschtasp a embrassé la véritable religion. » Le roi éleva autour de l'arbre un pavillon de marbre couvert d'un dôme et tout rayonnant de pierreries et de métaux précieux. Ce pavillon appelé *Minou*, c'est-à-dire céleste, reçut un exemplaire du *Zend-Avesta*, et devint un but de pèlerinage pour les Iraniens convertis au nouveau culte.

Lorsque vers l'an 650 de notre ère, les musulmans

furent maîtres de la Perse et eurent établi le califat de Bagdad, la religion de Zoroastre avait de profondes racines dans le pays. Avec ce fanatisme inexorable qui est un des caractères de l'islamisme, les Arabes imposèrent violemment leur foi à l'Iran, et poursuivirent de persécutions incessantes les hommes qui osaient leur résister. Quelques sectateurs de Zoroastre aimèrent mieux renoncer à leur patrie qu'à leur foi ; ils descendirent d'abord les côtes du golfe Persique, et finirent par se retirer dans l'Inde, où ils forment encore un centre particulier d'adorateurs du feu, sous le nom de *Parsis* ou *Parses*. Cette émigration est l'un des faits les plus curieux de l'histoire de Perse.

En acceptant la religion de Mahomet, les Persans se rangèrent dans la secte des schiites ; la différence qui sépare cette secte des sunnites est bien plus politique que religieuse. Les derniers reconnaissent pour légitimes successeurs de Mahomet, les trois premiers califes Aboubekre, Omar et Osman ; les autres regardent ces califes comme des usurpateurs et soutiennent qu'Ali, gendre de Mahomet, devait hériter de la puissance spirituelle et temporelle de son beau-père. Dans leur admiration pour Ali, les schiites lui attribuèrent un caractère de sainteté égal ou supérieur à celui que Dieu avait accordé à Mahomet, ce qui fut le prétexte de guerres sanglantes entre les Persans et les Turcs.

Du reste, comme tous les musulmans, les Iraniens admettent six articles de foi, savoir : 1° la croyance à un Dieu seul et unique ; 2° aux anges et aux archanges ; 3° à tous les livres révélés, dont les principaux sont le

Pentateuque, le Psautier, l'Évangile et le Coran ; 4° aux prophètes ; 5° à la résurrection des corps et au jugement ; 6° à la prédestination.

Quant au gouvernement civil, c'est l'absolutisme dans son acception la plus large.

En haut comme en bas de la société persane, la conversion à l'islamisme a-t-elle été bien sincère? Il est une fête qui pourrait en faire douter, c'est la fête du Nourouz ou de l'équinoxe du printemps. Cette institution fort ancienne a résisté à l'intolérance musulmane ; le roi et le peuple ont mieux aimé encourir, de la part des Turcs, le reproche d'impiété, que d'abolir une fête nationale ; le prétexte sous lequel se cache cette solennité est l'anniversaire de l'élévation d'Ali au califat. Le jour du Nourouz chacun met ses plus beaux habits ; on se visite, on s'embrasse en échangeant des cadeaux ; le roi sort processionnellement et passe en revue ses troupes : tout enfin est dans le mouvement et la joie.

On ne peut mieux comparer cette fête qu'à celle du premier jour de l'an chez les peuples occidentaux.

Une réjouissance tout intime est celle qui a lieu au moment de la floraison des tulipes. Les Persans ont une passion extrême pour les fleurs ; les poëtes ne se contentent pas de chanter leur beauté, ils leur prêtent un langage qui est devenu vulgaire : on peut dire que les plantes, sont dans l'Iran, le livre des illettrés ; ceux qui ne peuvent manier le calam, ou roseau à écrire, correspondent au moyen de ces bouquets expressifs appelés *salams*. Dans ce langage particulier la tulipe exprime l'amour, et Chardin rapporte avoir vu, dans les palais des rois à Ispahan, un vase garni de cette fleur et portant l'inscription suivante :

« J'ai pris la tulipe pour emblème ; comme elle j'ai le visage en feu et le cœur en charbon. »

A la fête des tulipes, les plus curieuses variétés sont exposées dans l'intérieur du harem ; les femmes se parent, les lumières brillent, la musique mêle ses accents au concert des voix humaines pour rompre la monotonie d'une vie claustrale et inoccupée.

Si la rose n'a pas sa fête spéciale, les poëtes lui réservent dans leurs chants la place d'honneur ; Sadi lui a consacré cette pièce charmante :

« Je vis un jour quelques roses placées avec de l'herbe fraîche ;

« Et je dis : *Comment la vile herbe a-t-elle osé s'asseoir à côté de la rose odorante?*

« Elle me répondit : *Tais-toi ; l'être généreux n'oublie pas ses anciens amis.*

« *Quoique je n'égale pas le parfum ni l'éclat de la rose, nous n'en sommes pas moins nées sur le même sol.* »

Puisque nous avons fait un premier pas dans le domaine de la littérature persane, continuons afin de rappeler tout ce qui peut expliquer ou donner de l'intérêt aux vases.

La Perse est particulièrement propre à la culture de la vigne ; son ciel brûlant dote le raisin du suc généreux qui excite et qui enivre. Dans tous les temps, les vins de cette contrée, et surtout ceux de Schiraz, ont joui d'une réputation justement méritée. Aux yeux des sages, cette qualité même est un défaut, et les Arabes ont qualifié le vin par un mot qui signifie *troubler l'esprit*. Mahomet en avait d'abord permis l'usage, disant qu'il était sujet à des avantages et à des inconvénients; mais ensuite, effrayé des désordres auxquels il donnait lieu, il le condamna absolument : *O vous qui croyez,* dit le Coran, *sachez que le vin est une impure invention de Satan; éloignez-vous-en si vous roulez être sauvés.*

Malgré cette défense, les Persans, soit en secret, soit publiquement, font usage de la liqueur enivrante; nous disons qu'ils en font usage tandis que c'est abus qu'il faudrait écrire. En effet, ce n'est pas par raison de santé que les musulmans transgressent la loi religieuse, c'est pour se procurer les violentes sensations que l'ivresse occasionne; ceux même qui n'osent boire du vin, croient qu'il fera les délices des élus dans le paradis, et cet espoir seul les maintient dans les bornes prescrites.

Rien n'est donc plus fréquent que les pièces de vers consacrées à chanter le vin et l'ivresse, et les passages les plus expressifs en sont souvent reproduits sur les coupes et les bouteilles en métal, en verre ou en matières céramiques.

A la vérité, beaucoup de musulmans prétendent que ces poésies sont allégoriques; quand Seny écrit : « L'échanson avec sa coupe m'a doublement rendu fou : on dirait que cette beauté au parfum de rose s'est entendue avec la liqueur qu'elle me sert; » ils assurent que le vin est l'image de l'amour de Dieu, qui, porté à un certain degré. s'empare de la raison des mortels, les jette dans une sorte d'extase et les transports dans un autre monde. L'échanson est l'emblème des prédicateurs et des écrivains moralistes dont le devoir est de mettre en usage tous les moyens de persuasion pour ramener le pécheur dans la véritable voie. L'échanson ou plutôt la beauté dont il est l'emblème, est encore l'image de la divinité, qui se montre quelquefois sans voile aux êtres qu'elle veut favoriser.

Quelques passages des auteurs mystiques orientaux doivent certainement s'interpréter ainsi ; le sens de ce fragment d'Hafiz n'est nullement douteux :

« Lorsque tu te seras versé une coupe du vin de l'extase, tu seras moins porté à t'abandonner à un vain égoïsme.

« Attache ton cœur à la liqueur enivrante : elle te donnera le courage de dompter l'hypocrisie et une dévotion affectée. »

Mais lorsqu'on se rappelle qu'il n'y a pas de partie de plaisir, en Perse, où le vin ne joue son rôle, que ces orgies sont accompagnées de chants et de danses, et que cet Hafiz, *la langue mystique*, *l'interprète des mystères les plus cachés*, a écrit ceci :

« Approche, ô prédicateur, et viens boire avec nous, à la taverne, d'un vin dont tu ne boiras jamais au paradis.

« Ne nous demande ni vertu, ni pénitence, ni piété; on n'a jamais obtenu rien de bon d'un libertin à qui l'amour à ôté la raison. »

Il faut reconnaître qu'une large part doit être faite

au sens vrai, à l'explication sensuelle, dans ces passages douteux que les dévots veulent ramener à leurs théories.

Au surplus, malgré les défenses du Coran, quelques souverains de la Perse ont, momentanément au moins, autorisé l'usage du vin, moins dangereux sous tous les rapports que celui de la décoction de pavot appelée coquenar, des infusions de chanvre et des pilules d'opium. Hafiz, faisant allusion à une permission de ce genre, s'écrie :

« Dans ce siècle où notre bon prince pardonne aux faiblesses de ses sujets, Hafiz s'abandonne publiquement à la coupe ; le mufti boit ouvertement du vin. »

Chardin décrivant le palais des rois à Ispahan, parle en ces termes de la *maison du vin :* « C'est une manière de salon, haut de six à sept toises, élevé de deux pieds sur le rez-de-chaussée, construit au milieu d'un jardin, dont l'entrée est étroite et cachée par un petit mur bâti au-devant, à deux pas de distance, afin qu'on ne puisse pas voir ce qui se fait au dedans. Quand on y est entré, on trouve à la gauche du salon des offices ou magasins, et à droite une grande salle. Le salon, qui est couvert en voûte, a la forme d'un carré long ou d'une croix grecque, au moyen de deux portiques ou arcades, profondes de seize pieds, qui sont aux côtés. Le milieu de la salle est orné d'un grand bassin d'eau, à bords de porphyre. Les murailles sont revêtues de tables de jaspe tout à l'entour, à huit pieds de hauteur ; et au-dessus, jusqu'au centre de la voûte, on ne voit de toutes parts que niches de mille sortes de figures, qui sont remplies de vases, de coupes, de bouteilles de toutes sortes de formes, de façons et de matières, comme de cristal, de cornaline, d'agate, d'onyx, de jaspe, d'ambre, de corail, de porcelaine, de pierres fines, d'or, d'argent, d'émail, etc., mêlés l'un parmi l'autre, qui semblent incrustés le long des murs, et qui tiennent si peu qu'on dirait qu'ils vont tomber de la voûte. Les offices ou magasins qu'il y a à côté de cette magnifique salle, sont remplis de caisses de vin, hautes de quatre pieds et larges de deux. Le vin y est la plupart, ou en gros flacons de quinze ou seize pintes, ou en bouteilles de deux à trois pintes, à long cou. Ces bouteilles sont de cristal de Venise, de diverses façons, à pointes de diamant, à godrons, à réseau. Comme les bons vins de l'Asie sont de la plus vive couleur, on aime à les voir dans la bouteille. Ces vins sont, les uns de *Géorgie*, les autres de *Carmanie*, et les autres de *Schiraz*. Les bouteilles sont bouchées de cire, avec un taffetas rouge par-dessus, cachetées sur un cordon de soie du cachet du gouverneur du lieu, en sorte qu'on ne les présente jamais que cachetées. Entre les sentences appliquées çà et là sur les diverses faces du salon, je remarquai celle-ci :

« La vie est une ivresse successive : le plaisir passe, le mal de tête demeure. »

Nous voilà bien loin du Coran et de ses prescriptions de sobriété ! Mais aussi pourquoi la Providence a-t-elle mis à la portée d'un peuple aussi passionné que les Persans une liqueur délicieuse et plus capable qu'aucune autre de troubler la raison ?

CHAPITRE II

La porcelaine émail occupe le premier rang parmi
les poteries siliceuses translucides, car il n'est pas
permis de croire que son aspect soit dû au hasard
d'une cuisson trop prolongée. Les rares pièces de cette
espèce restent complétement blanches, comme les plus
belles porcelaines de Chine et du Japon ; leur décoration se borne à des jours percés dans la pâte et remplis
de couverte, et à quelques arabesques en traits noirs.
Ce qui prouve, d'ailleurs, qu'il y avait possibilité
d'employer d'autres émaux sur cette pâte, c'est que,
parfois, les arabesques dont nous venons de parler s'enlèvent sur un petit fond d'un bleu pur, qui environne
l'ombilic saillant placé au centre de la pièce.

La porcelaine émail se formule habituellement en bols
campanulés très-ouverts, à parois minces ; le bord n'est
pas précisément découpé ; il est entaillé de distance en
distance, par deux petites fentes rapprochées, teintées

de noir, d'un aspect tout particulier. Les dessins à jour
forment une couronne au-dessous du bord ; enfin, les
arabesques très-cursives dont il a été question entourent l'ombilic vitreux du centre de la pièce. Cet ombilic est tellement délicat, en apparence, qu'on dirait une
bulle prête à céder sous la moindre pression.

En dessous, le bol est très-rugueux, la couverte y
forme des gouttes verdâtres, par accumulation de matière vitreuse, et l'aspect du bord du pied indique la
séparation violente qui a dû s'opérer après la cuisson,
pour arracher le vase de son support.

Rien ne permet d'assigner une date, même approximative, à la porcelaine émail ; pourtant elle paraît devoir être attribuée à une époque antique. Lorsque la
porcelaine kaolinique a été connue en Perse, il n'y
avait plus de raison d'y fabriquer cette poterie, d'une
réussite difficile, car elle doit se déformer facilement,
et un coup de feu peut l'affaisser en la fondant en verre.
D'un autre côté, la forme primitive des ornements
qu'on y remarque exclut l'idée qu'elle ait pu être
contemporaine des carreaux ou des vases enrichis de
délicieuses peintures. A nos yeux, c'est donc la première poterie fine des Persans, et c'est sa vue qui aura
inspiré aux Chinois l'idée du travail à grains de riz.

PORCELAINE TENDRE

Nous entendons limiter les produits réunis sous cette
rubrique aux pièces très-anciennes, voisines de l'espèce

précédente, et qui, souvent couvertes en partie d'un fond bleu de la plus grande pureté et du ton le plus vif, sont décorées en couleurs minérales chatoyantes.

Plus ces poteries se rapprochent des temps antiques, plus elles ressemblent, par la blancheur de la pâte et la cassure des picots, à la porcelaine émail.

On a vu, par ce que nous avons dit précédemment des œuvres de l'Asie Mineure, que le goût luxueux des Arabes s'était manifesté d'abord, sur leurs monuments, par des revêtements émaillés et des couvertures où le vert, le rouge et l'or scintillaient sous les rayons du soleil ; or, ces revêtements ne paraissent pas remonter, à Konieh, en Cappadoce, au delà des princes Seldjoukides (onzième siècle de notre ère); mais, de même que ces princes avaient appelé des poëtes et des savants de l'Arabie et de la Perse, ils avaient fait venir de cette contrée, dès longtemps avancée dans les arts, les potiers qui fondèrent les établissements de Brousse et de Nicée, centre général de la décoration céramique occidentale.

La Perse a donc, notoirement, une fabrication *arabe* qu'on peut attribuer au dixième siècle ; mais celle-ci n'était certainement qu'une déviation de l'art sassanide antérieur, et nous pouvons, en établissant l'existence de produits authentiquement contemporains du culte du feu, montrer que les traditions sassanides se sont perpétuées dans la porcelaine tendre, en dépit des persécutions musulmanes.

Posons d'abord en principe que la décoration arabe a été très-sobre dans ses débuts et qu'elle s'est compliquée en s'éloignant de son origine. Le besoin de la nouveauté, l'accroissement du luxe, le caprice de l'imagination des artistes, ont concouru à motiver les créations, souvent peu orthodoxes, qu'on admire le plus aujourd'hui.

Or, c'est dans la faïence proprement dite que nous pourrons suivre régulièrement et logiquement cette marche des faits. Quant à la porcelaine tendre, elle arriverait comme un problème, comme un accident inexplicable, si l'on ne consentait à l'étudier à part des autres œuvres de l'Iran, et à chercher sa raison d'être en dehors de la conquête.

La description des pièces connues fera mieux comprendre encore ce que nous venons d'avancer.

La porcelaine tendre se formule habituellement en coupes très-basses, ou compotiers, en bols campanulés et en tasses de même forme, toujours sans soucoupes. Rarement la décoration est semblable sur les deux faces ; presque toujours l'extérieur est teinté, soit en beau bleu, soit en chamois brunâtre, soit en jaune. C'est sur le fond, blanc ou coloré, que courent les arabesques et autres motifs d'ornementation, d'un ton cuivreux très-riche à l'intérieur, et métallique noirâtre à l'extérieur, c'est-à-dire passant du cuivreux pourpre foncé au ton de l'acier bruni.

La plus remarquable des coupes connues offre, sur son bord bleu externe, de riches arabesques cuivreuses, et au dedans, un semé de plantes singulières, en rouge doré vif, parmi lesquelles ressort une figure de taureau. Ce symbole mystérieux de l'ancienne religion des

Perses surprend d'abord, lorsqu'on se rappelle que la loi musulmane défend la représentation des êtres animés ; mais il étonne bien davantage, lorsqu'en retournant la pièce, on trouve sous le pied, nettement tracé sur la couverte laiteuse, le cyprès allégorique de la religion de Zoroastre. Rapprochés l'un de l'autre, ces signes sacrés acquièrent une importance incontestable ; ils éveillent l'attention sur cet autre fait, que jamais

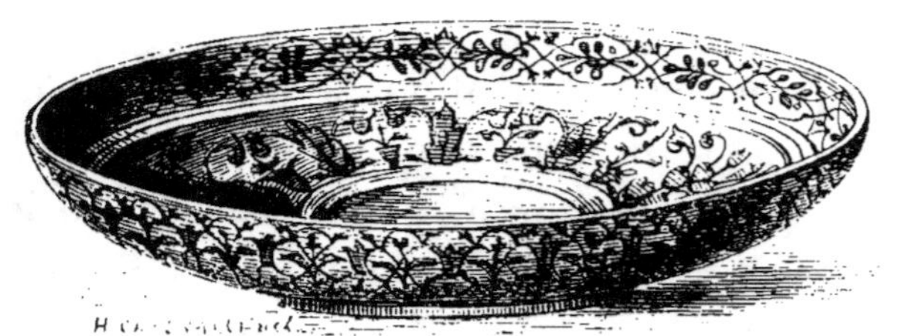

Coupe à reflets, émaillée de bleu au dehors.

les porcelaines tendres n'offrent un décor complétement identique à celui des faïences peintes polychromes.

Qu'on trouve la raison de cette différence dans la pensée religieuse, dans la date ou le lieu de fabrication, elle n'en a pas moins une valeur capitale. Dans notre opinion, la porcelaine tendre est, comme la porcelaine émail, antérieure à la poterie kaolinique ; elle émane d'artistes pénétrés des doctrines de Zoroastre ou en insurrection complète contre l'islamisme et ses prescriptions ; enfin, ce qui nous confirme dans la pensée qu'il faut voir là les derniers vestiges de la tradition sassanide, c'est que deux bols trouvés enfouis en Asie Mineure, et qu'on y avait sans doute transportés comme types précieux d'une fabrication étrangère, sont précisément en porcelaine tendre à fond bleu, avec décors métalliques ; ces curieuses pièces sont exposées, l'une au Louvre, l'autre au musée de Sèvres. On y voit des arabesques de goût persan incontestable, et elles se rattachent étroitement aux bols, coupes et tasses répandus dans les collections. Ceux-ci ne s'en distinguent guère que par un décor plus abondant, où dominent des végétations singulières et des oiseaux qui peuvent rappeler le paon.

La coupe précieuse mentionnée plus haut n'a pas le seul intérêt de sa beauté et de la représentation du taureau ; le métal jeté à profusion dans son intérieur est comme strié au pinceau et composé de deux tons distincts se confondant à distance ; l'un est un jaune d'or pur, l'autre ce rouge cuivreux pourpré dont nous avons déjà parlé. La vibration de la lumière sur ces métaux produit l'effet le plus agréable et le moins attendu.

Il existe des porcelaines tendres décorées, soit en bleu, soit en couleurs variées, qu'on ne saurait confondre avec celles à reflets métalliques. D'une date très-postérieure, elles prouvent la haute estime que professaient les Persans pour ce genre de poterie, qui n'a jamais été complétement abandonné. Naïn a même été le centre d'une fabrication toute moderne, dont les produits ont apparu récemment en abondance sur le marché de la curiosité. Nous n'avons pas besoin de faire remarquer qu'il n'y a rien de commun, sauf la translucidité, entre ces porcelaines tendres et les œuvres anciennes décrites dans ce chapitre. Une seule chose est utile à faire ressortir : c'est que les produits de Naïn portent l'empreinte de l'inspiration chinoise ; les bleus semblent copiés sur les plus élégants kouan-khy. Quant aux vases polychromes, leur ton général et leur style sont un compromis entre l'art persan moderne et les plus vulgaires porcelaines dites de l'Inde.

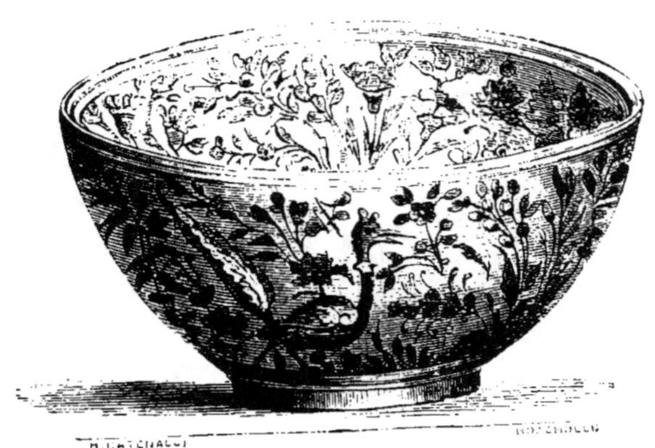

Bol à extérieur bleu et décor métallique.

CHAPITRE III

Nous ne reviendrons pas ici sur ce que nous avons déjà dit du caractère céramique de la faïence de Perse ; on sait que sa pâte est blanche, sableuse, dure par ses éléments, mais très-facile à désagréger. Ainsi nous avons vu ceci : des pièces, salies par l'infiltration de matières colorées, ont pu être ramenées à leur blancheur primitive au moyen d'un bain prolongé dans l'eau chaude ; toutefois, le liquide ayant agi comme dissolvant sur l'argile agglutinante, le sable, devenu libre, formait, entre les deux couvertes, une bouillie dans laquelle il était facile de faire pénétrer et mouvoir une longue aiguille. Il fallut rendre à cette pâte sa cohésion en faisant d'abord évaporer l'eau dont elle était imbibée, et en y substituant une composition siliceuse cristallisable. Quant aux deux couvertes, elles avaient parfaitement résisté ; seulement le vide laissé entre elles eût menacé le vase d'une destruction imminente, et un enduit moins parfait et moins dur que celui employé par les Persans eût certainement éclaté en morceaux avant que le noyau destiné à le soutenir fût remplacé.

Au surplus, nous le répétons, ces questions intéressent la fabrication et fatigueraient les curieux ; nous les laissons donc de côté pour nous occuper de l'aspect et de l'histoire des faïences de l'Iran.

Nous avons mentionné déjà quelques monuments de la Perse et de l'Arménie dont les murailles ou les dômes sont recouverts de briques et de tuiles émaillées en couleurs vitrifiables ; nous n'insisterons pas sur ces indications, car les *mosaïques* émaillées ne donnent qu'une idée très-imparfaite de la décoration céramique. Nous arrivons donc immédiatement à des œuvres plus curieuses, sur lesquelles l'artiste et l'historien peuvent raisonner avec la presque certitude de toucher à la vérité.

Bien que nous ayons cité plus haut un passage de Chardin d'après lequel on devrait conclure que les Persans ont eu recours au commerce extérieur pour se procurer les récipients en verre destinés à contenir leur vin, nous avons la conviction, et nous pourrions ajouter la preuve, que la verrerie orientale a devancé de beaucoup les ouvrages de Murano et de Venise. Au treizième siècle, la Perse, l'Asie Mineure, couvraient d'ornements émaillés, de dorures délicieuses, des bouteilles, des vases, des coupes et des lampes en verre du plus savant travail.

Or, parmi les plus anciennes de ces lampes, nous avons trouvé, pour accompagner le point de réunion, des cordes de suspension, des œufs de faïence, l'un entièrement bleu turquoise, l'autre blanc avec dessins bleus. L'ornementation de celui-ci, purement arabesque et exécutée avec une liberté pleine de science, donne donc un point de départ pour juger de l'âge des plus curieux carreaux de revêtement : cet œuf est certainement antérieur à la première moitié du treizième siècle, et il prouve, par son rapprochement des œuvres plus récentes à dates connues, combien la technique a eu de stabilité dans l'Iran et les contrées qui ont reçu de lui la lumière des arts.

Mais, d'un autre côté, comme on sait à quelle époque les anciennes industries ont perdu leur splendeur, comme la connaissance des œuvres accomplies sous le règne de Schah-Abbas le Grand (des dernières années du seizième siècle à 1628), permet de comparer entre eux les derniers produits estimables et ceux des époques reculées, il est permis de fixer approximativement les caractères des différentes phases de l'industrie céramique.

Hâtons-nous de constater la parfaite similitude du décor des vases et des plaques de revêtement ; les uns et les autres offrent des ornements purement arabesques, des rinceaux accompagnés de fleurs ornemanisées, et des fleurs se rapprochant plus ou moins de l'imitation naturelle. Parmi celles-ci, on distingue particulièrement la tulipe, l'œillet d'Inde, la rose, la jacinthe et des épis garnis d'une gracieuse fleurette blanche à cinq pétales d'une détermination très-difficile. Quant aux fleurs ornemanisées, mêlées plus ou moins abon-

damment de fleurs naturelles, on peut encore parfois
deviner à quelle plante l'imagination de l'artiste les a
empruntées. La rose, par exemple, devient une élégante cocarde à découpures régulières, où l'œil retrouve
la superposition de plusieurs rangs de pétales épanouis

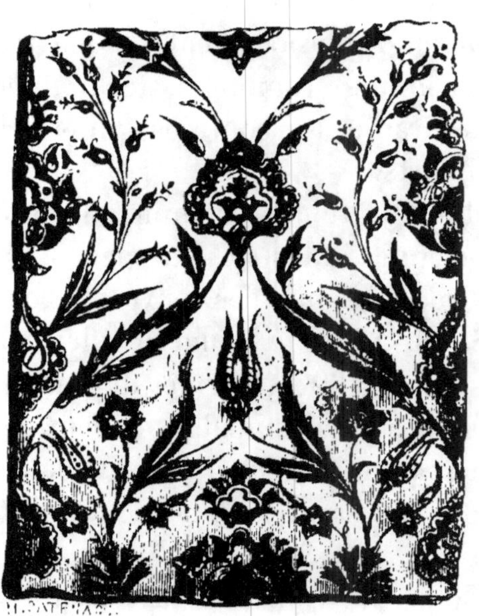

Carreau à décor polychrome arabesque.

et la masse centrale formant un cœur plus ou moins
serré. Au milieu des bouquets composés ou cherchés
sur la nature, apparaît souvent la figure rigide du cyprès
symbolique. Nous avons expliqué déjà comment il était
doublement cher aux Iraniens, puisqu'il répond en même
temps au symbolisme de leur ancienne religion et à celui
de l'islamisme.

Il est plusieurs autres figurations pour lesquelles il est nécessaire d'entrer dans quelques détails. Quel qu'ait été l'effet des révolutions religieuses et sociales dans l'Iran, l'instinct artistique, si vivement révélé par les productions antiques, s'est conservé pur, malgré les entraves multipliées qui lui ont été imposées. De temps à autre, bravant la loi musulmane, les souverains ont fait représenter, sur les pages splendides de leur histoire, le portrait des hommes célèbres, les combats où se sont illustrés les héros ; au dix-septième siècle, Schah-Abbas, construisant son palais d'Ispahan, le faisait décorer de carreaux de faïence réunis en tableaux de deux mètres de long, sur lesquels les peintres traçaient, en couleurs inaltérables, les annales mémorables de la Perse. Ces infractions continuelles de la loi religieuse témoignent, chez un peuple, d'une rare tendance vers l'art élevé et d'un besoin incessant de développement intellectuel. Mais ce n'est pas tout ; même parmi ceux qui se targuent le plus de l'observation rigoureuse du Coran, ce besoin s'exprime par une sorte de compromis. Mahomet avait déclaré impie celui qui chercherait à rivaliser avec la puissance divine en *créant* des êtres parfaits ; l'école que, chez nous, on appellerait *jésuitique*, imagina de composer des monstres en dehors des lois naturelles, ou de laisser imparfaites les autres représentations. Ainsi, la tête d'une femme vint surmonter le corps d'un oiseau ; le corps d'un homme se souda à l'extrémité d'un dragon ou au train d'un quadrupède ; une tête humaine fut privée d'un œil ; une figure, de l'un de ses membres. Il faut donc se garder

de considérer de semblables défauts comme l'effet de
l'inexpérience ou de la négligence de l'artiste ; c'est un
trait de mœurs des plus curieux.

Pourtant, il y a encore ici une distinction à établir.
On lit dans Chardin que, suivant divers docteurs musulmans, Dieu a placé dans le paradis certains animaux
appelés *pieds de hérisson*, qui ont des jambes de cerf,
une queue de tigre et une tête de femme. Mahomet et
Ali monteront chacun un de ces animaux à la fin des
siècles, et distribueront ainsi aux élus l'eau du Kauter,
fleuve du séjour céleste. Voilà certes une figure ortho-
doxe que le musulman peut reproduire, et qu'on trouve
en effet sur des tapis, des miroirs et des vases remontant
au onzième siècle. Mais il y a là précisément matière à
l'équivoque.

Dans l'ancienne religion des adorateurs du feu, ou
plutôt dans les légendes qui rendent compte des premiers événements de l'histoire de Perse, d'après les
Orientaux, il est souvent question de plusieurs animaux fabuleux faciles à confondre avec ceux de la
Chine.

L'*Ouran* ou *Ouranbad* a sa retraite dans la montagne imaginaire d'Ahermen. L'auteur du *Tamourat-
nameh* en fait la description et dit qu'il vole par les
airs comme un aigle et dévore tout ce qu'il rencontre,
et qu'il marche sur la terre comme une hydre ou comme
un dragon, et ne trouve aucun animal qui lui puisse
résister.

Le *Soham* est un autre animal terrible que Sam Né-
riman, fils de Cahernam Catel, dompta pour en faire sa

monture dans les guerres qu'il entreprit contre les géants. Cet animal dont la tête était semblable à celle d'un cheval et le corps pareil à celui d'un dragon, et de la couleur du fer luisant, avait quatre yeux à la tête, et ne mesurait pas moins de huit pieds de longueur.

Le *simorg* ou *simorg-anka* est ainsi défini par d'Herbelot, dans la *Bibliothèque orientale* : « Oiseau fabuleux que nous nommons griffon. — Les juifs font mention dans le Talmud d'un oiseau monstrueux qu'ils nomment iukhneh et ben-iukhneh, — duquel les rabbins racontent mille extravagances. Les mahométans disent que le simorg se trouve dans la montagne de Caf. » Le *Magasin pittoresque*, en reproduisant d'après un manuscrit arabe, la figure du simorg, dit avec le *Caherman nameh*, « que cet oiseau merveilleux, dont le plumage brillait de toutes les couleurs imaginables, possédait non-seulement la connaissance de toutes les langues, mais encore la faculté de prédire l'avenir. » Dans la fabuleuse histoire de la naissance de Roustam, c'est lui qui, au moment où la belle Roudabeh perd connaissance par l'effet des fatigues de la grossesse, vient instruire Zal des moyens à employer pour délivrer sa femme par l'opération césarienne. « L'oiseau de bon augure, élite du monde, vola, dit Ferdousi, auprès de Zal. Zal lui adressa des louanges sans nombre, de longues actions de grâces et des prières. Le simorg lui dit : Pourquoi ce chagrin ? Pourquoi la rosée est-elle dans l'œil du lion ? De ce cyprès d'argent, de cette belle au visage de lune, viendra pour toi un enfant qui re-

cherchera la gloire, les lions baiseront la poussière de
ses pieds ; le nuage n'osera point passer au-dessus de
sa tête... Tout héros, tout guerrier au cœur d'acier
qui entendra le bruit de sa massue, qui verra sa poitrine, son bras et sa jambe, ne tiendra pas devant lui.
Pour le conseil et la sagesse, il sera grave comme Sam ;
dans la colère, il sera un lion belliqueux ; pour la sta-
ture, il sera un cyprès, et pour la force, un éléphant. »

« A sa naissance, ajoute le poëte, l'enfant était comme
un héros semblable au lion : il était grand et beau ;
tous les cheveux de sa tête étaient rouges et sa face était
animée comme du sang... Dix nourrices l'allaitèrent
pour le rassasier. Quand il fut sevré, il se nourrit de
pain et de viande. Il mangeait autant que cinq hommes. »
Il ne fallait rien moins que l'intervention du simorg
pour amener au jour un tel prodige !

On le voit d'ailleurs, l'intention religieuse, le souvenir poétique, la fantaisie purement pittoresque, peuvent inspirer au peintre des images faciles à confondre
entre elles et qu'il faut étudier avec scrupule pour en
pénétrer le sens vrai.

Les figures symboliques ou autres nous ont rarement
apparu sur des carreaux et cela se conçoit, la plupart
ont dû rester en place dans les monuments qu'ils décorent et où les voyageurs les ont signalés ; mais les
vases, et surtout les grandes bouteilles, les plats et les
coupes basses, montrent souvent des oiseaux fabuleux
à tête humaine, des monstres et des dragons répondant
assez bien aux descriptions données ci-dessus.

Quant à des animaux ordinaires, gazelles, antilopes,

lièvres, courant sur un fond semé d'arabesques, ou à des cavaliers portant un faucon sur le poing, ce sont de ces figurations qui témoignent de la passion des Persans pour la chasse.

Assez récemment plusieurs de ces carreaux, où le relief se mêle à l'éclat des émaux polychromes, ont été vendus comme offrant le portrait de souverains de l'Iran: il n'en est rien, car un voyageur en avait relevé un certain nombre en place, dans une maison, où ils forment le revêtement d'un fourneau de cuisine. Le respect des Orientaux pour la puissance n'aurait pas souffert cette profanation de l'image royale.

La forme des vases en faïence de Perse est assez variée : il n'est pas sans intérêt de l'étudier, car plusieurs récipients adoptés par l'Europe semblent originaires de l'Iran. Nous ne dirons rien des plats, dont le marly, ou bord horizontal, est d'autant plus étroit que le fond est plus voisin de la forme hémisphérique : on arrive ainsi, par dégradations insensibles, aux coupes vraies qui, tantôt hémisphériques, tantôt campanulées, reposent sur un pied conique assez élevé : les unes sont de simples bassins ouverts : les autres sont munies d'un couvercle. Les bouteilles sont nombreuses ; presque toutes ont le col très-long, coupé par un renflement qui ajoute à la grâce naturelle de cette forme : le plus souvent elles sont destinées à contenir du vin. L'eau se met habituellement dans un vase à panse sphérique surmontée d'un col à cylindre sur lequel s'attache une anse en S. ; c'est le pot à eau tel qu'il est venu chez nous, et plus on remonte aux époques anciennes,

plus on voit combien nous l'avons d'abord imité fidèle-
ment. L'aiguière, sorte de bouteille à anse, munie d'un

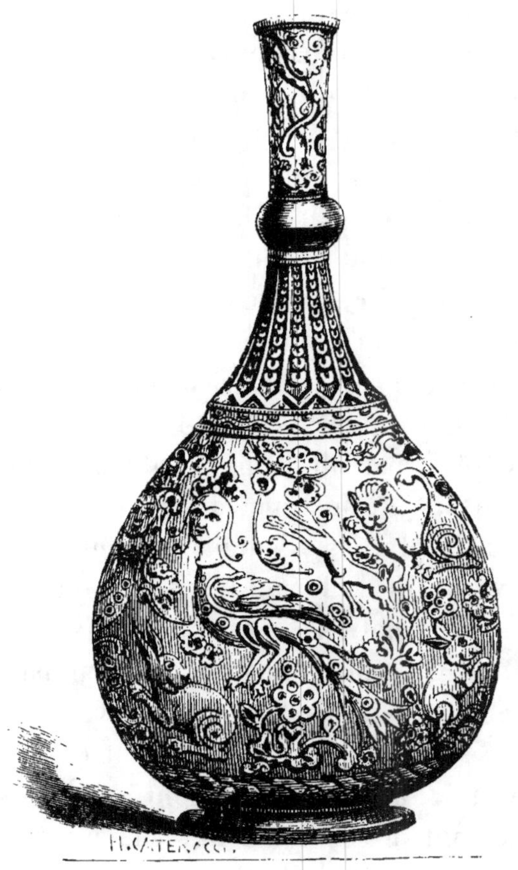

Bouteille en faïence polychrome à fond vert pâle.

long bec, sert aussi à contenir l'eau ; mais son usage
est spécialisé aux ablutions ; aussi cette pièce est-elle
accompagnée d'une cuve creuse, couverte d'un opercule
à trous ; dans les repas, on présente cette cuve au con-

vive qui place ses mains au-dessus et recevant l'eau de l'aiguière lave le bout de ses doigts conformément aux règles de la religion et de l'étiquette. Le bassin peut ainsi faire le tour d'une salle de banquet, sans que personne aperçoive l'eau qui a servi à ceux qui l'ont précédé dans la cérémonie obligée. Il est encore un autre récipient à eau : c'est la gargoulette : sa forme est habituellement sphéroïdale, avec un col court, évasé par le haut, et un biberon à étroite ouverture sur la panse ; il sert à donner à boire à quiconque se sent pressé par la soif : l'eau sort en long filet de l'extrémité du biberon, et la politesse veut que celui qui boit ne la reçoive pas directement dans la bouche, mais sur la main rapprochée de la bouche et qui joue ainsi l'office de coupe. Le *Magasin pittoresque* a donné, d'après un vélin de l'habile miniaturiste Kabir, une scène représentant un cavalier qui boit de cette façon, près d'un puits, l'eau que viennent lui présenter de jeunes filles.

Un vase tout particulier, sur l'emploi duquel nous ne hasarderons aucune théorie, est une sorte de cylindre muni d'une anse droite rattachée carrément près du bord supérieur et au tiers inférieur du cylindre. En Occident, la chope à bierre répond seule à cette disposition peu gracieuse.

Nous ne dirons rien des bols plus ou moins grands, sinon qu'ils sont ou très-évasés, quelquefois coniques très-ouverts, ou plus profonds que ne le sont les vases de ce nom en Chine, au Japon ou ailleurs.

Pour comprendre quel est l'emploi de ces nombreux vases, il faut se reporter aux descriptions faites par les voyageurs, des somptueux repas orientaux, ou à la littérature orientale elle-même. « Quand le roi de Perse mange en particulier, dit Kœmpfer, on ne se sert pas de vases d'or, mais de murrhins ou porcelaines ; il y en a vingt pour le dîner ; pour le souper il y en a douze. » On lit dans les *Lettres édifiantes :* « Après qu'on a servi le roi, on sert aux convives le riz, le bouilli et le rôti, dans plus de cent cinquante plats d'or, avec leurs couvercles qui pèsent deux fois autant... Les plats d'entremets sont d'or, et avant de servir en or, on a déjà servi des confitures en vaisselle d'argent et de porcelaine. »

Ouvrons les contes de Bidpaï et les *Mille et un jours* nous y verrons la mention du même luxe. « ... Le chat de la vieille n'eut pas plutôt senti l'odeur des viandes et entendu le son des plats, des bassins et des autres vases de porcelaine dans lesquels elles étaient servies, qu'il se jeta dessus. »

« ... L'on vit entrer dans la salle douze pages blancs chargés de vases d'agate et de cristal de roche enrichis de rubis et pleins de liqueurs exquises. Ils étaient suivis de douze esclaves fort belles dont les unes portaient des bassins de porcelaine remplis de fruits et de fleurs.»

« ... L'on apporta une prodigieuse quantité de vases d'or enrichis de pierreries et pleins de toutes sortes de vins, avec des plats de porcelaine remplis de confitures sèches. »

« ... Deux esclaves dressèrent aussitôt une table avec un buffet couvert de porcelaines, de plats de bois de santal et d'aloès, et de plusieurs coupes de corail parfumées avec de l'ambre gris. »

« ... Elles arrangèrent les meubles et dressèrent
une table sur laquelle on mit plusieurs bassins de porcelaine remplis de fruits et de confitures sèches. »

Nous pourrions multiplier ces citations à l'infini ;
mais, par ce qui précède, le lecteur se figurera suffisam-
ment un service d'autant plus nombreux que chaque
convive a devant lui, sur une petite table haute comme
un tabouret, ou même sur un grand plateau posé sur
le tapis, les mets qui lui sont destinés et qui suivent
un ordre inverse à celui de nos repas; les confitures
arrivent les premières, les entremets suivent, les viandes
viennent après et le potage clôt la série ordinaire. Tout
cela est accompagné de sorbets et de ces vins délicieux
dont les Persans ne craignent pas, comme on l'a vu, de
rapprocher la topaze et le rubis, tant leur couleur est
brillante et leur transparence complète.

Maintenant que nous avons parlé de la forme et de
l'usage des poteries de l'Iran, examinons le style de
décoration qui permet de les diviser en plusieurs
groupes répondant certes à des centres divers de fabrication.

En allant du simple au composé, nous trouvons d'a-
bord des faïences d'un beau blanc décorées en bleu pur
de plusieurs tons, souvent chatironné de noir ; la figure
ci-jointe montre une gourde de voyage lenticulaire, à
goulot étroit, certainement destinée à contenir du vin ;
les rinceaux qui forment ses bordures, les antilopes
qu'on voit au centre, ont été prodigués sur les faïences
primitives de la France et de la Hollande ; on doit naturellement en induire que le type persan était fréquent

chez nous vers les premières années du dix-septième
siècle et qu'il a été le vrai modèle de notre industrie
céramique. Un caractère frappant de la division des
vases à décor bleu de l'Iran, c'est la ressemblance des
bordures, des fonds à rinceaux, même de certains em-

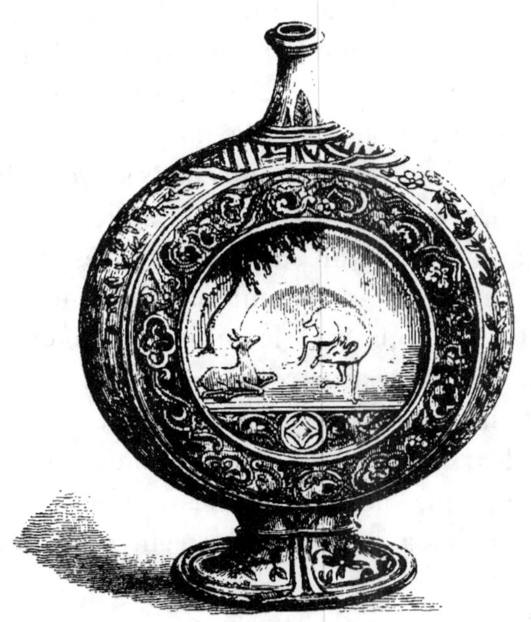

Gourde à décor bleu.

blèmes, avec les porcelaines de la Chine ; nous y reviendrons tout à l'heure, en parlant des porcelaines dures
de Perse, qui nous paraissent sorties du même atelier
que les faïences bleues. Comparativement ces faïences
sont peu nombreuses ; nous avons vu, chose rare, une
tasse à café avec son présentoir à jour ; les autres pièces
sont des bouteilles, des plats, des coupes, etc. Cette di-

vision nous paraît remonter à une époque fort ancienne. On y doit rattacher les plaques de revêtement à reliefs, où courent, émaillées en bleu, les légendes sacrées : *Au nom du Dieu clément et miséricordieux*. Dans des fragments provenant de la mosquée de Natinz, ces légendes

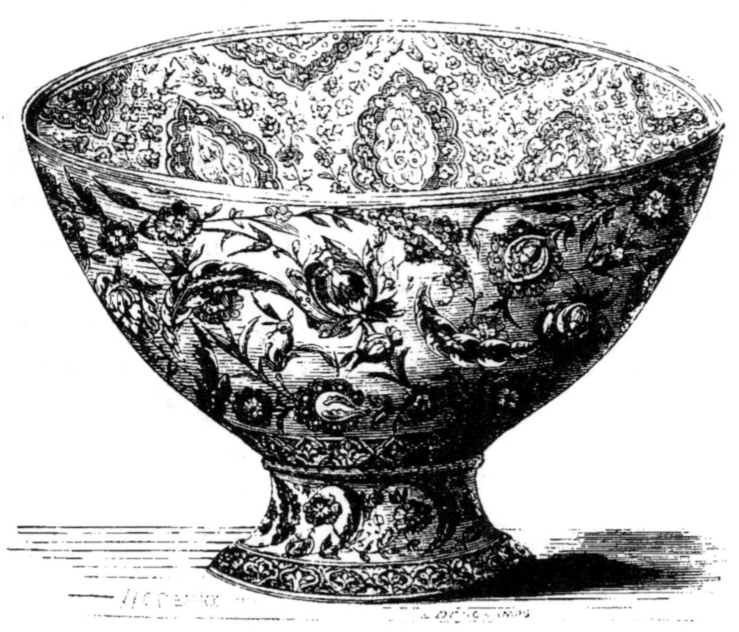

Coupe à décor extérieur polychrome.

étaient entourées d'un damassé d'arabesques métalliques pressées sur le fond blanc, et qui indiquent l'étroite liaison des œuvres persanes du douzième au treizième siècle avec l'art moresque de la même période.

Le deuxième groupe renferme des produits presque dichromes, c'est-à dire où l'on n'aperçoit d'abord que deux tons, le bleu de cobalt du groupe précédent, et un beau bleu turquoise adroitement jeté dans les masses ou étendu en fonds partiels avec fleurs réservées en blanc.

Le dessin des vases de cette division est d'une adresse et d'une pureté sans égales ; des médaillons à découpures légères, garnis intérieurement d'arabesques gracieuses, sont reliés par des rinceaux d'une grande richesse de masse et de détails ; dans les coupes, l'intérieur est à deux tons et l'extérieur est monochrome. Cet emploi du camaïeu dénote, nous croyons l'avoir dit déjà, un goût artistique consommé ; en effet, l'œil est moins vivement frappé par l'aspect d'une couleur unique, que par le contraste du rouge, du vert, du violet et du bleu splendides qu'on rencontre sur d'autres faïences ; il faut donc une certaine éducation de l'esprit pour se complaire dans la seule contemplation des lignes savantes et des compositions ingénieuses.

Les poteries à bleu turquoise remontent aussi à une époque ancienne ; mais la fabrication s'en est continuée longtemps, et, dans des temps relativement modernes, elle a tourné peu à peu vers la polychromie ; un vert composé, un violet de manganèse presque rosâtre, un noir pur, ont entouré ou rehaussé les médaillons à la teinte céleste ; des tulipes et quelques autres fleurs naturelles se sont glissées parmi les rinceaux d'ornements et les compositions arabesques. Rien n'est plus splendide dans ce genre que la coupe figurée plus haut ; c'est l'une des plus grandes et des plus savantes pièces venues de l'Iran. Quelques carreaux de revêtement appartiennent à cette division.

Le troisième groupe est le plus éclatant, le plus varié et le plus nombreux de tous ; des émaux purs, harmonieusement combinés, le désignaient naturellement pour fournir les poteries décoratives et les plus luxueuses plaques de revêtement ; les grandes bouteilles, les coupes de service, les plats dignes de rivaliser avec l'orfévrerie et les gemmes, s'y trouvent réunis.

Là, pas d'ambiguïté : c'est de l'art purement inspiré par l'islamisme, et si nous devons mentionner bientôt des figures humaines ou animales, nous verrons qu'elles sont l'œuvre de ce compromis dont nous avons signalé l'existence, et qui ouvre au vrai croyant une porte dérobée dans le domaine de l'iconographie. Les plaques de revêtement sont de deux sortes : les unes concourent, par leur rapprochement, à fournir une ornementation continue où les arabesques se mêlent à des fleurs plus ou moins idéalisées ; les autres, entourées de bordures, ont un sujet circonscrit ; parmi celles-ci, nous donnons la plus curieuse. C'est, à n'en point douter, une de ces figurations qui se rapportent aux prestiges magiques et cabalistiques, car dans ces opérations, le succès est d'autant mieux assuré qu'on se tourne vers la Mecque, ou vers la représentation du saint temple. Nous voyons donc ici la *Caaba* avec ses minarets, ses chaires, ses oratoires et tous ses lieux saints. Le temple proprement dit est un édifice presque cubique de trente-huit pieds de long, trente de large et trente-quatre de haut, d'où vient le nom de *caaba*, qui, en arabe, signifie *maison carrée*. On entre par une porte à deux battants percée à quelques pieds au-dessus du sol, et à laquelle

on monte avec un marchepied mobile représenté ici à
gauche près de l'ouverture de l'enceinte générale.

Tout l'édifice est couvert extérieurement d'un voile

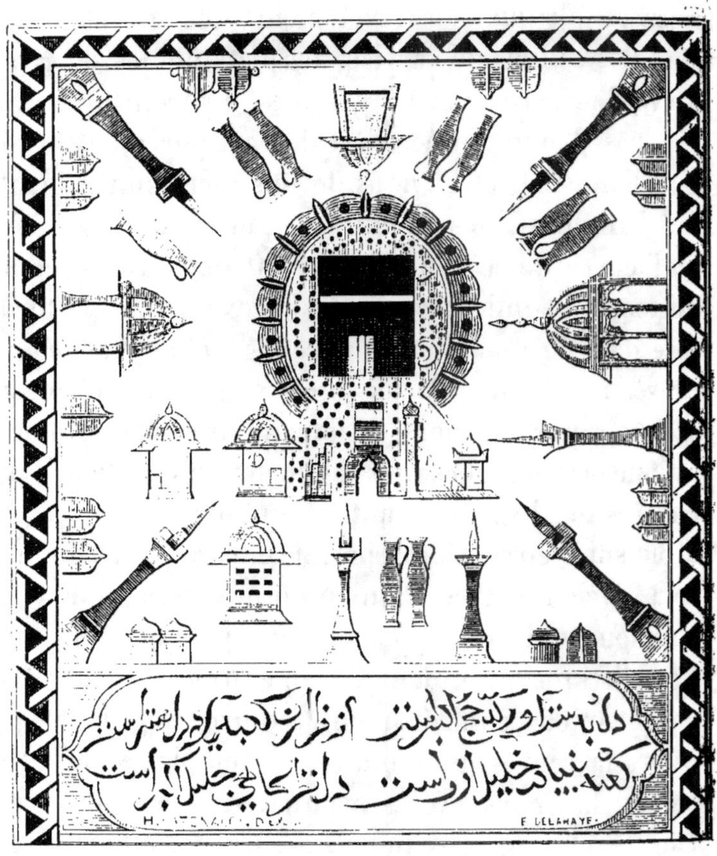

Plaque en faïence représentant la mosquée sacrée de la Mecque.

de soie noire appelé le *voile sacré* : il se renouvelle
tous les ans et les morceaux de l'ancien se vendent
comme reliques aux dévots musulmans : les riches dé-

mandent quelquefois, en mourant, qu'on en revêtisse leur cercueil. Vers le haut, ce voile est traversé par une bande blanche appelée *ceinture* parce qu'en effet elle fait le tour de l'édifice.

La figure à plusieurs compartiments marquée au-dessous et non loin de la porte, est le *lieu d'Abraham*; c'est là, selon les musulmans, que le patriarche se plaça pour construire le temple, et l'on conserve encore la pierre sur laquelle reposaient ses pieds : les fervents y croient même apercevoir la trace ce ce contact saint.

La demi-lune tracée à droite de la caaba est l'édifice appelé le *mur Hatem*. Là, si l'on en croit la légende musulmane, reposent les restes d'Agar et d'Ismaël. La tache piriforme qu'on remarque près de l'angle supérieur de la caaba est une gouttière d'or destinée à conduire les eaux de pluie qui tombent sur la plate-forme du temple. Quand il pleut, les pèlerins viennent recevoir cette eau et se croient ainsi purifiés de tous leurs péchés. On appelle donc cette conduite *gouttière de la miséricorde*.

Le petit édicule placé près du marchepied paraît être le puits de Zemzem. Cette source miraculeuse jaillit sous le pied de l'ange Gabriel lorsque Ismaël et Agar, abandonnés dans le désert de la Mecque, allaient mourir de soif. L'eau sainte donna en même temps la vie à cette affreuse solitude ; aussi les musulmans lui attribuent-ils des vertus surnaturelles ; tous les pèlerins doivent en boire, et ils en emportent lorsqu'ils retournent chez eux.

Dans l'angle de la caaba, à gauche de la porte, l'objet circonscrit d'un trait blanc, est la fameuse pierre noire qui renferme le pacte d'alliance entre Dieu et les hommes. Selon les musulmans, Dieu, au commencement du monde, rassembla les âmes de tous ceux qui devaient naître d'Adam, et se fit connaître à elles comme leur souverain maître et seigneur. Le témoignage de cette communication fut écrit par Dieu, en caractères mystiques, dans les flancs de la pierre qui, au jour du jugement, déposera contre ceux qui auront méconnu leur souverain. Originairement blanche, la pierre a noirci par les larmes qu'elle ne tarda pas à répandre sur les péchés des hommes.

Une enceinte circulaire enferme la caaba ; c'est pour les pèlerins le *lieu des tournées* ; le reste de la *mosquée sacrée* est circonscrit par un péristyle carré ; les endroits de station y sont indiqués, de même que des vases à anses désignent les lieux où le pèlerin doit faire ses ablutions.

Celui pour lequel la plaque que nous venons de décrire a été faite, n'était certes pas très-persuadé de l'efficacité des figures représentées, ni même de la nécessité du voyage de la Mecque : c'était un sceptique, ou un philosophe de la secte des sofis, et il exprime ses opinions dans ce quatrain quelque peu hardi :

« Acquiers un cœur, car c'est là le grand (et véritable) pèlerinage ;

« Un cœur vaut mieux que les pierres de la Caaba ;

« La Caaba est l'édifice de l'ami (de Dieu) fils de Thoré ;

« Mais le cœur est le théâtre du grand ami (Dieu). »

On remarquera ici un système de coloration riche et simple à la fois, comme celui de tous les monuments anciens : le bleu à deux intensités : le rouge vif tiré du fer, et si gras, si abondant, qu'on parvient difficilement à l'imiter ; le vert de cuivre assez pâle, et le noir.

Les vases primitifs de la même division ont pour base les mêmes tons ; mais, à mesure qu'on se rapproche des époques de luxe et de splendeur pour la Perse, on voit les artistes chercher de nouvelles teintes ou les combiner de telle sorte qu'elles produisent un effet plus saisissant : le rouge, le vert et le bleu turquoise ne seront pas seulement employés en ornements restreints, ils couvriront la panse des vases, l'extérieur des coupes, le fond des plats, découpant de savantes arabesques, de délicats bouquets, ou la silhouette d'êtres naturels ou fantastiques, lesquels à leur tour recevront le rehaut de touches vives, en couleurs savamment choisies pour faire valoir le fond général. C'est habituellement sur les tons pâles, bleu ou vert, que courent des lièvres, des cygnes, entourant les singuliers oiseaux à tête de femme, dont nous avons déjà dit un mot page 207. Pour les musulmans, c'est déjà une chose insolite que la représentation de figures proscrites par le Coran ; mais ici le lièvre et le chien n'ont pas le seul inconvénient d'appartenir à la nature vivante ; ils sont réputés impurs, et la passion violente des Iraniens pour la chasse peut seule expliquer leur présence.

Les vases, les carreaux à décor polychrome sont-ils tous sortis d'un même centre ? Non certes. Chardin,

qu'il faut citer avec discrétion, est pourtant fort expli-
cite sur ce point. Après avoir dit qu'on fabrique de la
faïence (lisez poterie) dans toute la Perse, il ajoute :
« La plus belle se fait à Schiraz, capitale de la Perside ;
à Metched, capitale de la Bactriane ; à Yezd et à Kirman
en Caramanie, et particulièrement dans un bourg de
Caramanie nommé Zorende... Les pièces à quoi les potiers persans, qu'on appelle *kachy-pez* ou *cuiseurs de
faïence*, réussissent le mieux, sont les carreaux d'émail,
peints et taillés de mauresques. A la vérité, il ne se
peut rien voir de plus vif et de plus éclatant en cette
sorte d'ouvrages ni d'un dessin plus égal et plus
fin. »

Il y a beaucoup à voir dans ce passage : *kachy*, ou mieux
caschi, indique bien plutôt les produits de Caschan, ou
de l'Irak-Adjemi, que la faïence en général. Or, si les
belles pièces *taillées de mauresques*, c'est-à-dire celles
où des arabesques en couleurs vives rehaussent un fond
blanc pur, proviennent de cette province, il en faut
chercher du même goût appartenant à la Perside et à
la Caramanie.

Le carreau figuré page 220 était indiqué par le savant
M. Jomard, de l'Institut, qui l'avait rapporté d'Égypte,
comme provenant de Zorende ou de Kirman. La bordure particulière de ce carreau, reproduite sur beaucoup de belles bouteilles, de coupes, de plats même,
offre-t-elle un caractère suffisant pour qu'on réunisse
en un seul groupe toutes les faïences qui la portent ? Ce
qui est certain, c'est qu'une quantité d'autres pièces,
même des plus élégantes et des mieux travaillées, ont

pour bordure spéciale un filigrané noir inspiré de l'art chinois.

On le voit, ces questions sont tellement épineuses, elles sont entourées d'une telle obscurité que l'écrivain de bonne foi doit hésiter à prononcer un jugement qui serait probablement prématuré.

En effet, la difficulté n'est pas seulement de retrouver *toutes* les fabrications de la Perse; les pays voisins n'ont-ils pas eu des poteries analogues? Les artisans qui, au rapport des historiens, ont porté l'art persan dans l'Asie Mineure, l'Égypte et l'Arabie, n'ont-ils pu l'implanter aussi dans l'Inde? Nous avons vu des plats en faïence réputée persane, dont le dessin à fleurs pressées, encadrant des oiseaux élégants, paraissait tracé par la main de l'artiste qui a composé des assiettes en émail cloisonné indien sorties de la collection Debruge-Duménil pour figurer dans le cabinet de madame la baronne Salomon de Rothschild. En excitant notre curiosité, ce fait nous fit bientôt découvrir qu'il existe toute une série de produits indiens sur lesquels nous n'avons que de vagues indications. Dans ces derniers temps encore, l'immense quantité de faïences à dessins persans rapportée de Rhodes a fait supposer que des colonies de potiers de l'Iran avaient pu s'établir dans les îles de l'Archipel et livrer au commerce de l'Europe et de l'Asie Mineure une foule de produits semblables à ceux de la Perse. En effet, le musée de Cluny possède aujourd'hui une série considérable de pièces en faïence polychrome faites à Rhodes par des ouvriers prisonniers qu'on avait obligés à ouvrir une usine semblable à celles de leur pays. Certaines de ces œuvres manifestent l'impatience qu'éprouvaient les captifs de reconquérir leur liberté ; sur l'une, l'ouvrier lui-même en prière lève les bras au ciel et supplie le divin maître de briser ses chaînes.

Mais, pour le connaisseur, le choix n'est pas douteux entre ces produits bâtards et les faïences originales ; il reconnaîtra les faïences de l'Iran à leur perfection même, à la beauté de l'émail, au goût pur des dessins, à l'intensité des couleurs, vives et harmonieuses à la fois. Cette perfection sera encore un indice d'antiquité, car dans tout l'Orient, le plus grand éclat des civilisations est vers l'époque de leur naissance.

Nous avons dit un mot de la perfection de la verrerie de la Perse au douzième siècle ; la faïence n'était pas moins avancée à cette époque. « Nous avons rencontré, dit M. Eugène Piot, des plaques de faïence de Perse en assez grand nombre et des fragments de vases semblables à ceux que nous connaissons aujourd'hui, incrustés dans le marbre blanc d'un *ambon* de la petite église de San-Giovanni del Torro de Ravello, dans le royaume de Naples (l'église est du douzième siècle et l'ambon du treizième). Ces plaques prouvent qu'à cette époque ce genre de poterie avait déjà pénétré en Occident, et qu'elles étaient tenues en grande estime. M. Fortnum en a signalé d'autres qui décorent l'église de Saint-André, de Pise. »

CHAPITRE IV

PORCELAINE DURE

Les poteries à pâte dure de l'Iran ont été longtemps
méconnues, malgré leur caractère tout spécial et les
témoignages non équivoques des anciens voyageurs.
On nous pardonnera donc d'insister sur leur histoire,
dont nous avons été le premier à recueillir les documents
épars. Voici d'abord ce qu'en dit Chardin : « La terre
de cette *faïence* est d'émail pur tant en dedans qu'en
dehors, comme la porcelaine de Chine ; elle a le grain
tout aussi fin et est aussi transparente, ce qui fait que
souvent on est si fort trompé à cette porcelaine, qu'on
n'en saurait discerner celle de la Chine d'avec celle de
la Perse, Vous trouverez même quelquefois de cette
porcelaine de Perse qui passe pour celle de la Chine,
tant le vernis en est beau et vif, ce que j'entends non
pas de la vieille porcelaine de Chine, mais de la nouvelle. L'an 1666, un ambassadeur de la compagnie hol-

landaise, nommé Hubert de Layresse, ayant apporté des présents à la cour d'une grande quantité de choses de prix, et, entre autres, cinquante-six pièces de vieille porcelaine de Chine, quand le roi vit cette porcelaine, il se mit à rire, demandant avec mépris ce que c'était. On dit que les Hollandais mêlent cette porcelaine de Perse avec celle de la Chine qu'ils transportent en Hollande. »

Dans ses *Recherches philosophiques*, de Paw écrit : « Les Persans revendiquent plusieurs découvertes relatives à différents genres de peinture; et s'ils disputent aux Chinois et aux Japonais l'invention de la pâte de porcelaine, ils leur disputent aussi l'invention des couleurs propres à la diaprer, quoiqu'ils ne paraissent point avoir porté cette pratique aussi loin que ceux auxquels ils la contestent. »

Aux dix-septième et dix-huitième siècles, l'existence des porcelaines de l'Iran ne faisait donc doute pour personne, et si l'on voulait arguer du mot *faïence* que nous avons souligné à dessein, nous ferions remarquer que Chardin l'emploie indifféremment pour désigner les poteries les plus diverses; il est impossible d'ailleurs qu'il ait pu confondre les porcelaines de Chine et les vraies faïences de l'Iran, si différentes d'aspect, de matière et de style.

Nous n'ajouterons plus qu'une observation rendue nécessaire par les citations empruntées aux livres orientaux, lesquels ne se contentent pas de qualifier les vases de choix du nom de *porcelaine*, mais y ajoutent l'épithète de *chinoise*. Les Persans ont une poterie translucide à pâte dure, cela est incontestable ; qu'ils l'aient parfois assez perfectionnée pour qu'elle rivalisât avec les œuvre du Céleste-Empire, c'est possible ; dans tous les cas, ils sont tributaires de la Chine pour cette branche de l'art, et leur langue en fait foi, puisque *Tchini* est le nom de leur porcelaine. On voit par là combien il était facile aux traducteurs de se méprendre, et aux voyageurs superficiels de croire et d'avancer que la poterie à pâte dure employée dans l'Iran vient du Céleste-Empire.

L'étroite ressemblance des porcelaines chinoise et persane nous permettra de décrire cette dernière en la divisant en familles diverses basées sur les caractères établis pour l'autre.

PORCELAINE BLANCHE A DÉCOR BLEU SOUS COUVERTE. Cette espèce est souvent d'une pâte grossière, assez mal travaillée, et sujette à divers accidents, tels que le vissage, les fentes et les points sableux ou métalliques. L'émail bleuâtre, vitreux, n'est pas toujours parfaitement étendu ; mais le caractère saillant, c'est le mode de cuisson : en Chine, toute pièce est posée sur une cercle qui maintient le pied dans sa forme, et laisse ensuite un léger filet en creux sur lequel s'adaptent les montures en bois ou en métal ; les Persans se contentent de placer leurs vases sur un gros sable dont les grains adhèrent à la pâte ramollie et la pénètrent profondément ; à la sortie du four on retrouve donc beaucoup des grains quatzeux, ou si la pièce est particulièrement soignée, on reconnaît que sa base a été polie au tour, et alors quelques sables ont sauté laissant à leur place une cavité ; les autres, usés plus ou moins, forment avec la porcelaine une sorte de poudingue.

Le spécimen qui nous a fourni le témoignage le plus éloquent sur la nature de la porcelaine dure de Perse est la bouteille ou lagène représentée ici : ses caractères techniques, son mode de cuisson, répondent au signalement donné ci-dessus ; la décoration est inspirée par l'art chinois ; elle consiste en bâtons rompus gravés dans la pâte, avant la cuisson, et en dessins exécutés aussi sur le cru avec le bleu de cobalt. Sur le col, au-dessous de grandes feuilles d'eau, pendent des groupes de vases et d'outres rattachés par des rubans noués à bouts flottants ; plus bas sur la déclivité, une bordure à fleurs présente cette particularité qu'à la place de la pivoine chinoise figure l'œillet d'Inde le mieux caractérisé. Une étroite bande losangée, accolée à cette bordure, est interrompue par des réserves dans lesquelles s'insèrent les lignes d'un quatrain.

Bien que défigurée par des ligatures intempestives, par les bavures de la couleur, et l'absence de points diacritiques, cette légende a pu être déchiffrée par M. Alexandre Chodsko ; le poëte y invite les buveurs à user de la liqueur défendue par le prophète, et « à oublier dans l'ivresse les soucis de ce vallon de pleurs; *Mei benouch*, bois du vin ! dit-il, au compagnon de plaisir ; *né boud djudâi-biderdı*, on ne se sépare pas sans souffrances ! *deh surahi*, donne-moi la surahé ! » Ainsi cette inscription, en rappelant un trait des mœurs persanes, dont nous avons déjà parlé, révèle le nom du vase sur lequel elle est appliquée.

Nous avons vu deux autres surahés avec des inscriptions persanes ; mais le nombre de celles sans légendes
que le commerce hollandais livre encore aux enchères
comme porcelaine commune de Chine, est considérable.
Ce qui favorise cette confusion, et ce qui trouble sans

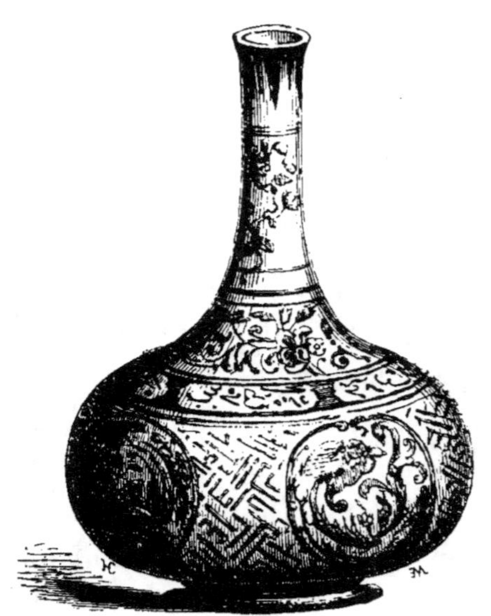

Surahé en porcelaine décorée en bleu.

doute aussi beaucoup d'amateurs, c'est que très-souvent ces porcelaines sont marquées en-dessous de figures empruntées à la Chine, comme la feuille, la tablette de jade, etc., quelquefois même une sorte de
Nien-hao illisible ferait croire à une date écrite dans
les ateliers du Céleste-Empire. L'irrégularité de ces légendes explique assez qu'elles ne sont pas tracées en
Chine ; quant aux marques à la feuille et autres, nous

les avons retrouvées sous des faïences siliceuses translucides de style chinois ; l'une de celles-ci nous a même
offert le caractère *longévité* écrit sous une forme presque lisible. Ces emprunts à l'art d'un peuple voisin
avec lequel des relations commerciales existent de longue date, n'ont rien qui doive surprendre.

La valeur que les Persans attachent à leur porcelaine
à dessins bleus, nous a été prouvée par une charmante
aiguière appartenant au savant orientaliste M. Scheffer.
Sur l'émail, très-lustré, semé d'oiseaux fabuleux et de
groupes de nuages, on avait fixé, par un procédé analogue à celui employé pour rehausser les jades, des
chatons d'or enchâssant des rubis et d'autres gemmes
à couleurs vives ; l'effet de ce décor est charmant.

Nous ne décrirons pas les nombreux vases, biberons,
narghilés où la peinture en camaïeu bleu se combine
avec les reliefs de la pâte ; nous ne nous arrêterons
même pas sur la magnifique pièce tout ornée de ces
reliefs, qui appartient au muséum d'histoire naturelle ;
nous dirons un mot en passant de certaines poteries
kaoliniques enduites de bleu par immersion et qui sont
assez fréquentes chez les curieux ; les unes sont de
grandes aiguières sans anses, à bec en S, avec embouchure supérieure en forme de croissant ; les autres sont
des cafetières couvertes et ce que nous appelons des
pots à crème. Le bleu en est très-fluide ; mais il manque de pureté.

Dans notre opinion, les porcelaines dures persanes
doivent remonter à une date très-ancienne ; leur type
sévère, presque chinois, les animaux qu'elles repré-

sentent, suffiraient à le faire supposer. En effet, grâce à cette ressemblance, les artistes ont pu sous l'aspect du dragon, du ki-lin et du fong-hoang, reproduire les êtres fabuleux de l'antique mythologie de l'Iran. Tous ceux qui ont vu, dans le *Magasin pittoresque*, la figure du simorg, tirée d'un ancien manuscrit arabe, seront frappés de son identité avec les oiseaux de la porcelaine.

Une question non moins intéressante à résoudre c'est la provenance des vases décorés en bleu : un long séjour en Perse les avait rendus familiers au savant professeur Chodsko : il les reconnut immédiatement pour ce que les habitants appellent *mechhedi*, la porcelaine de Meschhed, dans le Khorasan. Depuis un temps immémorial on ne fabrique plus de porcelaine dans cette province.

Faut-il considérer comme de même origine des poteries décorées en bleu et revêtues de couvertes légèrement teintées d'un jaune nankin ? Le style des ornements nous porterait à le croire ; mais parmi ces poteries il en est dont la pâte est sableuse et perméable, ce qui forme le trait d'union entre les porcelaines dure et tendre, entre la faïence et la porcelaine. Tel est aussi le caractère de la gourde bleue figurée page 216 et qui eût pu être classée ici avec autant de raison qu'ailleurs ; ce qui nous a déterminé à la mettre en tête des faïences, c'est son style et le mode d'exécution des dessins, tous chatironnés de noir. Ajoutons, toutefois, que parmi les porcelaines kaoliniques persanes, beaucoup offrent un rehaut de manganèse qui ne se rencontre jamais dans les bleus de Chine.

PORCELAINE A DESSINS POLYCHROMES. C'est encore au Céleste-Empire que l'idée de ce décor est empruntée ; quelques émaux se spécialisent par leur mode d'emploi ; mais c'est particulièrement dans le style du dessin et.

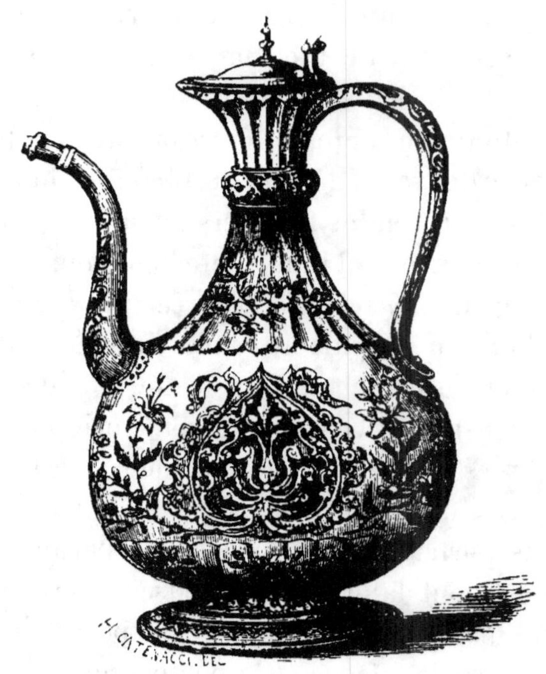

Aiguière pour les ablutions.

la touche qu'on doit chercher les caractères de nationalité de la porcelaine persane polychrome.

Famille chrysanthémo-pæonienne. La plupart des vases de cette division ne portent que du rouge de fer et de l'or, et très-rarement du bleu sous-couverte. Les plus importants sont des aiguières employées aux ablutions avant et après le repas. Nous ne reviendrons pas sur ce que nous avons dit page 212 sur la forme et l'usage de ce vase, figuré ici. Le cabinet de M. Séchan est le seul où nous ayons trouvé l'aiguière accompagnée de son bassin à obturateur percé de trous. Comme on le voit sur le dessin, de chaque côté de la panse ressort en demi-relief une palme, habituellement couverte d'un fond rouge avec arabesques en réserve. Deux branches feuillées divergent sous la palme et viennent s'épanouir en un bouquet dont la fleur principale est un lis au long pistil et aux étamines saillantes ; ce bouquet, quelques autres semés dans la décoration générale, des feuilles d'eau, rinceaux, etc., en rouge ou en or chatironné de rouge, forment tout le décor : il est simple et sévère à la fois.

Des gargoulettes à panse cannelée, des biberons, nous ont montré le même genre d'ornements avec des tiges légères et des graminées en or non chatironné, ce qui ajoutait encore à la délicatesse de la peinture.

Famille verte. Les pièces enrichies par cette sorte de décor sont assez nombreuses et très-variées. Les émaux sont, par la pureté et la vigueur, très-voisins de ceux de la Chine ; mais le genre des ornements est très-caractéristique : de grands rinceaux découpés rappellent bien plus l'acanthe grecque que les grêles enroulements des peintres du Céleste-Empire, et ils se terminent d'ailleurs par une tulipe ornementale ; un autre signe de nationalité réside dans l'emploi multiplié de la palme symbolique ; elle est habituellement entourée d'une bordure découpée à dents, et l'intérieur est rempli de bouquets qui imitent la broderie des châles dits de Cachemire.

Nous venons d'exposer les caractères de la porcelaine persane de famille verte dans son inspiration la plus pure ; nous devons dire qu'il existe une division de

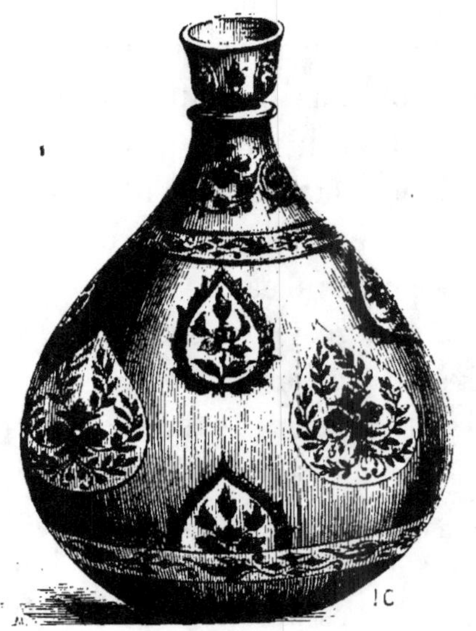

Narghilé persan, de famille verte, à fond feuille morte.

cette famille beaucoup plus difficile à déterminer parce qu'elle procède de l'imitation directe. Sur des plats de grande dimension se développent, ou de grosses fleurs voisines de la pivoine, ou des sujets à personnages hiératiques chinois ; dans ce dernier cas, les figures, plus allongées qu'on ne les fait au Céleste-Empire, offrent une visible exagération de tournure et d'expression ; les hommes ventrus deviennent obèses ; les visages aux traits accentués sont poussés jusqu'à la grimace. Un fait excellent à noter, c'est que les pièces persanes imitées de la porcelaine de Chine verte, reçoivent, sur leur fond et leur bordure, un losangé, une mosaïque, ou tout autre ornement linéaire en rouge de fer vif, sous lequel disparaît l'émail blanc de la poterie.

Le décor vert a été souvent associé, en Perse, à des fonds diversement colorés ; le bleu fouetté rehaussé d'or, couvre l'extérieur de bols à palmes et bouquets intérieurs ; d'autres fois, le bleu en arabesques est sur le fond blanc intérieur, et les palmes vertes rehaussent, au dehors, un beau vernis nankin ; enfin la couverte feuille morte, que les Chinois nomment *tse-kin-yeou*, a reçu aussi les émaux verts. Voici la figure d'un précieux narghilé de ce genre : des palmes réservées et teintées de bleu turquoise ont reçu un dessin bleu vif ; les palmes et rinceaux verts sont semés sur le fond brun, ou rehaussent de légères bordures ; le dessous arrondi de la pièce est teint en un vert de cuivre lavé tout particulier.

Famille rose. Les porcelaines de cette division sont les moins nombreuses, mais leur décor procède de la même idée, dans les spécimens de toute forme, et peut facilement se reconnaître : de grandes tiges roides sortant d'un vase peu élégant, et terminées par une fleur assez grande, à quatre pétales en croix, des feuilles developpées en rinceaux, tout cela en tons vifs, presque crus, voilà la base du genre. Nous avons vu ce décor sur des boîtes à thé carrées de plan et à goulot cylindrique, sur une belle aiguière de la forme figu-rée page 234, et sur de gigantesques potiches enri-chies de la figure de simorg. La beauté de celles-ci, la délicatesse de leur peinture, plus soignée que celle des pièces de petite dimension, démontrent suffisam-ment qu'il faut aller chercher en Perse même, au fond des vieux palais, les fines poteries de l'Iran. Lorsque Schah-Ismaïl mourut à Ardebil, en 1523, on lui éri-gea un tombeau dont le voyageur Fraser donne la des-cription ; il ajoute : « Une grande salle octogone au-dessus de laquelle s'élève le principal dôme, a reçu son nom de Zerfkaneh, ou salle de porcelaine, de ce que les plats que Schah-Ismaïl employait dans les fes-tins qu'il donnait à ses hôtes de chaque jour, étaient conservés dans des niches pratiquées dans le mur pour cet usage. Cet appartement a été très-somptueusement décoré et les niches qui sont de toutes les formes, pro-duisent l'effet d'un magnifique ouvrage de ciselure ; mais les porcelaines n'y sont plus ; elles ont été brisées lors d'un des tremblements de terre si fréquents dans cette contrée. » Voilà un témoignage suffisant pour prouver combien, dès le quinzième siècle, les Persans attachaient de prix à leurs vases et avec quel soin ils conservaient ceux qu'avaient consacrés le talent de leurs auteurs et le mérite des personnages qui s'en étaient servis.

Nous hésitons à aborder la question de provenance des porcelaines polychromes, et cela se conçoit; les bleus de Meschhed, fabriqués à l'extrémité de la Perse et tout près des frontières de la Tartarie, peuvent bien se ressentir d'un tel voisinage et surtout du contact commercial avec l'Empire du milieu ; mais les vases polychromes sont-ils aussi du Khorasan ? Faut-il, au contraire, prendre à la lettre les expressions de Chardin et les supposer originaires d'Yezd dans le {Fars, ou de la Caramanie ? Il serait téméraire, dans l'état actuel des connaissances céramiques, de hasarder une opinion à cet égard.

Porcelaines trempées en couleur. Nous venons de mentionner déjà des porcelaines à peinture polychrome appliquée sur un émail coloré ; nous y revenons pour décrire un genre de décor qui semble avoir été le type des dessins en blanc fixe sur bleu, exécutés au dix-septième siècle dans toutes les faïenceries de l'Europe. Le fond le plus ordinaire de ces porcelaines est le *tse-kin-yeou* chinois, ou vernis feuille morte ; une argile blanche, posée au pinceau, est le seul rehaut qu'elles reçoivent ; des bordures arabesques avec pendeloques de perles, des bouquets de chrysanthèmes sortant d'un pot simple et écrasé, d'où part également une tige de cactée ; tels sont les éléments décoratifs. La pâte mate est posée largement, d'un seul coup, et partout où les touches se croisent et se recouvrent, le blanc devient plus pur et mieux marqué. Les pièces de ce genre sont peu communes et le soin qu'on a pris d'en user le pied à la meule, semble indiquer qu'elles sont particulièrement estimées et recherchées.

Le même système de peinture en engobe est plus rare encore sur une sorte de céladon nankin d'une nuance douce et chaude à la fois.

Quant aux céladons proprement dits, ils sont assez fréquents en Perse, et d'une belle teinte vert de mer, semblable à celle des vieux céladons chinois. Les uns sont simplement godronnés ou cannelés ; les autres ont des ornements en reliefs du plus beau style.

Une autre porcelaine colorée, est le Martabani, dont Petis de la Croix fait mention dans sa traduction des *Mille et un jours* : « Six vieilles esclaves, dit-il, moins richement vêtues que celles qui étaient assises, parurent à l'instant, elles nous distribuèrent des mahramas (petits carrés d'étoffe servant à s'essuyer les doigts) et servirent peu de temps après, dans un grand bassin de martabani (porcelaine verte), une salade composée de lait caillé, de jus de citron et de tranches de concombres. » Chardin cite une porcelaine verte qui paraît être la même ; voici ce qu'il écrit : « Tout, chez le roi, est d'or massif ou de porcelaine, et il y a une sorte de porcelaine verte si précieuse qu'un seul plat vaut cinq cents écus. On dit que cette porcelaine découvre le poison par un changement de couleur, mais c'est une fable ; son prix vient de la beauté de sa matière et de sa finesse, qui la rend transparente, quoique épaisse de plus de deux écus. » Cette dernière particularité a une grande importance ; il est impossible de supposer, en effet, que le voyageur veuille ici faire allusion au céladon vert de mer dont nous parlions plus haut ; celui-ci, posé sur une pâte brune, serrée, voisine des grès, n'est jamais translucide. Le martabani, au contraire, couverte mince, d'un vert vif, s'applique sur un biscuit très-blanc qui laisse transparaître la lumière. On ne s'étonnera pas, d'ailleurs, qu'une matière estimée à un si haut prix ne soit pas fréquente dans les collections. Mais le nom même de cette porcelaine peut soulever un doute ; bien que son existence nous soit révélée par un conte persan, faut-il attribuer son origine à l'Iran ? Martaban (Mo-Ta-Ma) est l'un des seize États qui composaient l'ancien royaume de Siam ; il ne serait donc pas impossible qu'il fallût restituer aux fabriques de ce royaume la rarissime porcelaine verte translucide.

LIVRE VII

INDE

CHAPITRE PREMIER

GÉNÉRALITÉS

Les Indous sont incontestablement le peuple le plus ancien de la terre, et nous eussions dû commencer par nous occuper de lui ; mais, autant les Chinois ont pris de soin pour écrire l'histoire de leurs institutions les moins importantes, autant les brâhmanes se sont appliqués à dissimuler la vérité sur leurs origines, leur religion et leurs sciences. Les Védas, recueil d'hymnes antiques réuni vers le quatorzième siècle avant notre ère, contiennent quelques notions vagues mêlées de fables si singulières qu'on ne peut y attacher nulle créance.

La seule chose que nous puissions tirer de cette littérature primitive, c'est que la poterie y est mainte fois mentionnée ; elle l'est plus positivement encore dans les lois de Manou, codifiées vers le neuvième siècle avant J.-C. On y voit comment devaient être purifiés les vases de métal ou de terre, souillés par un contact impur, et le *kamandalou*, aiguière dont les dévots ascétiques se servaient pour leurs ablutions, y est désigné sous son nom.

De ces temps antiques aux époques voisines de nous, quelles transformations ont pu s'effectuer, dans les formes, dans la substance, dans la décoration des vases? Il est difficile de le supposer, et pourtant il est présumable que la stabilité des mœurs a entraîné l'immobilité des arts, et qu'aucune différence fondamentale ne sépare les produits des âges divers de cette société sénile.

Il ne faut espérer, d'ailleurs, tirer aucun parti de ce qu'ont dit les voyageurs, presque tous étrangers aux études céramiques et qui confondent constamment, dans une phraséologie inextricable, les mots *porcelaine* et *faïence*. Ainsi Chardin écrit avec aplomb : « On ne fait point de faïence aux Indes ; celle qu'on y consomme y est toute portée ou de la Perse, ou du Japon, ou de la Chine, ou des autres royaumes entre la Chine et le Pégu. » Raynal au contraire parlant des maisons occupées par les Banians à Surate, dit : « Elles étaient construites de la manière la plus convenable à la chaleur du climat. De très-belles boiseries couvraient les murs extérieurs, et les murs intérieurs, ainsi que les plafonds, étaient incrustés de porcelaine. »

Les monuments seuls méritent confiance, et ce sont
eux encore que nous allons interroger pour connaître la
vérité. Il existe au musée de la Compagnie des Indes, à
Londres, des briques et des tuiles provenant des ruines
de la ville de Gour, non loin de Patna. Gour fut abandonnée au quatorzième siècle, parce qu'un des bras du
Gange qui l'arrosait se détourna de son cours ; or, les
débris céramiques dont nous venons de parler sont couverts d'ornements en relief, très-saillants et très-riches ;
une glaçure blanche, épaisse, est appliquée sur le fond
noir ou bleu foncé, et les ornements sont parfois relevés de touches verdâtres ou jaunes.

Voilà donc une preuve de l'emploi courant de la poterie pour la décoration des édifices, et si, à cette époque, les terres cuites émaillées appliquées extérieurement étaient aussi remarquables, tout doit faire supposer que les vases d'usage intérieur étaient plus élégants encore. Pour notre part, nous n'hésitons pas à
penser que la porcelaine, comme le dit Raynal, in-
crustait les plafonds et servait surtout à la parure des
tables.

Mais sans aller plus loin, disons un mot des mœurs
et des coutumes des Indous ; depuis les temps les plus
anciens, la nation est divisée en castes qui ne peuvent
avoir entre elles aucune relation ; l'instinct social, les
rapports de bienveillance réciproque n'existent donc
pas, tout se bornant à l'observation des convenances
qu'imposent aux hommes publics les communications
avec leurs égaux et le respect dû au souverain. Ainsi,
point de gaieté, d'animation dans les réunions publi-

ques, chacun ne se préoccupant que d'être à l'abri du contact impur d'un homme de rang inférieur. Cette préoccupation constante d'éviter la souillure cantonne chacun dans son coin et le pousse à la vie égoïste. Si quelque riche nabab réunit à sa table un certain nombre de convives, les plus minutieuses précautions sont prises pour rassurer la conscience de tous. Le sol, débarrassé de ses nattes, est mis à nu et nettoyé scrupuleusement ; devant chaque invité, des sables de couleurs diverses, disposés avec art, tiennent lieu du tapis absent et dessinent de gracieuses arabesques ; c'est sur cette décoration éphémère que seront disposés les plats nombreux servis à chacun. Nous disons les plats, parce que nous nous supposons chez un grand personnage, abondamment fourni des aises de la vie. Dans les classes moyennes, et surtout chez les dévots, le scrupule est poussé à ce point que les mets sont placés dans des feuilles fraîchement cueillies qu'on jette après le repas. Il va sans dire qu'en se mettant à table et en en sortant, on se livre aux ablutions qu'exigent l'étiquette et la religion.

Dans les visites, le cérémonial est aussi compassé et soumis à des règles fastidieuses ; la place occupée par chaque classe est fixée d'avance plus ou moins près de la porte d'entrée ; un prince ou un grand personnage s'assoit dans le haut de la pièce à une place plus élevée que les autres et quelquefois sous un dais d'étoffes brodées ; c'est ce qu'on appelle le *masnad* ou *gâdi* et ce qui sert de trône aux souverains qui n'ont pas le rang de rois.

Toute visite se termine au moment où le maître de la maison présente à son hôte le bétel et la noix d'arec ; en même temps il verse sur le mouchoir du visiteur de l'essence de rose ou quelque autre parfum, et il asperge ses habits d'eau de rose au moyen d'une fiole à étroite ouverture : cette cérémonie indique qu'il faut prendre congé.

Malgré cette rigidité de mœurs, il y a quelques fêtes qui sont communes aux gens de toutes les classes : la principale peut-être est le *hôli*, qui se célèbre en l'honneur du printemps. Les gens du peuple dansent le soir autour de grands feux de joie en chantant des chansons licencieuses ou satiriques, et en se livrant à tous les mauvais tours qu'ils peuvent imaginer contre leurs supérieurs, qui ne s'en fâchent jamais. Le plus grand amusement de la fête, c'est de s'arroser les uns les autres avec une liqueur jaune fort peu agréable, et de se jeter à la figure une poudre de carmin qu'il est ensuite fort difficile d'enlever. On se lance le liquide avec des seringues ; on prépare la poudre sous forme de boules recouvertes d'une légère enveloppe de colle de poisson ; le moindre contact suffit pour les faire éclater comme les *confetti* des Italiens ; la gaieté est d'autant plus grande qu'il y a eu plus de visages barbouillés, plus de vêtements gâtés.

Le *diouâli* est encore une fête générale où tous les temples et toutes les maisons sont illuminés avec des guirlandes de verres de couleur qui courent le long des toits, des fenêtres, des corniches, suspendues à des échafaudages de bambous qu'on prépare pour cette occasion. Bénarès, vue du Gange le soir, présente alors un spectacle féerique.

Nous ne parlerons pas des représentations scéniques mêlées de danses et de chants, ni de ces gracieuses et monotones successions de poses accompagnées d'un récitatif plus monotone encore, qui constituent l'art et la puissance des bayadères. En général, ces choses se passent en réunions privées, et la passion des Indous est si grande pour ce genre de spectacle, qu'ils resteraient des nuits entières, debout à le contempler, sans s'apercevoir de la fatigue.

CHAPITRE II

PORCELAINES

Pour essayer de reconnaître, dans la masse des poteries charmantes de l'extrême Orient, celles qui appartiennent à l'Inde, il est indispensable de jeter un coup d'œil général sur les arts de ce singulier pays. On a trop souvent confondu les peintures indiennes avec celles de la Perse, et dès lors on a manqué d'une base solide pour délimiter des genres effectivement très-voisins.

Le premier fait qui ressort d'un examen attentif de ces deux genres, c'est que les Indiens sont plus miniaturistes que les Persans ; leurs figures sont faites avec un soin scrupuleux ; aucun détail n'échappe à la minutie de leur rendu, et, naturellement, les encadrements dont ils entourent les scènes historiques ou les portraits ont des motifs fins, détaillés, parfaitement convenables pour ne pas nuire au sujet principal, et conformes d'ailleurs au goût général des étoffes de cachemire, des toiles imprimées et des autres objets usuels.

Raynal avait remarqué cette tendance, et il écrit dans ses *Recherches philosophiques* : « Il y a des peintres à Surate qui ne céderaient pas le rang aux plus habiles hoa-pei de Nanking, et surtout dans ce qu'ils appellent si gratuitement des ouvrages en miniature... On connaît des tableaux chargés depuis quatre-vingts jusqu'à cent personnages, où toutes les femmes se ressemblent et tous les hommes aussi ; car il n'y règne qu'un air de tête et de physionomie pour chaque sexe, ce qui prouve de la manière la plus manifeste qu'ils dessinent de pratique. »

L'observation est fondée en fait, et son importance est extrême ; il ne faut pas oublier, en effet, que tous les arts peu avancés procèdent ainsi : l'espèce y prend la place de l'individu ; le type domine les variétés, en sorte qu'il devient facile de distinguer l'œuvre originale de ses imitations ; l'école constitue un grand tout qui absorbe les tendances personnelles de chacun de ses adeptes, et soumet au niveau d'un patron unique les caprices d'une originalité quelconque.

Appliquant ce principe à l'étude de la céramique de l'Inde, nous n'avons pas tardé à trouver un criterium pour l'établissement des caractères de la poterie brâhmanique. Il existe à Sèvres une plaque en porcelaine, à double face, qui a dû être faite pour couvrir la boîte à bétel de quelque râdja ; de chaque côté on y voit un prince accroupi sur son masnad et tenant à la main le bijou, emblème de la puissance ; là, près de lui, est un officier qui agite le chasse-mouches en plumes de paon ; de l'autre côté il est seul et semble contempler avec calme le paysage verdoyant et le ciel vaporeux qu'on aperçoit au-dessus d'une galerie. Ces peintures, exécutées en couleurs de moufle, avec une incroyable finesse, sont évidemment faites par une main habituée au maniement de la miniature. Les physionomies ont un caractère de nationalité des plus frappants : voilà bien, la loupe permet de le constater, le type de la race élégante de l'Inde, le front droit, le nez busqué, les yeux longuement fendus, les sourcils en arc et la barbe fine terminant en pointe la base de l'ovale.

Or, pour quiconque a regardé avec attention une peinture chinoise ou japonaise faite d'après un type étranger, celle-ci ne peut soulever aucun doute : pour le Chinois, tout profil est horrible, et dans sa laideur même il conserve encore certain caractère de tracé conventionnel qui donne au nez la forme du 4 des chiffres arabes; pour le Japonais, le résultat n'est pas aussi forcément horrible; mais le profil est si peu dans ses habitudes qu'on y remarque une gêne singulière et une uniformité de lignes qui ne se prête guère à la distinction des sexes, et encore moins à la séparation des races ethniques.

Voilà donc une première base : peinture en couleurs vitrifiables de moufle, exécutée sur une porcelaine dure de même aspect que celles de Chine et du Japon. Essayons de trouver quelques indications qui viennent corroborer cette découverte. Nous avons vu, en Perse, la piété publique réunir dans une salle spéciale du tombeau de Schah-Ismaïl, les porcelaines employées par ce souverain. L'analogue de cette zerfkaneh, salle des porcelaines, existe certainement dans l'Inde ; une magnifique miniature, appartenant à M. Émile Wattier, nous a montré le sultan Akbar donnant audience dans un palais constellé de niches renfermant des vases de toutes formes ; dans ces vases il est impossible de ne pas reconnaître l'orfévrerie, les gemmes et la porcelaine ; celle-ci affecte même deux décors distincts, l'un bleu sur blanc, l'autre en couleurs vives. On objectera peut-être que ce peuvent être des œuvres de la Chine ; nous soutiendrons le contraire en faisant observer que le style des pièces à personnages, à oiseaux ou à ornements, n'a rien de commun avec les œuvres du Céleste-Empire. Nous ne nous sommes pas contenté, d'ailleurs, d'examiner la miniature de M. Wattier ; une autre, représentant la fête du hôli, nous a fait voir les confetti et la liqueur arrosante renfermés dans de grands bols à dessins bleus, tandis que toutes celles où il y a réceptions et repas offrent, avec les vases d'or et les gemmes, les porcelaines vivement émaillées. Celles-ci constituent donc l'espèce distinguée : l'autre est la vaisselle d'usage ordinaire.

Les deux genres, nous les avons rencontrés sous forme incontestable et nous pouvons en donner les caractères.

Bleus de l'Inde. La porcelaine décorée en bleu dans l'Inde est généralement mieux travaillée que celle de la Perse ; sa pâte, assez courte, est sujette à la fendillure ; mais elle est fort unie, un peu bleuâtre, et recouverte d'un vernis très-fin, bien lustré qui semblerait parfois avoir été appliqué à deux reprises. Le bleu des ornements est généralement pâle et semble avoir peine à transparaître à travers la couverte, sous laquelle il a bouillonné, ce qui lui donne une douceur, un *flou* tout particulier. Tous les bleus que nous avons observés étaient appliqués sur des vases dont la forme fournissait un premier caractère de nationalité ; ainsi, un biberon représentait la silhouette d'un éléphant accroupi ayant sur le dos une tour, posée sur un tapis à riche dessin et assujetti par des guirlandes de perles à pendeloques ; les deux défenses de l'animal, percées chacune d'un trou à son extrémité, lançaient deux jets bientôt réunis en un seul filet, comme dans les gargoulettes ordinaires.

Bon nombre de bouteilles pour aspersions offrent des caractères analogues de fabrication et de décor, et, pour qui a vu les vases bleus de l'Inde, l'espèce est facilement reconnaissable, malgré quelques écarts de style prouvant une inspiration chinoise incontestable.

Porcelaines polychromes. Cette préoccupation constante des œuvres d'un atelier antique et réputé, se retrouve dans toutes les fabrications céramiques Hindoues, et particulièrement dans les espèces émaillées en couleurs de la famille verte. Nous donnons ici la figure d'un bol campanulé profond en porcelaine, dont l'ensemble rappelle un peu les œuvres de la Chine ; mais, en examinant mieux, on voit que les bordures et la composition générale n'ont point d'analogues au Céleste-Empire : des tiges droites et minces s'élèvent verticalement du pied, à distances égales, portant des marguerites en émail rouge et bleu, entourées de feuilles régulièrement disposées de manière à couvrir toute la partie blanche ; il résulte de cet ensemble **un aspect bien plus voisin de celui des étoffes, que des** poteries ordinaires.

Un autre bol couvert, appartenant à madame la ba-

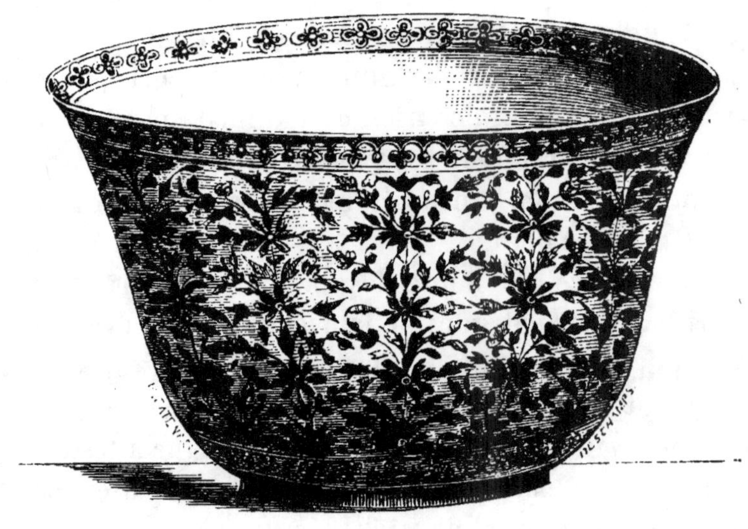

Bol en porcelaine de l'Inde, famille verte.

ronne Salomon de Rothschild, affecte une disposition analogue ressortant sur un fond d'or.

La coupe figurée ci-contre est plus riche encore ; sauf le pied, où l'on retrouve la porcelaine ornée d'une bande jaune brodée de fleurons émaillés, toute la surface du vase est occupée par des fonds ; l'un, vert tendre divisé par des ogives d'or, envahit le pourtour ; l'autre, rouge grenat, forme sur le premier une sorte de rosace

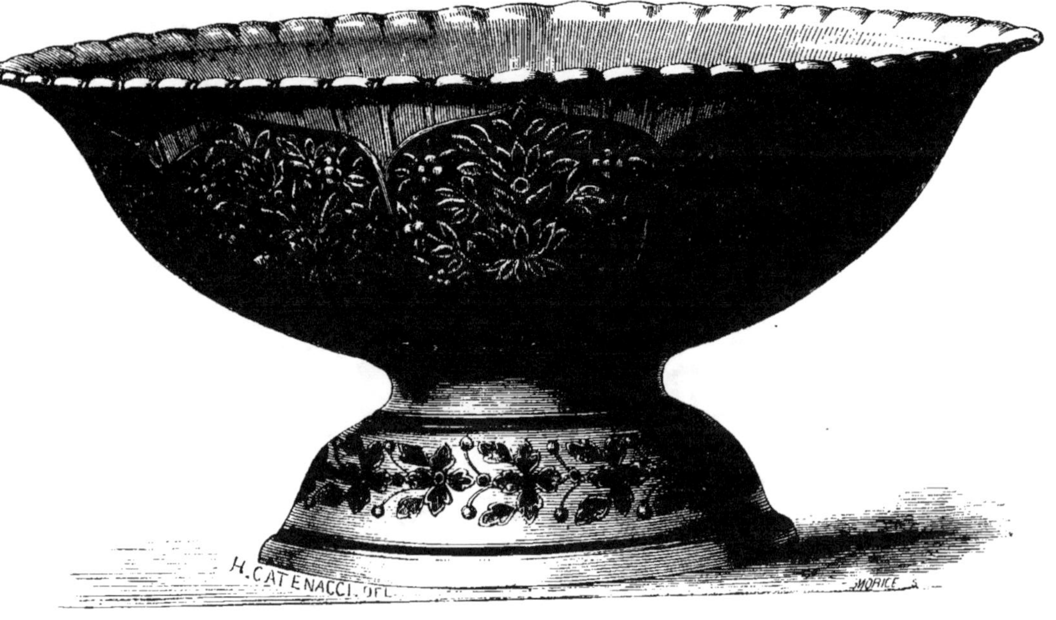

Coupe en porcelaine de l'Inde, imitant l'émail cloisonné.

dont les segments portent une décoration de fleurs et feuillages assez voisine de celle des pièces précédemment décrites. Tout, depuis le contour des fonds, jusqu'au moindre point, à la plus petite feuille, est bordé d'une ligne d'or brillant, de manière à imiter le travail d'un émail cloisonné : le style des bordures rappelle en même temps et ce travail et celui des incrustations d'or et de pierres précieuses. Or, il ne faudrait pas avoir le moindre sens artistique pour ne pas être frappé de l'identité du style de ces pièces et de celles que les miniaturistes placent devant les princes de l'Orient, les unes remplies de fruits et de conserves, les autres chargées de sorbets.

La riche espèce, imitant l'émail cloisonné, nous mène, d'ailleurs, à une autre, plus simple, à fonds partiels bleus, dont la principale décoration consiste en inscriptions d'or, tirées du Coran. Ici, une simple bordure de fleurettes à feuillages verts rappelle les ressources de la palette minérale : l'artiste austère, travaillant pour un austère musulman, n'a voulu laisser briller dans son œuvre que les versets sacrés écrits pour le vrai croyant. On nous a objecté, à propos de ces porcelaines, qu'il existe en Chine une secte nombreuse vouée à l'islamisme, et qui aurait bien pu faire fabriquer ces pièces. Notre réponse est facile : on sait quelle est la puissance de l'habitude et de la tradition chez les peuples orientaux ; le Chinois écrit au pinceau et ne saurait échapper aux touches flexueuses et hardies qui résultent de ce procédé ; la touche est même l'un des caractères de la calligraphie du Céleste-Empire. L'Arabe, le Persan, l'Indien écrivent avec le calam, et ils donnent ainsi à leurs caractères une légèreté gracieuse sans empâtement, une apparence cursive, à laquelle le pinceau ne saurait arriver. Les inscriptions musulmanes sont donc bien évidemment sorties d'une main habituée à la légèreté du calam, et aux faciles liaisons d'une écriture horizontale.

Au surplus, la porcelaine à légendes se relie très-bien, par ses caractères, aux vases riches qui la précèdent; c'est la même pâte, l'emploi des mêmes émaux, et ces fabrications nous ramènent à la plaque à figures du musée de Sèvres. Celle-ci, nous devons l'avouer, rend la question excessivement délicate : son origine hindoue est incontestable ; mais, en ne considérant que les couleurs décorantes et le mode de peinture, on trouve entre elle et les pièces dites à mandarins, des connexions tellement étroites, qu'on s'arrête embarrassé. On comprend combien il devient difficile de faire la part de chaque centre.

Comment s'en étonner? La même difficulté n'existe-t-elle pas pour la distinction des peintures, des émaux, des armes de l'Inde et de la Perse? Il est certain, d'ailleurs, que la multiplicité des relations commerciales de l'Europe avec l'extrême Orient a dû jeter, au dix-huitième siècle, la confusion la plus singulière dans les produits céramiques ; escale naturelle sur la route de la Chine et du Japon, l'Inde est devenue pour nous l'entrepôt général des marchandises de ces contrées : l'Arabie, la Perse, les îles de la Sonde, les Moluques, se firent les tributaires de ce marché central, où l'échange des produits s'effectuait avec d'autant plus de facilité que l'offre et la demande s'y trouvaient en contact continuel. Goa, Pondichéry, Madras, Calcutta, recevaient, soit directement de la Chine, du Japon, de la Corée, soit de Batavia, ces immenses quantités de porcelaine destinées à fournir en partie aux chargements de retour des flottes occidentales. Il est certain que les œuvres céramiques hindoues et persanes se glissèrent dans le commerce sans éveiller l'attention des trafiquants, sans exciter la curiosité des amateurs européens. Ainsi, de même que les Hollandais, maîtres des factoreries japonaises, envoyaient leurs commandes à Désima, les Français devaient diriger les leurs vers Pondichéry, et il se sera formé, dans les environs, des usines céramiques qui, travaillant presque sur le patron japonais, ont inondé l'Europe de ces *porcelaines des Indes*, objet d'étonnement et de perpétuelles discussions pour ceux qui avaient accepté à la lettre cette assertion singulière de Chardin : « On ne fait point de faïence aux Indes, celle qu'on y consomme y est toute portée ou de la Perse, ou de la Chine et du Japon, etc. »

On demandera sans doute quels sont les caractères de cette porcelaine des Indes, si voisine de la poterie d'exportation du Japon. Voici ces caractères étudiés sur la porcelaine et comparés aux dessins des autres produits d'art industriel.

La pâte hindoue est bleuâtre, son émail est bien lustré et brillant ; elle est souvent obtenue par coulage dans des moules, et a sa surface tremblée : ces caractères la rapprochent des poteries de la Chine et du Japon. L'un des éléments du décor hindou est un bleu émaillé vif et profond, tout à fait caractéristique ; il n'a d'analogue que le bleu de la porcelaine tendre de Sèvres ; sur certaines œuvres il forme des fonds partiels, ou silhouette des bouquets du style des anciennes toiles peintes ; on y voit des ananas, des pivoines, des chrysanthèmes et des fleurettes, dont les détails sont marqués par des rehauts d'or d'une incroyable finesse ; cette délicatesse infinie, qui laisse loin derrière elle tout ce qu'ont peint les Chinois et les Japonais, est le plus sûr moyen de reconnaître les œuvres hindoues. Des filets verts ou bleus sont chargés de points d'or qui en font une broderie ; des guirlandes de ces points imperceptibles, supportent des marguerites non moins imperceptibles, au cœur rouge. Des teintes douces et fondues, vertes ou carnées, jettent une harmonie parfaite sur certains motifs arabesques formant frises ; puis, des guillochures d'or, des losangés microscopiques, s'épandent sur des galons plats, et complètent ainsi la ressemblance du décor peint avec les plus riches étoffes.

Ces genres de transition deviennent faciles à reconnaître pour ceux qui les ont vus une fois, et ils se relient parfaitement, par le style et les procédés, avec les porcelaines plus anciennes dont il a été question et avec une espèce spéciale de l'Inde extrême, dont notre expédition de Cochinchine nous a rapporté les premiers spécimens.

Ce sont des bols ou des vases cylindriques couverts, en porcelaine parfois assez fine, le plus souvent très-commune ; toute la décoration, en couleurs de demi-grand feu, couvre le biscuit ; on n'aperçoit la couverte blanche que sous le pied des bols et à l'intérieur des pièces couvertes. Le fond principal est un émail noir verdâtre, semé de flammes lobées, rehaussées de rouge sur blanc ; des figures bouddhiques, coiffées de la tiare et nimbées, occupent les quatre faces du vase ; deux sont représentées en buste dans des médaillons arabesques, les deux autres, jetées sur le fond, se terminent en une queue contournée comme celle des sirènes. Les bordures sont semées de rinceaux, fleurs et palmettes, rappelant le style de la coupe figurée page 255, et la terre blanche d'engobe, les perles isolées et saillantes, imitent, avec moins de finesse, le genre de décor spécial à l'Hindoustan. La délinéation des figures est conforme, d'ailleurs, à ce que nous montrent les panthéons indiens. Ces pièces, dont la plupart sont de fabrication moderne, se rattachent évidemment à une tradition ancienne ; nous n'en voudrions pour preuve qu'un bol décoré en bleu sous couverte, qui est venu à l'improviste éclairer la question par son apparition dans une vente publique d'anciennes marchandises hollandaises.

Ainsi, les porcelaines hindoues qui, selon les voyageurs, n'ont jamais existé, nous les avons vues, riches ou simples, bleues ou polychromes, se montrer conformes aux indications des miniatures indiennes, et nous révéler des formes et un décor étrangers à la Chine et au Japon ; nous avons vu, dans la boîte à bétel de Sèvres, une œuvre voisine de celles du Japon, quant à la perfection technique, et égale en talent à ce que les usines de Fisen ont produit de meilleur. Nous avons vu encore, parmi les commandes de l'Europe, une notable part de poteries de choix, qu'il faut, de toute logique, attribuer à l'Inde.

Est-ce assez? le rapprochement de ces pièces et de celles de Siam ou de l'Anam, suffit-il pour mettre à néant les objections contre l'existence de la porcelaine hindoue? Nous ne le pensons pas, et, après tant de preuves, nous en chercherons encore une nouvelle dans l'histoire même du peuple chinois, qu'on prétend être le grand fournisseur de la poterie translucide employée dans l'Inde.

Le curieux livre traduit par M. Stanislas Julien : *Histoire et fabrication de la porcelaine chinoise*, contient, au catalogue relatif à la fabrication, ces précieuses indications : « ... 47. Vases ornés d'émaux dans le genre européen... 54. Imitation des vases dorés (*littéralement* frottés d'or) de l'Indo-Chine *Tong-yang mo-Kin Khi-ming*. 55. Vases argentés (*littéralement* frottés d'argent) de l'Indo-Chine *Tong-yang Mo-in Khi-ming*. » On le voit donc, le Céleste-Empire, malgré son antériorité dans les arts d'industrie, n'hésite pas à se reconnaître tributaire, soit de ses voisins, soit des barbares étrangers, pour certains décors ignorés chez lui. Cette honorable preuve de bonne foi n'apporte-t-elle pas ici un témoignage particulièrement utile? qui oserait nier que les Hindous eussent fabriqué de la porcelaine lorsque les Chinois viennent nous avouer qu'ils ont copié l'une de celles-ci ?

A la lecture de ce document nous n'eûmes donc rien de plus pressé que de nous mettre à la recherche des vases frottés d'or et d'argent de la Chine et de l'Inde ; notre ardeur fut bientôt couronnée de succès, au moins quant aux vases d'or. Plusieurs passèrent d'abord sous nos yeux ; mais leurs formes, leur ornementation et la nature de l'or, indiquaient une origine chinoise ; nous connaissions la copie et non l'original. Le musée céramique de Sèvres, si riche en objets anciens, nous réservait la solution du problème ; dans un coin de ses vitrines, se trouvaient une petite cafetière à bec élégant, et une coupe à eau de forme singulière, leur aspect seul attirait l'œil et indiquait des objets hors ligne. En effet, couverts, sauf sous le pied, d'un vernis nankin brunâtre, ils étaient, en outre, comme saupoudrés d'une poussière d'or parcimonieusement étendue, dont l'éclat métallique n'apparaissait que par reflet, sous certaines incidences de lumière. Cette surface un peu froide, jaspée ou plutôt nuagée de parties noirâtres, imite l'aspect d'un vieux cuivre jaune doré, fatigué par l'usage.

Or, c'est bien là le frotté d'or indien, car celui imité à King-te-tchin en diffère fondamentalement ; le métal s'y répand en nuages de la même manière, mais il est posé sur un fond rouge de fer tout à fait analogue au ton du mordant de nos doreurs sur bois. Ce dessous donne aux vases un aspect énergique et chaud comme celui d'un vieux bronze doré patiné par le temps.

On voit par quelles études sérieuses, par quelles recherches patientes, l'observateur doit préluder à la détermination des caractères nationaux de certains produits céramiques ; comment donc s'étonnerait-on que des voyageurs non préparés, pressés par le temps, préoccupés du but spécial de leur course lointaine, tombent dans des erreurs et des confusions que le plus savant éviterait à peine en voyant vite et mal une profusion d'objets inspirés par les mêmes idées, répondant à des besoins analogues, et souvent copiés les uns sur les autres?

CHAPITRE III

Mais si nous avons pu prouver qu'il existe une porcelaine hindoue, nous sera-t-il aussi facile d'établir quelle est la nature des autres poteries du même pays? On se rappelle ce que nous avons dit page 245 des briques trouvées dans les ruines de Gour, ville abandonnée au quatorzième siècle ; Brongniart qui en décrit la matière, ajoute : « J'ai eu un autre renseignement sur des fragments de poterie avec glaçure, trouvés dans l'Inde ; il est tiré de l'*Asiatic Journal* et m'a été communiqué par M. Garcin de Tassy.

« M. Treader a envoyé à la Société asiatique (de Calcutta) quelques fragments de poteries vernissées trouvés sur un lieu légèrement élevé dans le voisinage de Jounpore, qui, il y a quarante ans, était couvert d'une épaisse forêt... Les fragments en question sont d'une fabrication et d'un travail grossiers, mais la glaçure en est bonne et les couleurs brillantes eu égard au temps pendant lequel elles ont été exposées à l'air (probablement deux à trois cents ans); le bleu a beaucoup d'éclat; les dessins n'ont pas d'élégance et ne sont évidemment ni chinois, ni à l'imitation des Chinois. »

Depuis que le savant auteur du *Traité des arts céramiques* écrivait ces lignes, la science a marché; non-seulement il est hors de doute que l'Inde a fabriqué et fabrique encore de la faïence, mais les musées et les collections privées sont là pour montrer quelle est la nature ainsi que le décor de ces poteries.

Les unes, carreaux de revètement, assiettes et autres pièces de service usuel, ont une pâte blanche siliceuse entièrement identique aux œuvres de la Perse; — comme dans ce dernier pays, la base principale du décor est un beau bleu turquoise appliqué en rinceaux, disposé en bouquets élégants ou étendu en fonds, avec réserves d'arabesques blanches.

Celles-là il faut en connaître la provenance pour ne pas les confondre avec les œuvres de l'Iran. En les voyant même, un scrupule naturel saisit l'esprit : on se demande si un peuple avancé de tous temps dans l'art de l'émaillerie sur cuivre, initié aux plus intimes secrets de la peinture vitrifiée sur porcelaine, a pu se borner, dans ses faïences ornementales, à l'emploi du camaïeu : le doute que nous avons exprimé déjà en parlant de la faïence persane, se réveille plus vif, et l'on demeure convaincu qu'une large part doit être faite à l'Inde dans ces poteries si riches, si variées, si intéressantes, qu'on attribue généralement à la Perse, malgré leurs provenances diverses. En voyant partout la figuration du paon et de quelques autres oiseaux à l'allure élégante et gracieuse, on se reporte involontairement aux représentations analogues de l'orfévrerie, des miniatures et des toiles peintes, et peu s'en faut qu'on ne se hasarde à fixer, dans ce grand tout sorti de la plupart des contrées orientales, la part spéciale de l'Hindoustan. Ce serait prématuré, audacieux peut-être, mais déjà la conscience publique s'émeut, les amateurs hésitent, et le jour n'est pas loin où, d'un accord unanime, écrivains et curieux se rencontrant sur un terrain commun de recherches, éclaireront enfin ces questions si intéressantes pour l'histoire de l'art.

Nous venons de parler d'un genre de faïence produit dans l'Inde, et qui se lie étroitement aux espèces de la Perse ; nous avons à étudier maintenant une autre poterie bien plus voisine de nos faïences, par sa pâte et son émail, et qui se spécialise aussi par une ornementation toute nationale. Hyderabad paraît être le centre actuel de cette fabrication, dont les formes et le décor révèlent d'anciennes traditions conservées en dépit des temps. D'élégantes coupes à couvercle élevé, imitées évidemment des formes de l'orfévrerie, des bols hémisphériques à godrons en relief, peuvent se voir à Sèvres, et montrer toute la richesse et l'importance de cette fabrication. Le fond des pièces est un émail couleur écaille, vert ou bleu vif, relevé de dessins en noir. De gracieux rinceaux, au feuillage découpé et terminant leurs enroulements par de grosses fleurs radiées, garnissent les frises principales ; des bordures à perles, d'autres, dentées, donnant naissance à des feuilles palmées alternant avec de fins groupes de crosses de fougères ; des marguerites semées entre des fleurons et des perles ; des surfaces à imbrications ; d'autres semées de mouchetures végétales, tels sont les éléments de la décoration. Or, on retrouve précisément ces éléments épars dans la plupart des objets de l'Hindoustan, et particulièrement sur les niches peintes et dorées des divinités bouddiques, sur les coffrets et les vases en bois laqué.

Ces poteries modernes, que l'Exposition universelle nous a montrées nombreuses et choisies, sont la meilleure preuve qu'on puisse fournir de l'antiquité des arts céramiques dans l'Inde. — Est-ce donc au moment où, conquise et reconquise par l'étranger qui lui impose ses produits, cette triste contrée sans chefs, sans initiative, décimée par les maladies, ruinée par les impôts, cherche en vain à se réunir par les liens d'une foi religieuse, qu'elle irait innover et créer des industries dont elle s'est passée dans ses jours de puissance? La raison ne saurait l'admettre et il faut reconnaître, au contraire, tout ce qu'il y a de vivace et de persistant chez ce peuple qui, malgré ses malheurs, trouve encore en lui la force de perpétuer quelques-uns de ses anciens produits, et d'opposer aux détestables importations du vainqueur, des œuvres toujours empreintes de la séve nationale.

LIVRE VIII

POTERIES HISPANO-MORESQUES

Nous avons vu les premières œuvres céramiques des Arabes se manifester dans l'Asie Mineure et envahir le nord de l'Afrique ; il nous faut maintenant étudier une branche de l'art qui a laissé d'ineffaçables souvenirs en Espagne : c'est ce qu'on appelle les poteries hispano-moresques.

On sait quelles furent les destinées de la péninsule ibérique au moment de l'invasion mahométane. Conquise en 712 par les califes, elle leur fut enlevée en 756 par Abdérame, prince ommiade échappé à la persécution des Abassides, et qui se fit proclamer roi de Cordoue. En 1058, la dynastie ommiade finit en la personne de Mutamed-al-Allah, et l'anarchie se mit parmi les princes gouverneurs du royaume. Les Almoravides et les Almohades, originaires du Maroc, profitèrent de ces divisions pour s'établir à Grenade et y fonder un nouvel empire; mais, malgré leurs lumières et leurs efforts, les chrétiens vinrent à bout de les expulser en 1492.

L'apparition des Sarrasins dans les provinces du sud de l'Espagne fut pour les arts un éclair éblouissant. Ils avaient trouvé la mosquée de Cordoue, splendide monument enrichi de revêtements céramiques du plus bel effet : ils voulurent à leur tour laisser des souvenirs ineffaçables, et Mohamed-ben-Alhamar, premier roi de Grenade, fit construire à la fin de son règne, c'est-à-dire vers 1273, l'Alhambra, palais féerique dont tout le monde connaît l'architecture à dentelles et les plaques émaillées (azulejos) ornées de la devise des souverains mores : « Il n'y a pas de fort, si ce n'est Dieu ! »

Mais les potiers de l'Espagne ne se bornèrent pas à la fabrication de ces plaques; ils créèrent des vases aussi remarquables par l'élégance des formes que par le charme des tons lustrés métalliques qui les couvraient, et qui leur valurent par excellence le nom d'*œuvres dorées*. Transportées par toutes les contrées du globe, car le commerce des Mores était des plus florissants, ces terres à reflets devinrent le modèle des industries naissantes de l'Italie, et même la plupart des historiens veulent voir dans le nom de Majorque l'origine du mot *majolique* employé par les Italiens pour désigner leur nouvelle poterie émaillée.

Nous examinerons plus tard cette hypothèse; mais d'abord il importe d'étudier les produits divers de la céramique moresque et de déterminer les centres principaux d'où elle est sortie : ce travail est facile, après les lumineuses recherches de M. Charles Davillier.

MALAGA

Cette ville, située sur la côte, à l'embouchure de la Guadajore, est, selon toute probabilité, le plus ancien et le plus grand centre de la poterie dorée ; son voisinage de Grenade, ses relations suivies avec l'Orient le feraient déjà penser, si un document remontant à 1350 environ, le voyage d'Ibn-Batoutah, de Tanger, n'en apportait la preuve écrite : « On fabrique à Malaga, dit le Magrebin, la belle poterie ou porcelaine dorée, que l'on exporte dans les contrées les plus éloignées. » Or, si l'on cherche parmi les œuvres moresques celles dont la création remonte à la date du voyage d'Ibn-Batoutah, et peut être attribuée à la ville qu'il mentionne uniquement pour l'industrie céramique, on se trouve en présence des admirables vases de l'Alhambra, cités comme des chefs-d'œuvre depuis le moment de leur découverte, bien que l'incurie des inventeurs dût les vouer à une destruction imminente. Voici ce que les *Promenades dans Grenade* du docteur Echeverria rapportent de curieux sur les vases et leur invention.

L'ÉTRANGER.

« Parlons de ces vases qui, me disiez-vous, contenaient un trésor : où se trouvent-ils maintenant ?

LE GRENADIN.

« Aux *Adarves*, dans un petit jardin délicieux, qui fut mis en état et orné (au seizième siècle) par le marquis de Mondejar, avec l'or provenant de ce trésor; peut-être eut-il l'intention de perpétuer le souvenir de cette découverte en plaçant dans le jardin ces vases, qui sont des pièces très-remarquables : — Rendons-nous à ce jardin, et vous allez les voir. Entrons par cette porte et nous sortirons par l'autre.

L'ÉTRANGER.

« Quel merveilleux jardin! quelle admirable vue! Mais voyons les vases... quel malheur! comme ils sont endommagés! Et ce qu'il y a de plus regrettable, c'est que, laissés à l'abandon comme ils sont, ils se dégraderont chaque jour davantage.

LE GRENADIN.

« Ils finiront même par être entièrement détruits; déjà il ne reste plus que les deux que vous voyez et ces trois ou quatre morceaux du troisième. Chaque personne, en sortant d'ici, veut en emporter un souvenir, et c'est ainsi que les pauvres vases sont détruits petit à petit.

L'ÉTRANGER.

« Mais sur ces deux-ci, parmi les plus belles arabesques dont leur magnifique émail est orné, j'aperçois des inscriptions...

LE GRENADIN.

« Mais vous voyez que dans l'état de dégradation où sont ces vases, leur émail étant usé ou enlevé, il n'est plus guère possible de les lire ; sur ce premier vase on ne peut guère distinguer que le nom de Dieu, deux fois répété ; aucun des deux ne porte une autre inscription entièrement lisible.— Cela est bien certain, vous en êtes témoin ; et si quelqu'un se flatte d'avoir une copie de ces inscriptions, c'est qu'elle aura été relevée il y a soixante ou quatre-vingts ans, dans un temps où, sans doute, elles étaient moins effacées et plus lisibles qu'aujourd'hui. »

Les craintes exprimées par le docteur Echeverria se sont réalisées ; des vases de l'Alhambra un seul existe aujourd'hui ; en 1785, P. Lozano, dans ses *Antiquités arabes*, faisait encore représenter deux des pièces trouvées, et c'est sur ses figures qu'on les a constamment reproduites depuis lors, bien qu'on doive fixer à 1820 environ la date de la disparition de l'une des deux merveilles.

Les figures sont malheureusement peu exactes, et si le vase encore existant est bien connu, c'est grâce à la photographie qui en a été faite et aux calques relevés par M. Davillier, en sorte qu'il a été possible à MM. Deck de donner, en faïence, une imitation approximative du monument dans ses dimensions réelles ($1^m,36$ de hauteur sur $2^m,25$ de circonférence). Il serait inutile d'entrer ici dans une description du vase ; chacun connait sa forme turbinée surmontée d'un col évasé, ses anses plates, si bien proportionnées, qui l'entourent comme deux ailes ouvertes. On trouvera plus loin une pièce soutenue par un pied, et qui montre encore les mêmes traditions passées dans une autre fabrique ; on pourrait même dire qu'elles se sont perpétuées en Espagne longtemps après l'expulsion des Mores.

Quant aux motifs d'ornementation, ils sont puisés dans le génie inventif des peuples musulmans, si ingénieux à trouver des combinaisons géométriques, et à mêler des méandres de feuillages et d'arabesques aux caractères décoratifs de leur calligraphie capricieuse. Un médaillon principal du vase de l'Alhambra renferme pourtant deux animaux que les voyageurs signalent comme des antilopes : les figures semblent plutôt montrer la forme de l'alpaca avec son col élevé, rigide, et sa tête sans cornes.

Les couleurs décorantes sont peu nombreuses : c'est un bleu pur, cerclé ou rehaussé d'un ton d'or un peu pâle, qui s'harmonie aussi bien avec l'azur des dessins qu'avec le blanc jaunâtre et presque carné du fond.

Or, si l'on cherche parmi les pièces recueillies dans les musées et les collections particulières des poteries correspondant à ce signalement, on en trouve un assez grand nombre, et l'on peut logiquement conclure qu'elles sont sorties de la fabrique de Malaga. Telle est l'opinion de M. Davillier : « Je n'hésite pas, dit-il, à attribuer à cette fabrique trois grands bassins creux du musée de Cluny ; ces bassins ou *aljofainas*, comme on les appelle encore en Espagne de leur nom arabe, sont couverts de dessins à reflets métalliques et d'émaux bleus, dont l'analogie avec ceux du vase de l'Alhambra est tout à fait frappante. »

Les pièces de Malaga prêtent, par leur rapproche-

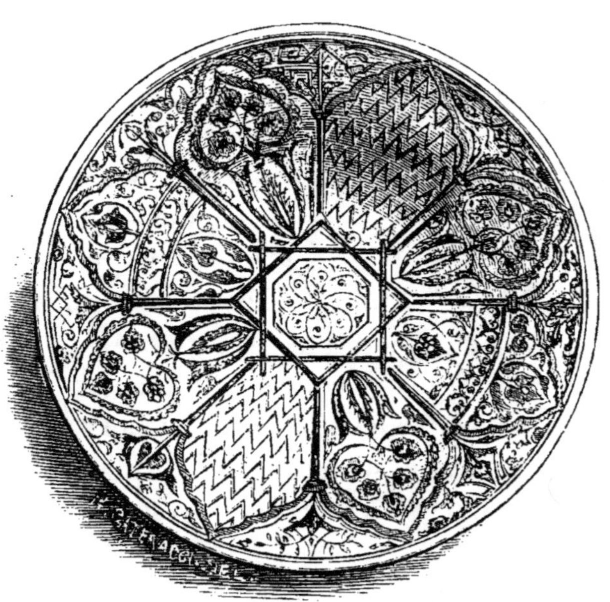

Coupe de la fabrique de Malaga; décor bleu et or.

ment, à des observations curieuses : quelques-unes, de style moresque pur, peuvent être contemporaines des vases de l'Alhambra et remonter à 1550 environ ; mais, peu à peu, le décor s'altère ; aux inscriptions lisibles succèdent des caractères déformés dont le potier ne comprend plus la signification, et qu'il emploie comme simple motif ornemental ; l'arabesque s'affaiblit sous des mains incapables d'en saisir les finesses et le goût; enfin les armoiries des princes chrétiens viennent occuper les places principales, et montrer une transformation aussi complète dans l'état politique du pays que dans l'industrie céramique.

N'exagérons pas pourtant et cherchons à faire comprendre la marche des faits : aux quatorzième et quinzième siècles, si les idées religieuses portaient les peuples chrétiens à l'extermination des musulmans, on poursuivait encore plutôt l'islamisme que les hommes qui en étaient imbus. L'avancement des sciences et des arts, chez les Arabes et les Mores, imposait le respect à leurs ennemis, et, par une tolérance réciproque, des mains chrétiennes vinrent souvent aider au travail des palais sarrasins ; des Arabes et des Mores se livrèrent à l'embellissement des demeures chrétiennes. Il y a plus, au moment de l'expulsion des derniers Almohades, l'Italie avait ouvert ses portes à des colonies d'artistes musulmans dont elle respectait les croyances et payait largement le talent.

Cette fusion naturelle se manifesta longtemps, non pas seulement à Malaga, mais dans toute l'Espagne, et lorsqu'en 1492, Ferdinand le Catholique s'empara du royaume de Grenade, les musulmans restèrent soumis au vainqueur et ne quittèrent point la terre bénie, paradis de leurs ancêtres. Ils devinrent, il est vrai, l'objet de persécutions croissantes ; d'abord, en 1506, le cardinal Ximenès travailla ostensiblement à *leur conversion*, et parvint à en baptiser 3,000 en un jour. Ce n'était point assez, la vocation de ces *cristianos nuevos*, comme on les appelait, laissait quelque doute, et pour effacer tout souvenir du passé, une pragmatique royale de 1666 défendit aux Moresques de parler, de lire, d'écrire l'arabe, soit dans leurs maisons, soit au dehors, publiquement ou secrètement ; défense fut faite de porter des vêtements rappelant ceux des Mores ; les femmes ne pouvaient se voiler pour sortir ; les maisons de bains furent supprimées ou démolies ; il fut défendu de chanter des *leylas* ou *zambras* (air de danse) au son des instruments, et de danser à la moresque ; de conserver des livres en langue arabe et de *travailler à la moresque*.

Ces prescriptions ne satisfaisant pas encore le zèle fanatique de Philippe III, il ordonna l'expulsion des restes de la race, du sol de l'Espagne ; six cent mille âmes durent quitter leurs foyers, et un certain nombre se défendit courageusement dans les montagnes des environs de Valence ; mais le coup était porté, coup aussi fatal aux industries espagnoles qu'aux descendants des Mores d'Afrique, et qui devait avoir son pendant chez nous par la révocation de l'édit de Nantes.

Revenons à Malaga et à ses précieuses poteries ; en 1517, malgré la chute du royaume de Grenade, la fabrication des vases était en pleine activité ; Lucio Marineo, chroniqueur de Leurs Majestés Ferdinand et Isabelle, dit expressément qu'à Malaga *on fait aussi de très-belle faïence.*

M. Davillier n'a trouvé dans les auteurs espagnols aucune mention postérieure à cette date ; il en conclut que les usines de Malaga déclinèrent à mesure que celles du royaume de Valence prirent plus d'importance ;

cela s'explique, du reste, par l'ardeur métallique des œuvres de ce royaume et l'effet qu'elles devaient produire, par leur seul aspect, sur des peuples peu cultivés. Le caractère de la dégénérescence des poteries, en Espagne, est précisément l'augmentation d'intensité des tons, passant du jaune doré à un rouge cuivreux vif.

MAJORQUE.

M. Davillier place au second rang d'ancienneté la fabrique de Majorque ; en effet, les premières traces écrites qu'il en trouve sont consignées dans un traité de commerce et de navigation de l'Italien Giovanni di Bernardi da Uzzano ; cet auteur, parlant, en 1442, des objets qui se fabriquaient à Majorque et à Minorque, cite *la faïence qui avait alors un très-grand débit en Italie*. Mais les traditions céramiques devaient remonter à une époque bien antérieure, puisque la conquête de Majorque par les chrétiens eut lieu en 1230, sous Jayme Ier, et qu'au commencement du quatorzième siècle, Jayme II faisait enseigner la langue arabe aux religieux qui se vouaient à la conversion des mahométans, alors que les rois de Grenade étaient encore possesseurs de leur trône. Une autre des îles Baléares, Minorque, resta dans les mains des Mores jusqu'en 1285, et dès lors, le style put se conserver pur, malgré la conquête, au moyen de ce voisinage et des habitudes commerciales.

Si nous cherchons à connaître avec certitude les œuvres anciennes de Majorque, les monuments se pressent autour de nous, et le type principal nous apparaît éclatant, au musée de Cluny, dans un plat aux armes de la ville d'Ynca ; c'est là, dans l'intérieur de l'île et à quelques lieues de la capitale, qu'était le centre de la fabrication : or, si ce plat est illuminé de reflets métalliques rouges, si son ornementation est surchargée d'inscriptions illisibles composées d'un mélange de caractères gothiques et de lettres arabes, et qu'on doive ainsi lui attribuer une date du quinzième siècle environ, on n'y retrouve pas moins les arabesques, les fines fougères, tous ces dessins gracieux et purement orientaux, qui couvrent le charmant vase dont nous donnons la figure, et une foule d'autres pièces à reflets doux et nacrés, qui doivent être reportées aux plus beaux temps de la fabrique.

Nous sommes d'autant plus disposés à remonter au delà des dates écrites pour chercher les œuvres de Majorque, qu'on est à peu près d'accord aujourd'hui pour trouver dans le nom de cette île l'origine de l'appellation des faïences émaillées italiennes. Le Dictionnaire de la Crusca, définissant le mot *majolica*, dit que « la poterie est ainsi nommée de l'île de Majorque, où l'on commença à la fabriquer. »

J.-C. Scaliger, qui écrivait dans la première moitié du seizième siècle, vante les vases qui se faisaient de son temps aux îles Baléares, et les compare avec un incroyable aplomb aux porcelaines de Chine, dont il les considère comme une imitation ; de telle sorte, dit-il, « qu'il est difficile de distinguer les fausses des vraies ; les imitations des îles Baléares ne leur sont inférieures ni pour la forme, ni pour l'éclat ; elles les

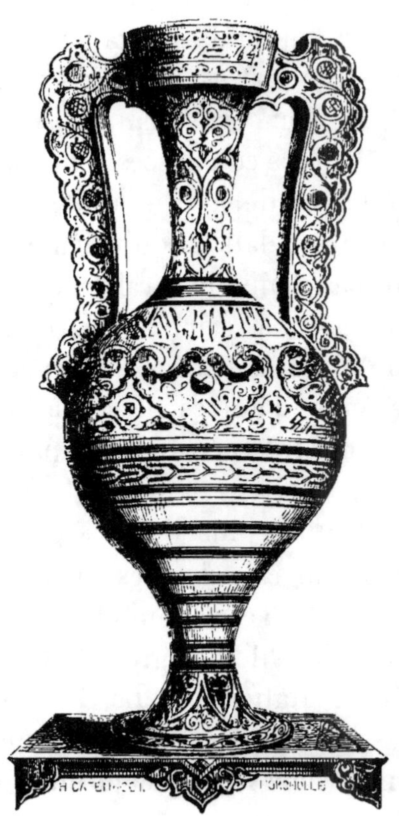

Vase à reflets nacrés, de Majorque.

surpassent même pour l'élégance, et on dit qu'il nous en arrive de si parfaites qu'on les préfère aux plus belles vaisselles d'étain. Nous les appelons *majolica*, en changeant une lettre, du nom des îles Baléares, où, assure-t-on, se font les plus belles. »

C'est avec des documents empreints d'une aussi grossière ignorance qu'on doit écrire l'histoire des arts anciens ! Cela est triste, mais la critique n'y trouve qu'une occasion de plus de s'exercer. Ainsi, le passage de Scaliger contient quelques enseignements utiles ; il compare deux poteries qui n'ont aucune ressemblance, en énonçant toutefois que les faïences des îles Baléares sont les plus belles et les plus parfaites de celles que l'Italie s'était alors donné la mission d'imiter ; c'est assez dire qu'il y en venait d'autres, et probablement encore des pièces de Malaga, peu estimées parce que le ton bleu les rendait plus tristes et moins éclatantes.

La fabrication de Majorque a dû être considérable ; ses relations commerciales étaient fort étendues, puisque, dès le quatorzième siècle, 900 navires, dont quelques-uns portaient jusqu'à 400 tonneaux, sortaient de ses ports. Ce fait seul ferait supposer que les autres Baléares avaient aussi des fabriques, et qu'elles concouraient, dans une certaine part, aux exportations pour l'Italie, la Sicile et le Levant. Il est certain qu'en 1787, Vargas s'exprime ainsi : « Il est bien regrettable qu'Iviça ait cessé de fabriquer ses *fameux vases de faïence*, destinés non-seulement à être exportés, mais encore à alimenter la consommation locale. »

Les destinées commerciales des œuvres sorties des Baléares expliquent le presque immobilité du type décoratif transmis par les Mores ; la commande extérieure n'est point capricieuse : ce qu'elle a une fois adopté, elle le conserve longtemps. On ne doit donc pas s'étonner de rencontrer des vases dorés enrichis de blasons postérieurs, en apparence, à la décoration qui les entoure. Fixer l'époque des faïences hispano-moresques est toujours une entreprise fort difficile.

ROYAUME DE VALENCE

C'est là qu'il faut chercher le véritable centre de la fabrication espagnole et des traditions remontant jusqu'à la domination romaine. Nous n'avons pas à nous occuper de la poterie rouge jaspe de Sagunte (Murviedro), vantée par Pline ; nous ne savons pas quel parti les Arabes tirèrent, depuis le huitième siècle, des gisements d'argile de Paterna, Manisès, Quarte, Carcre, Villalonga, Alaquaz, etc. Mais en 1239, lorsque Jayme Ier d'Aragon, *el Conquistador*, se fut emparé de Valence, il y trouva l'industrie céramique des Mores assez avancée pour se croire obligé de garantir, par une charte spéciale, les potiers sarrasins de Xativa (San Felipe). Cette charte porte que chaque maître « faisant des vases, des vaisselles, tuiles, rajolas (carreaux de revêtement), devra payer annuellement un besant pour chaque four, moyennant quoi il pourra exercer librement, sans aucune servitude. »

Ce document placerait donc les usines du royaume de Valence au premier rang d'ancienneté, si l'on pouvait reconnaître des produits remontant à cette époque,

ou même en indiquer approximativement la nature.
Mais il n'en est rien ; Marineo Siculo dit, en 1517 :
« Quoique, dans beaucoup d'endroits de l'Espagne, on
fasse d'excellentes faïences, les plus estimées sont celles
de Valence, qui sont si bien travaillées et *si bien dorées.* » Or, les pièces dorées, éclatantes, qu'on attribue
à cette ville, ne peuvent, en effet, indiquer une date
antérieure au quinzième siècle. On les reconnaît le plus
souvent à l'inscription : *In principio erat Verbum, et
Verbum erat apud Deum;* ou bien encore à l'aigle éployé
qui en occupe la face ou le revers, sans être inscrit
dans un écusson héraldique. (Le blason chargé d'un
aigle est celui du royaume d'Aragon.)

M. Davillier explique ces deux symboles : saint Jean
l'évangéliste est particulièrement vénéré à Valence, et
les paroles qui commencent son évangile y sont popu-
laires dès le moyen âge ; l'aigle, oiseau emblématique
du saint, figure encore dans les procession religieuses,
portant dans son bec une banderole inscrite de la devise rapportée plus haut. Il est donc probable que la
présence de l'un ou l'autre symbole indique une œuvre
chrétienne de la capitale du royaume. Mais, pour l'é-
poque moresque et les deux siècles séparant la conquête
des produits suffisamment caractérisés, on est réduit
aux conjectures.

M. Davillier propose, il est vrai, de restituer à Valence bon nombre de pièces inspirées de l'école de Malaga, et que distinguent de beaux reflets d'or, et du
bleu pur jeté dans les ornements, ou reproduisant des
animaux de style moresque ; il cite, comme exemple,

un plat du British Museum où, autour d'une antilope, on lit en caractères gothiques : *Santa Catalina, guarda nos*. Or, il existe encore à Valence une ancienne église et une place sous le vocable de Sainte-Catherine. Nous

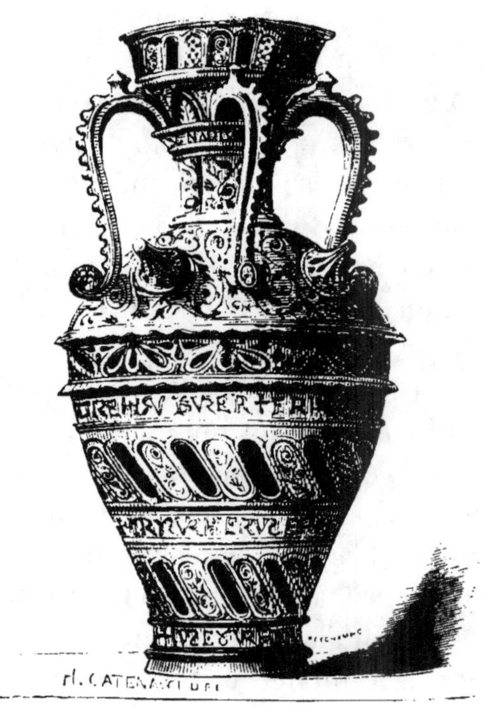

Vase doré de Valence à inscription chrétienne.

avons vu nous-même la sainte, appuyée sur sa roue et portant la palme du martyre, orner un magnifique vase à ailes, de forme analogue à celui reproduit page 280 ; nous sommes mis ainsi sur la voie d'une part importante des ouvrages valenciens, ouvrages caractérisés par un style large, à motifs d'autant plus intéressants qu'ils ont été, plus tard, adoptés par les potiers italiens au commencement de la Renaissance.

La ville de Valence n'a certes pas eu le monopole de la fabrication des vases dorés ; il suffirait, pour en avoir la preuve, de parcourir les anciennes auteurs qui ont écrit sur l'Espagne : la Chorographie de Barreyros, éditée en 1546, cite la faïence de Barcelone comme supérieure encore à celle de Valence ; en 1564, Martin de Vicyana mentionne la ville de Biar, qui avait quatorze fabriques, et celle de Trayguera qui en possédait vingt-trois. Escolano dit que, *de tout temps*, la faïence s'est fabriquée avec beaucoup d'élégance à Paterna, parce que la population chrétienne y est mélangée de Morisques.

Quel aveu de la supériorité de cette race arabe sur les autochthones ! Ces témoignages disent assez, d'ailleurs, combien on doit apporter de discrétion dans la détermination des vases anciens ; sans affirmer l'origine de chaque espèce, il faut se borner à en admirer l'élégance de forme, l'ingénieux décor et l'éclat harmonieux.

Toutefois il est dans le royaume de Valence une fabrique dont les œuvres ont un caractère tranché, depuis le seizième siècle, et dont la réputation spéciale repose en grande partie sur ce caractère : c'est MANISÈS. « Ses faïences, dit Escolano, sont si belles et si élégantes, qu'en échange des faïences que l'Italie nous envoie de Pise, nous expédions dans ce pays des vaisseaux chargés de celle de Manisès. » Fr. Diago déclare que cette poterie « est si bien dorée et peinte avec tant

d'art, qu'elle a séduit le monde entier : à tel point que
le pape, les cardinaux et les princes envoient ici leurs
commandes, admirant qu'avec de simple terre on puisse
faire quelque chose d'aussi exquis. »

On peut voir ici un vase de la période à laquelle ap-

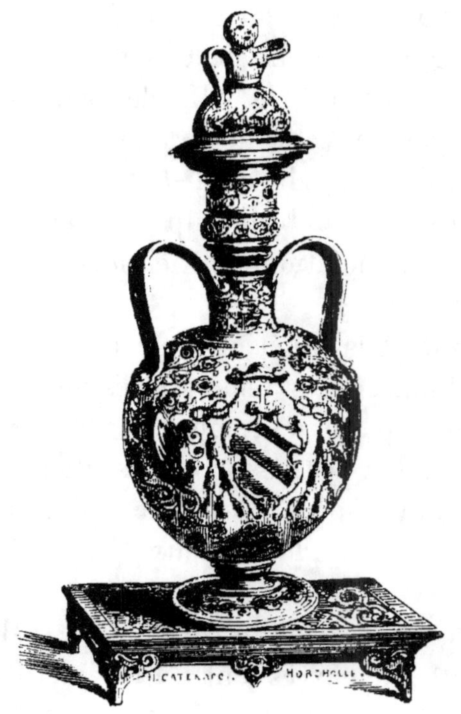

Vase doré de Manisès, avec armoirie.

partient le livre de Diago (les premières années du dix-
huitième siècle); sa forme plus tapageuse que belle convient à une décoration surchargée, où les reflets d'un
cuivre vif éblouissent plus l'œil qu'ils ne le charment;
l'armoirie d'un prélat indique une de ces commandes

dont parle l'auteur, et prouve combien le goût était alors en décadence. Cette décadence, à Manisès, a suivi une progression rapide ; M. Davillier raconte comment, dans ses derniers voyages, il a trouvé la fabrication réduite aux mains d'un posadero (aubergiste), qui cuit et travaille dans ses moments de loisirs, laissant à sa femme le soin de diaprer d'or les terres qu'il a tournées.

Les écrivains des deux derniers siècles citaient particulièrement, parmi les œuvres de Manisès et du royaume de Valence, les *azulejos* ou *rajolas*, c'est-à-dire les plaques peintes servant à revêtir les monuments. Nous ne nous étendrons pas ici sur ce genre de fabrication dont il reste bien peu de spécimens anciens, à part ceux de l'Alhambra.

Mais à Barcelone, la Real-Audiencia (palais de la députation) possède un jardin planté à la manière arabe, où l'on voit des encaissements en faïence qui contiennent, à un mètre du sol, des arbres odoriférants devenus séculaires. Ces encaissements datent de la fondation du palais en 1436, et ils furent respectés lorsqu'on entreprit la restauration de l'édifice en 1598. Ils donnent donc le type de l'ancienne fabrication de la Catalogne, vantée par Barreyros, et que Hieronimus Paulus, de Barcelone, signalait en 1491, à son ami Paulus Pompilius de Rome, comme depuis longtemps estimée et recherchée à Rome même.

APPENDICE

AMÉRIQUE

POTERIES AÉMRICAINES

S'il est une série de monuments céramiques intéressante à étudier, c'est celle qui se rapporte aux peuples *antiques* de ce monde qualifié de *nouveau* par notre ignorance. Dans leur ambitieuse frénésie, les nations occidentales se ruèrent sur ce continent réputé vierge ; elles anéantirent les aborigènes sans même chercher à connaître leur origine, et après avoir recueilli tout l'or qu'elles croyaient pouvoir demander aux trésors des malheureux Indiens, elles laissèrent la nature étendre le voile luxuriant des végétations tropicales sur les ruines d'une civilisation éteinte.

Des aventuriers devaient, de nos jours, retrouver par hasard les témoignages imprévus de cette civilisation.

En 1750, deux Espagnols virent les monuments du Guatemala, et en parlèrent sans éveiller beaucoup l'attention publique ; ce ne fut qu'en 1805 et plus récemment, en 1828, que des explorateurs sérieux se livrèrent à l'étude des débris de Mitla et de Palenque ; M. Alcide d'Orbigny, dans son Voyage au Pérou, fit connaître toute une autre série d'œuvres témoignant de la haute intelligence artistique des anciens peuples américains ; puis M. de Zeltner rapporta les productions recueillies dans les tombeaux des quacas de Chiriqui, État de Panama.

Nous n'avons point à parler des pyramides et des temples du nouveau continent, mais il nous faut faire ressortir une connexion étroite entre la poterie américaine et les terres cuites égyptiennes, grecques et étrusques. D'une pâte tantôt rouge, très-fine, dure et lustrée, tantôt noire ou grisâtre, un peu moins fine et rendue luisante par frottement, elle est souvent ornée de reliefs, de gravures, et même, sur la terre rouge, de dessins noirs paraissant avoir de l'analogie avec l'encre. Quelques pièces sont recouvertes d'une glaçure d'un brun verdâtre ou jaunâtre avec des reflets métalloïdes.

Mais la fabrication n'est pas ce qui frappe et intéresse dans ces poteries : on s'arrête émerveillé devant certaines imitations naturelles où perce une rare intelligence de l'art, et surtout devant les vases figuratifs où le peuple américain nous a laissé de lui-même des images si remarquables.

Il est assez difficile aujourd'hui de remonter à l'origine certaine de la plupart des pièces répandues dans les collections; pourtant, par analogie de types et de matière, on peut distribuer assez régulièrement les terres cuites américaines entre trois peuples distincts. Le plus ancien peut-être, fixé dans l'Amérique centrale, et particulièrement à Copan, dans le Guatemala, remonte à une très-haute antiquité. Ses œuvres, trouvées dans des sépulcres voûtés, sont principalement des plateaux et des urnes en pâte rouge ; placées à terre ou dans des niches, quelques-unes des pièces contiennent des ossements humains entourés de chaux. Les cryptes ou tumuli des environs de Mitla et de Palenque renferment, outre les poteries rouges, des terres grises très-dures, semées de lamelles brillantes, et parfois recouvertes d'un vernis silico-alcalin. Avec des urnes et des vases, dont l'un imitait la forme d'un tatou entouré de sa carapace à figures géométriques, on y a rencontré une foule de sifflets, de flûtes et de grelots, et des divinités plus ou moins informes qu'on se refuserait volontiers à reconnaître pour être sorties des mêmes ateliers que les vases.

Les cuevas ou caves de Gueguetenanco ont montré des coupes, des urnes et des vases à eau aussi remarquables par le façonnage que par une riche ornementation gravée.

Mais, en dehors des œuvres des anciens habitants de Copan et des Aztèques du Mexique, le Pérou a fourni des pièces tellement hors ligne, qu'il nous est impossible de ne pas en parler d'abord. Les Quichuas ou Incas de la Bolivie ont bâti des temples imposants et laissé des statues fragmentées d'une incroyable vérité de style ; mais, chose extraordinaire, dans les mêmes centres on voit la pierre s'assouplir sous le ciseau de l'artiste et rendre toutes les finesses d'un type humain primordial et grandiose, ou suivre des combinaisons géométriques imitant avec une grossièreté ridicule le galbe horrible des plus singuliers fétiches des sauvages. Ces choses sont-elles contemporaines ? proviennent-elles d'un même peuple ? répondent-elles aux mêmes idées ? Questions délicates, presque insolubles aujourd'hui. En effet, dans les tombes des Aymaras de la Bolivie, des Quichuas de la côte du Pérou, M. Alcide d'Orbigny a trouvé pêle-mêle les terres cuites les plus disparates, les unes empreintes de toute la poésie de l'art, les autres difformes et hideuses.

Faut-il rapprocher ce fait de ce que nous avons vu se produire chez quelques peuples anciens ? l'art rudimentaire, barbare, est-il un canon imposé par la loi religieuse ? le statuaire, le potier, ne retrouvaient-ils leur liberté individuelle qu'en présence des figurations civiles, abandonnées à leur caprice individuel ?

Nous ne serions pas éloigné d'admettre cette théorie, surtout après avoir comparé la masse énorme de fétiches identiques qui vient faire contre-poids au petit nombre des œuvres véritablement belles.

Mais laissons ces questions inquiétantes, et venons à l'examen des objets eux-mêmes. Voici, certes, le chef-d'œuvre de la céramique américaine ; ce vase, composé d'une belle tête largement coiffée, offre un type réel et grandiose à la fois, et l'on sent que celui qui a modelé ce nez d'une fine courbure, ces yeux calmes, cette bouche vigoureusement encadrée dans les plans d'un ovale carrément écrasé, avait devant lui l'une de ces organisations primitives et puissantes qui constituaient la souche des vieilles familles humaines.

Frappé de cette idée, nous voulûmes soumettre au

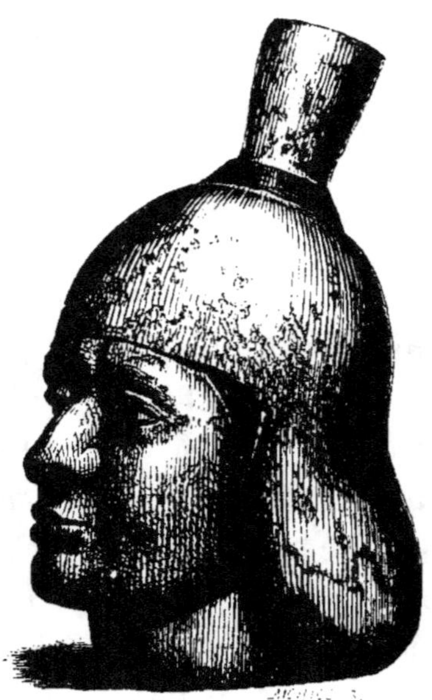

Vase antique du Pérou.

regrettable Charles Lenormant cette remarquable image des anciens Quichuas; le savant s'émerveilla, comme nous, devant la beauté du type et la perfection du travail; mais, avec cette sagacité qui lui était particulière, il nous fit remarquer qu'un grand nombre des prisonniers attachés aux chars vainqueurs des pharaons offraient, sur les bas-reliefs de l'Égypte, un type absolu-

ment analogue ; il rapprocha d'ailleurs les caractères
ethniques des Quichuas de l'Amérique de ceux de l'antique souche des souverains du Japon, et bientôt, lancé
dans les plus hautes spéculations de la science, il ar-
riva à la dispersion des races, aux communications des
mondes ancien et moderne au moyen de la mystérieuse
Atlantide, et à toutes ces questions sans cesse agitées et
non résolues, que le génie et l'érudition soulèveront
encore en vain, parce que les éléments matériels manquent pour les éclaircir.

Et tout cela à propos d'un vase d'argile que le moindre choc eût pu détruire ! Certes, mais ce pot est là,
posant, sous l'immuable tranquillité de l'homme qu'il
représente, l'un des problèmes les plus curieux de
l'histoire du monde ! Pour nous, simple curieux, nous
n'avons rien à débattre ; nous voyons dans cette œuvre
deux choses : un type ethnique annonçant l'intelligence
cultivée d'un peuple avancé dans la civilisation ; un
ouvrage assez parfait pour démontrer la large part que
les arts occupaient dans cette société ignorée de nos
pères et à peine entrevue par nous.

En effet, si nous avons commencé nos descriptions
par ce vase figuratif, il nous reste à en mentionner
beaucoup d'autres qui montrent, chez les anciens peuples américains, le besoin d'imiter la nature, et une
disposition native aux compositions linéaires du genre
de celles des Grecs et des Égyptiens. Ainsi, une sorte de
méandre dont les principaux enroulements se relient
par un ornement scalaire, des losanges encadrés de
dents de loup, des dispositions en damier, forment

sur les vases des dispositions zonaires, tantôt en relief,
tantôt peintes en couleur. Quant aux formes, certaines
sont d'une identité si parfaite avec la donnée égyptienne
qu'on s'étonne de devoir les attribuer au nouveau
monde ; une coupe dont l'anse est formée d'une tête
de canard semble sortir des tombes de Memphis ; une
bouteille à anse a, sur sa panse semée de points en relief, la figure d'un échassier qu'on prendrait volontiers pour l'ibis sacré ; une amphore apode à deux anses basses et à col évasé rappelle l'élégance et la richesse
ornementale des plus belles poteries peintes de l'époque
gréco-égyptienne.

Voilà pour les connexions ; mais il ne faudrait pas
croire que l'art péruvien n'ait rien qui lui soit propre.
Dans un pays essentiellement chaud, où le besoin des
rafraîchissements n'est tempéré que par la crainte des
animaux nuisibles qui peuvent se glisser dans l'eau, il
était naturel que le potier cherchât des combinaisons
de forme de nature à rassurer le buveur contre tout
danger. Rien n'est donc plus fréquent, dans les poteries
américaines, que les vases composés, à siphons, où le
liquide doit parcourir plusieurs cavités, traverser d'é-
troits canaux, avant d'arriver à sa destination. Les
gourdes lenticulaires, les vases conjugués deux à deux,
ceux à quatruple et quintuple réceptacle, surmontés
d'un tuyau en arc avec goulot supérieur, sont de forme
bien caractérisée. Quelques vases cubiques supportent
des animaux singuliers ou des perroquets, mis en communication par le siphon arqué dont il a été question
plus haut.

Cette disposition s'adapte d'ailleurs parfaitement aux pièces figuratives, et rien n'est plus fréquent que les canards, les poissons, les chèvres, les animaux plus ou moins monstrueux disposés en vases siphoïdes.

Toutes ces œuvres de terre ont-elles eu seulement une destination usuelle? l'artiste n'a-t-il pu, parfois, laisser l'argile s'animer sous ses doigts par la seule i

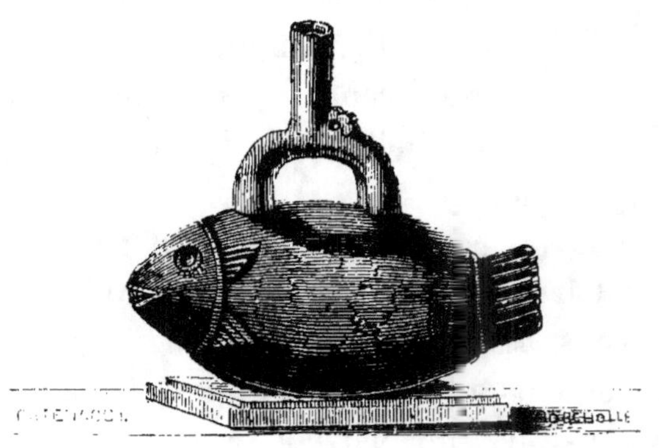

Vase en forme de poisson, avec anse à siphon.

pulsion du génie? Nous sommes tenté de le croire à la vue d'un spécimen emprunté à la riche collection du Louvre ; en fait, c'est un vase, mais sa station peu facile, sa composition où l'accessoire abonde, prouve que le potier cherchait plutôt une composition gracieuse qu'un agencement utile. Une de ces vigoureuses tiges articulées, comme les climats tropicaux en offrent tant, se coude pour émettre d'un côté un fruit largement ouvert ; l'articulation supérieure montre le bouton du même fruit, et enfin un bourgeon prêt à éclater surmonte tout le groupe. La justesse des détails, la vérité de l'ensemble donnent à cette composition l'intérêt d'une étude serrée faite sur la nature.

Au surplus, la tendance générale des nations américaines vers la représentation du type humain est un indice de haute intelligence, et si, comme nous l'avons dit, les figurations religieuses restent au-dessous des autres, le canon, le respect des premiers essais de l'art dans l'enfance, en doivent être la cause. On peut dire, en effet, que les Incas et les anciens Mexicains ont épuisé les idées des peuples antiques de l'Occident : comme ceux-ci ils ont composé des vases qui ont la forme d'un animal lié et préparé pour le sacrifice : d'un pied entouré de sa chaussure ; d'un homme embrassant une outre, et disons-le, dans cette dernière composition, les écarts de la forme pure n'ont rien de plus exagéré que ce qu'on remarque dans les ouvrages étrusques.

En résumé, cet art, hier encore ignoré, doit prendre une place honorable dans la Céramique des peuples anciens ; il montre une fois de plus la connexion étroite des idées primordiales et l'identité des procédés de l'intelligence humaine pour avancer dans la voie du progrès.

CONCLUSION

En inscrivant au titre de ce livre le mot *Merveilles*, avons-nous cédé à un enthousiasme irréfléchi? la description sommaire des travaux céramiques des peuples orientaux est-elle toujours empreinte de l'intérêt qu'imposait ce titre? C'est au lecteur d'en juger; mais, en présence des devoirs que lui impose la science, qu'il soit permis à l'auteur d'expliquer l'impulsion à laquelle il a cédé en choisissant entre les faces multiples de son sujet.

Nous ne voulons pas rappeler une phrase souvent citée du numismatiste Lelewel, qui voit dans la Céramique l'histoire entière de l'humanité. En effet, par son caractère d'universalité et de progression, l'art de terre peut se prêter à une étude psychologique des plus curieuses ; de l'antiquité aux temps modernes, il montre comment les mêmes besoins, les mêmes idées, ont engendré des manifestations analogues, et combien on a eu tort de chercher des traces d'imitation là où il y avait seulement identité de pensée, égalité d'avancement dans l'intelligence.

Mais, pour embrasser de ce point de vue l'histoire de la terre embellie par l'homme, il faudrait des volumes abstraits et sans nombre.

Dans une esquisse rapide comme celle qui précède, dans une revue à vol d'oiseau de la Céramique universelle, il faut que la merveille se dénonce d'elle-même, qu'on la rende saisissable par le côté le plus saillant, en laissant à l'imagination du lecteur à mesurer la distance qui conduit du premier tâtonnement à l'œuvre parfaite, de la terre à peine pétrie et cuite, au vase à la forme élégante et cherchée, de la surface nue et monotone à l'enduit vitrifié, enrichi de peintures vives et inaltérables. Un côté plus lumineux encore, c'est le langage que la merveille va faire entendre à l'esprit curieux : une forme, un ornement, mais c'est une date ; c'est le nom d'un peuple éteint ; c'est la manifestation de mœurs inconnues ! Et l'on ne qualifierait pas de merveilles les fragiles témoins qui ont traversé des siècles pour nous apporter ces révélations imprévues ?

Eh bien, si nous nous sommes laissé entraîner à ce côté curieux et humain de notre travail, si nous avons cherché à rattacher le vase à l'histoire du peuple qui l'a produit, c'est un point de vue que nous avons choisi, sachant bien que le sujet n'était pas épuisé.

La merveille en Céramique! mais elle commence le jour ou l'homme essaye de pétrir la terre pour lui donner une forme régulière. Voici la boule battue, affinée, vieillie et préparée, que le tourneur va placer devant lui ; il la presse entre ses mains, il la monte en forme de cône, il l'abaisse de nouveau, l'assouplit en tous sens, et finit par en écarter les parois pour en former une coupe ; eh bien, cette opération, si simple en apparence, exige une expérience sans égale ; montée trop vite, pressée irrégulièrement dans ses diverses parties, cette terre prendra d'abord une apparence régulière ; puis sollicitée bientôt par ses affinités moléculaires, elle *gauchira* au four, et se déformera par *vissage*. Un porcelainier commence à travailler le kaolin dont il veut faire un vase ; un fait accidentel met la terre en contact avec un cachet, une pièce de monnaie, l'ouvrier s'empresse d'effacer l'accident en remaniant la terre et repoussant l'empreinte vers le centre : la cuisson ramènera à la surface la figure que cette surface avait reçue.

Et le calcul des retraits, quelle merveille d'expérience et de sagacité ! Voilà un buste, une figurine, dont le modèle est mis entre les mains du céramiste pour l'exécuter en biscuit ; on prépare le moule en creux, on y pousse la terre qui, en se desséchant en partie, se contracte sur elle-même et se détache de son enveloppe ; on achève de la sécher à l'air et bientôt, en voyant de combien elle diffère de la taille du modèle, on a peine à comprendre qu'elle en soit la stricte reproduction ; ce n'est rien encore ; le biscuit passe au four pour subir sa cuisson, et il diminue plus sensiblement que par la dessiccation naturelle, en sorte que le type, la terre crue et la terre cuite, forment les trois termes d'une proportion décroissante.

Ainsi, les moindres opérations, celles qui semblent le moins dignes d'attirer l'attention, merveilles, toujours merveilles ! Combien n'a-t-on pas vu la foule s'arrêter curieuse devant ces figures de jeunes filles qu'enveloppe un voile de fine dentelle céramique ? Le procédé n'est rien, dira-t-on ; certes il est simple pour qui est initié aux secrets de la technique ; mais c'est une merveille encore. On prend une fine dentelle, on la trempe dans une pâte très-diluée, qu'on appelle *barbotine*, et, ainsi préparée, souple encore, on la drape sur la statuette qu'elle doit revêtir. Sèche, elle a déjà perdu de la lourdeur que lui donnait l'enduit céramique ; mais c'est au four que la merveille va s'accomplir ; la haute température détruit la fibre végétale qui formait les réseaux et les fleurs ; la pâte, débarrassée de ce noyau étranger, se contracte et s'affine d'après les lois du retrait, en sorte que l'enveloppe devient plus délicate que le tissu qu'elle entourait.

Nous prenons ces exemples entre mille pour prouver qu'en abordant la simple fabrication des vases, nous eussions eu déjà des merveilles à mentionner. Et la peinture ? et ces enduits métalliques qui se revivifient ou s'oxydent selon la volonté de l'homme ? tout cela merveilles encore !

Eh bien, nous avons négligé celles-là pour nous appesantir sur les faits de l'ordre moral, car en effet,

c'est par ce côté que l'art est respectable et immortel :
l'ébauchoir dans la main du sculpteur, le pinceau dans
la main du peintre, c'est l'analogue de la plume, c'est
le moyen d'exprimer une pensée utile ou poétique,
d'écrire une page d'histoire ou d'ajouter un fait à ceux
déjà sans nombre qui glorifient l'intelligence.

Un vase de terre, une coupe, deviennent donc des
merveilles, lorsque l'esprit ne peut les étudier sans respect et parvient à les considérer comme un témoignage
de puissance intellectuelle, de volonté morale, de reconnaissance publique ou de foi religieuse.

FIN.

TABLE DES MATIÈRES

A

AAH-HOTEP, mère d'Amosis, ses bijoux.   7
ABRAHAM, sa maison ou Caaba. . . 219
— (Lieu d'). 221
ADAM CHINOIS, Pan-Kou.   24
AGATISÉES (Couvertes).   40
AHRIMANE, principe du mal 185
AIGLE, emblème de St Jean. . . . 285
— Armoirie du royaume d'Aragon. 285
AIGUIÈRES persanes. 212
— en porcelaine dure de Perse. . 254
— des dévots indiens, ou kamandalou. 244
ALHAMBRA, palais des rois de Grenade 270
— ses azulejos 270
— ses vases fabriqués à Malaga. 271
ALPACA ou antilopes sur le vase de l'Alhambra 274
AMÉRIQUE, ses antiques poteries. 290
— ses poteries voisines de celles de l'Egypte et de la Grèce. . . 294
— forme spéciale de ses vases. . 295
AMOSIS, fils de la reine Aah-Hotep.   7
ANIMAUX fabuleux de la Chine. 53, 54, 55
— du cycle ou du zodiaque. . . .   55
— fabuleux du Japon. 121
— — de la Perse. 208
  et suiv.

ANTILOPES sur un vase de Perse. . 215
— ou alpaca sur les vases de l'Alhambra. 274
ARMOIRIES japonaises ou Mon. . . . 120
— des deux empereurs. 120, 121
— européennes sur la porcelaine orientale 143
— japonaises sur la porcelaine de Corée. 165
— sur les faïences de Manisès. . . 286
ARTISTES hébreux.   21
— japonais estimés selon leurs œuvres. 116
ARTISTIQUES (Porcelaines) du Japon. 124
— — leur décor. 125
ASIE MINEURE, ses poteries. 169
— — ses cercueils en terre vernissée. 171
— — ses faïences à teintes fondues, de style byzantin. . . 176
— — on y trouve des gourdes dites de Noé 178
— — ses faïences cachemire. . . 179
AUTEL en plein air, Than.   85
— sa forme chez les particuliers.   86
AVESTA, livre religieux des Persans. 184
AXIS, emblème de longévité. . . .   55
AZTÈQUES, leurs vases. 291

Azulejos ou plaques de revêtement
— de l'Alhambra 270
— du royaume de Valence 287

B

Barcelone, ses anciennes faïences. 287
Biar, ses faïenceries. 285
Biscuit pâte cuite sans couverte. 38, 65
— reçoit les couvertes de demi-
grand feu. 58, 261
— sert à faire des figures. 65
— associé, en Chine, à la porcelaine
couverte. 65
— son retrait. 301
Blanc, couleur symbolique correspondant au métal et à l'ouest. . 48
— de Chine porcelaine particulière. 64
— argileux ou d'engobe. . . 259, 261
Bleu, base du décor le plus estimé
en Chine 64
— appliqué sur la pâte crue, en
Chine. 64
— sa pureté sert à reconnaître
l'âge des porcelaines. 64
— phases diverses de son emploi à
King-te-tchin 68
— émaillé vif, caractérise la porcelaine de l'Inde. 260
— pur, mêlé à l'or dans les faïences de Valence. 285
Bleu empois, céladon japonais. . . 158
Bleu turquoise, couverte de demi-
grand feu. 58
— — empruntée au cuivre. . . . 58
— — conserve sa teinte à la lumière artificielle. . . . 58
— — mêlé d'aventurine 59
— — son haut prix. 59
— — des faïences de Perse . . . 218
— — des faïences de Perse, d'une
date ancienne 218
Boccaro ou bucaro, grès fin de la
Chine. 104
— sa provenance. 104
— émaillé. 106
Bouddha ou Fo, figuré 25
Briques émaillées de Babylone. . 170
— — de l'Inde. 245, 265
Brule-parfums ou Ting. 86
Burgau, nacre incrustée dans les
laques. 155

C

Caaba, maison carrée d'Abraham. . 219
— figurée. 220

Cachets renfermant les nien-hao
chinois 93
— leur explication 93
Cadeaux des Chinois ou jou-y. . . 96
Canard mandarin, emblème d'une
heureuse union 55
Carré, figure de la terre chez les
Chinois. 52
— représente les choses d'ordre
inférieur 52
Cédrat, main de Fo, parfume les
appartements 80
Céladon, couverte colorée et semi-
opaque, de tons divers. . . . 31
— gris roussâtre craquelé 31
— vert de mer 31
— fleuri ou à reliefs. 31
— japonais 158
— bleu empois 158
— persan. 240
Céramique, nom donné à l'art de
fabriquer les vases en terre
cuite 1
— étymologie de ce nom. 2
— découverte en Chine par Kouen-
ou 27
— japonaise, importée de la Corée. 115
— persane 181
— indienne. 243
— hispano-moresque. 269
— américaine. 289
Cercle, représente le feu en
Chine 49, 51
— — les choses élevées 51
Cerf blanc, emblème de longévité. 55
Chair de poule, sur les vases à
mandarins. 141
— — figurée 28
Chang-ti, dieu suprême 50
— — identifié avec Lao-tse. . 58, 82
Chan-tong, on y faisait de la por-
laine 71
Che, l'esprit de la terre 50
Chen-si, on y faisait de la porcelaine 71
Cheou, vœu de longévité. 96
— ce mot dans ses formes diverses,
sur un vase jou-y. 96
— inscrit sous une faïence de
Perse. 232
Cheou-lao, dieu de la longévité. . 58
— — le même que Lao-tse. . . . 58
— — figuré. 57
— — sur une grue éployée. . . . 82
— — identifié au Chang-ti ou dieu
suprême. 50
Cheval marin ou sacré. 54
— — Fou-hi voit sur son dos les
Koua 45

Chien de Fo, sa description. . . . 54
— sur le couvercle d'un vase. . . 159
Chimère ou chien de Fo. 54
Chine. 25
   et suiv.
— fables sur ses premiers habitants 24
— Kouen-ou y fabrique les premières poterie de 2698 à 2599
   av. notre ère 27
— la porcelaine y commence de 185
   avant à 87 après J.-C. 27
— ses poteries antiques 51
— ses céladons 51
— ses craquelés. 51
— sa vraie porcelaine 41
Chin-nong, souverain inventeur de
   la cuisine. 85
Choses (Cinq) précieuses ou les trésors de l'écriture : c'est le papier, le pinceau, l'encre et la pierre
   à broyer. 74
Chou-king, l'un des livres sacrés des
   Chinois 25, 55
Chrisanthémo-pæonienne (Famille). 76
— — caractérisée par l'abondance
     des pivoines et des chry-
     santhèmes. 76
— — le bleu, le rouge et l'or y
     dominent 76
— — son décor riche figuré. . . 77
— — fournit la porcelaine déco-
     rative en Chine. 79
— — du Japon 117
— — — ses caractères. 121
— — de la Perse. 254
Compagnie des Indes des Provinces-
   Unies 144
— — — française. 145
— — — a donné son nom à la por-
     celaine importée par les
     Hollandais 145
Confucius ou Kong-tseu, philosophe
   chinois 59
— sa représentation assez rare. . 60
— chef de la secte des lettrés. . . 59
— sa religion peu spiritualiste. . 59
Coquille d'œuf (porcelaines). . . . 88
— — du Japon 122
Cordoue, sa mosquée ornée de
   faïences arabes 270
Corée enseigne au Japon l'industrie de la porcelaine. . . . 115, 161
— sa porcelaine dite archaïque. . 162
— forme des vases. 162
— décor de ses porcelaines. . . . 162
— a fourni le décor de toutes les
   usines d'Europe. 167
Costume des Japonais. 118

Costume chinois moderne. 132
Couleurs minérales dues à l'état
   d'oxydation des métaux. 57
— symboliques en Chine. 48
— chatoyantes sur la porcelaine
   tendre de Perse. 198
— brillantes de la faïence de Perse. 225
— de demi-grand feu de la porcelaine de Chine. 58
— — — — sur la porcelaine de
     Siam 261
— cuivreuses sur la faïence hispano-moresque 270
Coupes de sacrifices 86
— pour les libations. 83
— Tsio, sa figure. 87
— à Saki, en porcelaine vitreuse. 150
Couverte, enduit vitreux de la porcelaine 52
— céladon 51
— craquelée. 52, 55
— de demi-grand feu 58
Craquelé, couverte fendillée à cassures colorées. 52
— comment on l'obtient. 55
— grand, moyen ou petit. 52
— petit, dit truité. 52
— ses couleurs diverses. 55
— pourpre 55
— japonais 158
Cyprès, emblème de l'âme et de la
   religion 186
— sur les vases de la Perse. . . . 186
— sous une coupe en porcelaine
   tendre 199

D

Daim, représente les montagnes . . 49
Damassé blanc sur la porcelaine. . 144
Déesse des mers. 125
— d'Occident, Si-wang-mou. . . . 125
— des pêchers, Fan-tao 58
Demi-grand feu (Couleurs de) employées en Chine et dans l'Inde. 58
Dentelle céramique, comment elle
   se fait 302
Dieu suprême, Chang-ti. 50
— du Foyer, Tsao chin. 85
— de la cuisine, Chin-nong . . . 85
— de la porcelaine 110
— de la longévité, Cheou-lao. 57, 58
Disque solaire sur la tête des dieux
   de l'Egypte 7
— ailé soutenu par les Uræus. . 10
— exprime le feu en Chine. . 49, 51
Dragon, représente l'eau. 49

Dragon chinois, sa forme. 55
— du ciel ou Long. 55
— de montagne, Kau 55
— de la mer. Li. 55
— à cinq griffes, attribut de l'em-
    pereur et des princes de pre-
    mier et de second rang. . . . 55
— à quatre griffes, attribut des
    princes de troisième et qua-
    trième rang. 55
— Mang, emblème des princes de
    cinquième rang. 55
— sa figure donnée aux immortels. 55
— quand il apparaît. 55
— fréquent sur la porcelaine. . . 70
— à trois griffes, spécial au Japon. 121
— voisin des monstres persans. . 228

E

Écran, attribut des divinités. . . . 58
— dans la main de Cheou-lao. . . 57
— — — — de Pou-taï. 59
Égypte 5
— ses œuvres primitives supérieu-
    res aux autres. 7
— ses terres siliceuses dites por-
    celaines. 15
— bouteilles en porcelaine de Chi-
    ne, qu'on y rencontre 27
Éléphant, sa forme donnée à un
    biberon de l'Inde. 255
Émaillées (Couleurs) formant relief
    sur la couverte, caractère de la
    famille rose. 88
Emblèmes sacrés des Égyptiens. . . 98
— — des Chinois. 52
    et suiv.
— — des Japonais 121
— — des Persans. 208
— — — — sur des bouteilles en
    faïence 212
— — du royaume de Valence. . . 285
Engobe blanche décorant le tse-kin-
    yeou persan. 259
— — sur la porcelaine de Siam. . 261

F

Fables sur la porcelaine de Chine. 107
— sur la porcelaine du Japon. . . 126
Faïence de la Roumanie. 176
— cachemire de Kutahia. 179
— translucide ou porcelaine tendre
    de la Perse 196
— de Perse, sa composition. . . . 205

Faïence polychrome arabesque . . 206
— persane à figures. 207
— — ses formes. 211
— — son décor 215
— — en bleu. 215
— — modèle des faïences euro-
    péennes 215
— — de Perse, imitée du décor
    chinois 216
— — à décor bleu turquoise. . . 218
— — polychrome 219
— — lieux où elle se fabrique . . 224
— de genre persan dans l'Inde et
    à Rhodes 225
— de Perse dans les monuments
    européens du xiii⁰ siècle . . . 226
— — imitée dans l'Inde et difficile
    à distinguer du type. 225, 266
— de l'Inde à fonds colorés . . . 267
— — fabriquée à Hyderabad. . . 267
— hispano-moresque. 269
— de Malaga 271
— de Majorque 278
— d'Iviza. 281
— dorée de Valence 282
— de Biar. 285
— de Trayguera 285
— de Paterna. 285
— de Manisès 285
— de Barcelone 287
Familles ou groupes de la porcelaine
    chinoise. 75, 80, 88
— on les retrouve dans toutes les
    porcelaines orientales. . 117, 229
Fan-tao, déesse des pêchers. . . . 58
Feldspath, substance minérale qui,
    dans ses divers états, sert de base
    à la porcelaine. 32, 65
Férouher des Persans, ou substance
    spirituelle. 185
Feuille, marque des porcelaines. 71
— peut-être celle Ou-tong. . . 71
— supportant les divinités. . . 71
Finesse des détails, caractère du
    décor indien. 260
Flambé, nom donné au décor chi-
    nois appelé yao-pien, figuré p. 35,
    décrit. 54
Fleurs caractéristiques de la porce-
    laine de Chine. 76, 81
— — de la porcelaine du Japon . 124
— — de la porcelaine de l'Inde. . 143
— — de la porcelaine de Corée. . 162
— — de la Perse. 189, 206
— ont un langage en Perse. . . . 188
— ornemanisées des Persans. . . 205
Fo ou Bouddha, figuré 23
Fo-kien, on y faisait de la porce-
    laine 71

Fong-hoang, oiseau fabuleux . . . 54
— — annonce les événements heureux 54
— — ancien symbole des empereurs chinois 55
— — insigne actuel des impératrices 55
— — fréquent sur la porcelaine. 70
— voisin du simorg persan . . . 209
Fou, vœu de bonheur. 96
Fou-hi, empereur chinois qu'on dit avoir existé 3468 ans av. J.-C. . 24
— — inventeur des koua. . . . 24
Foust, mont sacré des Japonais. . 150
Frotté d'or, de l'Inde et de la Chine. 262

G

Gargoulette , vase persan pour boire. 215
Gouttière de la miséricorde. . . 221
Grains de riz (Décor à), percé à jours et rempli de couverte. . . 102
Grands lettrés, souvent représentés en Chine 60
— — sujets spéciaux aux disciples de Confucius. 85
Grès (Poteries de), connues en Chine. 104
— lui dit Boccaro 104
Grue, emblème de longévité . . . 55
— éployée portant Cheou-lao. . . 82

H

Haricots, couleur rouge produite par le cuivre oxydulé. 57
— couleur d'une couverte de grand feu. 57
Hébreux, leur art. 21, 22
— (Artistes). 21
— iconoclastes ou briseurs d'images. 22
Hoang-ti, législateur chinois en 2698 24
— — son apothéose. 25
— — sa femme honorée pour l'invention des étoffes de soie. 26
Holi, fête de l'Inde 247
— on y voit des vases de porcelaine 252
Hollandais , leur Compagnie des Indes. 144
— leurs fabriques au Japon. . . 146

Ho-nan, on y faisait de la porcelaine. 71
Hyderabad, on y fabrique la faïence de l'Inde. 267
Hypogées , tombeaux souterrains; leurs peintures 15

I

Iconoclastie, destruction des images, inspirée par la religion hébraïque. 22
— introduite en Perse par la superstition. 186
Immortels (Les huit) en Chine. . . 50
— — fréquemment représentés. . 82
Impératrices japonaises, sur la porcelaine de Corée. 165
Incas ou Quichuas, leurs anciens vases. 292
Inde, elle a eu des faïences semblables à celles de la Perse. . . . 225
— ses mœurs. 243
— ses briques à reliefs. 245
— ses peintures. 247
— ses porcelaines. 252
    et suiv.
— entrepôt général des œuvres de l'Orient. 258
— ses faïences d'Hyderabad. . . 267
Inscriptions littéraires, des bouteilles de porcelaine chinoise trouvées en Égypte. 28
— des porcelaines chinoises. . . . 91
— honorifiques 95
— votives. 96
— des boccaros. 105
— persanes sur des surahés. . . . 250
— arabes sur la porcelaine de l'Inde 257
    et suiv.
— des faïences dorées de Valence. 285
Iran, nom ancien de la Perse. . . 181
Iviza, a fait des faïences. 281
Ivresse aimée des Persans. . . . 190
— considérée comme image religieuse. 190

J

Japon. 111
— ses deux empereurs. 115
— son système armorial. 120
— costume des diverses classes. . . 118
— ses porcelaines fines. 123
— ses poteries fabuleuses. 126

Japon, ses principales fabriques. . 152
Jaspé, soufflé rouge manqué. . . 39
Jaune, couleur symbolique de la
  terre. 49
— livrée de la dynastie Thsing. 49
Joseph, objets égyptiens contemporains de sa puissance. 7
Jours cloisonnés en couverte, travail à grains de riz. 102
Jou-y, sceptre de bon augure. . . 60
— nom donné aux cadeaux officiels. 96
— en vase inscrit du mot cheou. . 96
Judée. 19
— son art vient des Égyptiens. 21, 22
— avait des terres siliceuses émaillées. 21
— ornements qui s'y rencontrent. 22

K

Kamandalou, aiguière antique de
  l'Inde. 244
Kaolin, argile qui sert de base à la
  pâte de porcelaine. 65
Kau, dragon de montagne. 53
Khi-lin ou Ky-lin, animal fabuleux. 54
— — sa description. 54
King-the-tchin, centre principal de
  la fabrication des porcelaines de
  Chine. 64
— sa description. 65
— est aujourd'hui détruit. . . . 68
Kiri, Paullownia imperialis, arbre
  impérial du Japon. 120
Koua, symboles inventés par Fou-
  hi pour exprimer les idées. . . 24
— tracés sur le dos du cheval sacré. 54
— figurés sur un vase. 51
Kouan-in, divinité chinoise. . . . 60
— — figurée. 61
— — portant le sou-chou. . . . 60
— — posée sur un lotus. 60
— — identifiée avec le soleil et le
  Créateur. 60
Kouan-ki, vases des magistrats. . 64
Koubo, ou Siogoun, empereur civil
  du Japon. 113
Kouei, tablette honorifique. . . . 70
Kouen-ou, inventeur de la céramique chinoise. 27
Kutahia, ses faïences cachemire. . 175

L

Lao-tse, philosophe chinois. . . . 56
— — fables sur sa naissance. . . 56
— — signifie vieillard enfant. . . 56

Lao-tse, figuré. 57
— — son livre de la raison suprême
  et de la vertu. 56
— — identité avec le dieu suprême. 58
— — chef de la secte des Tao-sse. 56
Laques sur porcelaine, du Japon. . 155
— burgautés. 155
— sur craquelé. 157
Lemnisques, rubans noués et à
  bouts flottants qui entourent
  les choses sacrées. 71
Li, dragon de la mer. 53
Li-chan, mont sacré des Chinois. . 82
Ling-tchy, champignon qui donne
  l'immortalité, figuré en groupe. . 35
— exprime un vœu de longévité. . 71
Li-taï-pe, poëte ivrogne, déifié. . 85
— enlevé au ciel sur un poisson. 85
Long, dragon du ciel. 53
Longévité, exprimée par l'Axis. . 55
— — par le cerf blanc. 55
— en chinois Cheou. 96
— le mot, dans ses formes diverses
  sur un vase. 96
— exprimée par la grue. 55
— — par le Ling-tchy. 71
Lotus, sa forme donnée aux vases
  égyptiens. 8
— symbole de la déesse du Nord. 8
— emblème de l'évolution des saisons. 10
— supportant Kouan-in. 60

M

Maa-tscho, pots véritables, porcelaine fabuleuse des Japonais. . 126
Mahomet fonde l'islamisme. . . . 174
Maison du vin à Ispahan. 192
— carrée ou Caaba. 219
Majorque, son nom donné à la majolique italienne. 270, 279
— son ancienneté céramique. . . 278
— sa principale fabrique à Ynca. 279
— son décor à reflets nacrés. . . 279
Malaga, sa faïence à reflets. . . . 271
— les vases de l'Alhambra en sont
  sortis. 271
— (Coupe de) figurée. 275
— sa fabrication après la chute de
  Grenade. 277
Mandarins (Porcelaine à). 152
— ce que c'est. 152
— leurs insignes caractéristiques. 134
  et suiv.
— (Vases) filigranés. 157
— — figurés. 139

MANDARINS (Vases) rouges 158
— (Vases) à fonds variés 158
— (Vases) chagrinés et gaufrés . . 158
— (Vases) à camaïeu 141
— (Vases) voisins des pièces de
l'Inde 258
MANG, dragon emblème des princes
de 5e rang 55
MANGANÈSE mis avec le bleu sur la
seule porcelaine de Perse . . . 255
MANISÈS, ses faïences dorées . . . 285
— exécute des services armoriés . . 286
— son état actuel 287
MARTABAN, l'un des États du royaume
de Siam 241
MARTABANI, porcelaine verte de
Siam ou de Perse 240
MESCHHED, on y a fabriqué de la
porcelaine décorée en bleu . . . 255
MIAO, grands temples 85
MIKADO, empereur ecclésiastique du
Japon 113
— sa résidence est à Miyako . . . 113
— ses armoiries 120
MYAKO, résidence du Mikado . . . 113
MODÈLES, décoration composée de
signes honorifiques et sacrés . . 71
MON, nom des armoiries japonaises . 120
MONSTRES sur la faïence de Perse.
207, 223
— satisfont à la loi religieuse de
Mahomet 207
MORES tolérés en Espagne par les
princes chrétiens 276
— convertis à la fois chrétienne . 276
— expulsés par Philippe III 277
— protégés à Valence 282
MOSQUÉE sacrée de la Mecque . . . 220
— sa description 219
et suiv.
MUR-HATEM, tombeau d'Agar et d'Ismaël 221

N

NAÏN, centre d'une fabrication de
porcelaine tendre 200
NELUMBO, plante sacrée des Chinois;
variété du lotus des Indiens et
des Égyptiens 81
— fréquent dans la famille verte. 81
NIEN-HAO, noms d'années 64
— comment ils se forment 92
— en cachets 95
— chinois sur des porcelaines de
Corée 164
— illisibles sur une porcelaine
particulière 72

NIEN-HAO copiés illisiblement par
les artistes de la Perse 251
NOÉ trouva l'ivresse dans une gourde en faïence 178
NOIR, couleur symbolique correspondant à l'eau et au nord . . . 48
NOMINO-SOUKOUNÉ substitue des figures en terre cuite aux victimes
humaines 115
NOMS d'années chez les Chinois. 64, 92
— des Chinois variables 91
— d'années des Japonais 122

O

ODE sur le thé, par l'empereur
Kien-long 97
ŒUFS de faïence des lampes arabes. 177
— — des lampes persanes . . . 229
ŒUVRES de l'Inde et de la Perse,
difficiles à distinguer 249
ORMOUZD, principe du bien . . . 185
OLRAN, être fabuleux des Persans. 208
OUROUSI-NO-KI, résine laque du Ja-
pon 155

P

PANAMA, poteries antiques qu'on y
trouve 290
PAN-HOEI-PAN, femme lettrée célèbre 85
PAN-KOU, le premier homme, l'Adam
chinois 24
PANTALON, apanage des hautes classes au Japon 119
PAON, fréquent sur les vases de
l'Inde 267
PAPYRUS, symbole de la déesse du
Midi 8
PATE ondulée fréquente dans les
vases à mandarins 156
— — obtenue par coulage 156
— céramique, sa sensibilité . . . 301
— — son retrait 301
PATERNA, ses fabriques de faïence. 285
PAULLOWNIA imperialis ou Kiri, arbre impérial du Japon 120
PEINTURE, comment elle s'exécute
en Chine 75
— émaillée 88
— spéciale de la porcelaine à mandarins 156
— dans la Perse et l'Inde 249
PERLE, insigne du talent 70

PERSE, ses poteries. . . . . 181 et suiv.

— on y trouve la porcelaine et la faïence 183

— sa religion ancienne. 184

— ses croyances actuelles 187

— ses fêtes. 188

— sa porcelaine émail. . . . 184, 195

— sa porcelaine tendre . . . 184, 195

— sa faïence 205

— sa porcelaine dure 227

— sa porcelaine est imitée de celle de la Chine 229

— son Martabani. 240

PE-TUN-TSE, roche servant pour faire la couverte de la porcelaine. 65

PIEDS de hérisson, êtres fabuleux des mahométans. 208

PIERRE noire. 222

PIERRE sonore, signe honorifique . 70

PIPES à opium. 106

PLAQUES de revêtement en faïence de Perse. 206, 220

PONDICHÉRY, centre du commerce de la porcelaine des Indes. . . 239

PORCELAINE d'Egypte, nom donné à la poterie siliceuse. 15

— ses commencements en Chine de 185 avant à 87 après J.-C. . . 27

— (Petites bouteilles de) trouvées en Egypte. 27

— sa composition. 52, 65

— craquelée. 51

— flambée, figurée et décrite . 54, 55

— ses décorations diverses en bleu. 64, 68

— de Chine, fabriquée à King-te-tchin. 64

— — on en fait aussi dans le Chantong, le Ho-nan, le Chen-si, le Tche-Kiang et le Fo-Kien. 71

— — modèle des faïences françaises. 72

— fausse 68

— sans embryon. 88

— coquille d'œuf 88

— de seconde qualité 105

— fables sur celle de Chine. . . . 107

— son dieu en Chine. 110

— du Japon, sa fabrication tenue secrète 115

— — originaire de la Corée. . . . 115

— — ses progrès 116

— chrysanthémo-pæonienne du Japon. 117

— artistique. 124

— du Japon recherchée en Chine. 129

— à madarins. 132

PORCELAINE des Indes. 142, 145

— — à fleurs. 142

— à broderies blanches ou damassée 144

— à feuilles versicolores 147

— vitreuse du Japon 149

— laquée burgautée 155

— chinoise employée par les laqueurs japonais 157

— de Yégo. 154

— archaïque, originaire de Corée. 162

— de Corée, ses décors. 162

— — copiée dans toute l'Europe . 167

— de Perse. 183

— émail de Perse. 188, 195

— tendre de Perse 184, 195

— dure de Perse 127, 184

— — de Perse confondue avec celle de Chine 228

— de Perse décorée en bleu. . . . 229

— — incrustée de pierres précieuses 232

— — bleue fabriquée à Meschhed 233

— — chrysanthémo-pæonienne. . 234

— — famille verte. 235

— — famille rose. 237

— (Salle des) à Ardebil 238

— de Perse trempée en couleur. . 239

— — décorée en blanc d'engobe . 239

— — verte ou Martabani 240

— bleue de l'Inde 252

— polychrome de l'Inde 255

— de l'Inde imitant l'émail cloisonné. 255

— — à inscriptions musulmanes . 257

— — ses caractères 259

— frottée d'or de l'Inde 262

— des Indes, ce que c'est. 259

— de Siam 260

POUSSAH, nom vulgaire de Pou-taï. 58

POU-TAÏ, dieu du contentement . . 58

— — appelé Poussah dans l'ancienne curiosité 58

— — pris pour le dieu de la porcelaine.. 110

PRINCIPE du mal, Ahrimane 185

— du bien, Ormouzd. 185

— yang et yn, ou les deux forces. 50, 51

PSCHENT, bonnet sacré des Egyptiens 7

PUITS de Zemzem. 21

Q

QUACAS DE CHIRIQUI, leurs poteries. 290

QUICHUAS ou Incas, leurs vases . . 292

R

RÉCEPTION chez les Chinois 85
— chez les Indiens. 246
RÉGIMENT de dames chinoises . . . 90
RÉTICULÉS (Vases) à enveloppe ex-
    térieure à jour. 101
RHODES, ses faïences genre persan. 225
ROSE (Famille) chinoise. 88
— — décorée particulièrement en
    rouge d'or. 88
— — caractérisée par des couleurs
    en relief dites émaillées . 88
— — ses décors. 89
— — du Japon 125
ROSE, fleur aimée des Persans . . . 189
ROUGE de cuivre, dit haricot. . . . 57
— couleur symbolique correspon-
    dant au feu et au sud 48
— d'or pourpre de Cassius. . . . 88

S

SAINTE CATHERINE, honorée à Va-
    lence. 284
SAINT JEAN, vénéré à Valence . . . 285
SAN-HONG, les trois étoiles. 87
— hommage qu'on leur rend. . . 87
SAN-KOUE-TCHY, histoire des trois
    royaumes; beaucoup de sujets y
    sont puisés. 85
SARRASINS, leur influence sur les
    arts de l'Espagne. 270
SATZOUMA, ses poteries truitées . . 159
SCARABÉE, représente la divinité
    créatrice chez les Egyptiens. . . 11
— porté par les soldats en signe
    de fidélité. 12
— solaire représenté. 11
SCEPTRE ou Jou-y, emblème de bon
    augure 60
— signe de noblesse. 71
SENSIBILITÉ des pâtes céramiques . 301
SERPENTS Uræus, symboles royaux
    de la haute et de la basse Egypte. 10
SIAM, sa porcelaine. 260
— le martabani en est peut-être
    originaire. 241
SIMORG, oiseau fabuleux des Per-
    sans 209
— préside à la naissance de Rous-
    tam. 209
— ressemble au fong-hoang chinois 209
SISSYOU, religion du Japon 125
SIOGOUN, Koubo ou Taïcoun, empe-
    reur civil du Japon. 115

SIOGOUN, sa résidence est à Yédo. . 115
— ses armoiries. 121
— son autorité est détruite au-
    jourd'hui 114
SI-WANG-MOU, déesse d'Occident . . 125
SOHAM, être fabuleux des Persans . 208
SOLEIL représenté par un disque
    ailé soutenu par deux serpents . 10
SOU-CHOU, chapelet des Chinois . . 60
— dans la main de Kouan-in . . . 60
SOUFFLÉ rouge, décor chinois. . . 39
SUJETS sacrés des Chinois. 82
— — les huit immortels. 82
— — ceux adoptés par les Tao-sse. 82
— — ceux de la secte des Lettrés. 83
— tirés du San-koue-tchy. 83
— historiques sur un vase de fa-
    mille verte 84
— de la famille rose. 89
— de la porcelaine artistique du
    Japon. 125
— de la porcelaine à mandarins . 157
— de la porcelaine de Corée . . . 165
SURAHI, bouteille en porcelaine de
    Perse. 230
— avec inscription persane, fig. . 231
SWASTIKA, signe bouddhique . . . 60
— wan-tse des Chinois, figure la
    création. 60
SYMBOLIQUE des formes et des cou-
    leurs en Chine 48
    et suiv.

T

TABLETTE honorifique ou Kouei . . 70
— des ancêtres 86
TAÏCOUN ou Koubo, empereur civil
    du Japon 115
TAO-SSE, disciples de Lao-tse. . . . 56
— sujets qui leur sont habituels . 82
TCHÉ-KIANG, on y faisait de la por-
    celaine 70
TCHEOU-TAN-TSIOUEN, faussaire chi-
    nois 68
— haut prix de ses porcelaines. . 70
TCHINI, nom persan de la porce-
    laine 229
TERRE, sa couleur est le jaune . . . 49
— figurée par le carré. 49
TERRES cuites siliceuses de l'Egypte. 7
    et suiv.
— — leur composition. 12
— — appelées porcelaines 13
— — sont un grès fin. 13
— — leur coloration. . . . 7, 13, 14
— — leur date 13, 16

TERRES siliceuses de la Judée. . . 21
— — vernissées de l'Asie mineure. 172
— — de Rhodes. 174
— — cuites vernissées des Arabes. 176
— — gourdes anciennes, dites de Noé. 178
— — siliceuses de l'Inde. . . . 266
THAN, grands autels en plein air. . 85
THSE, petits temples. 85
TI, l'esprit du ciel. 50
TING, brûle-parfums en métal. . . 86
— en porcelaine. 86
TORTUE fabuleuse du Japon. . . 122
TOUR de porcelaine près Nankin. . 42
— — symbolise les sphères célestes. 44
— — figurée 45
TRANSMUTATION ou yao-pien . . . 54
— comment elle s'opère au four . 57
TRAYGUERA, ses fabriques de faïence. 285
TRÉSORS de l'écriture ou choses précieuses 71
TRUITÉ, craquelé à très-fines cassures. 72
— vert feuille de camellia. . . . 33
— régulier du bleu turquoise . . 58
— de satzouma, dit ventre de biche. 159
TSAO-CHI, l'esprit du foyer. . . . 85
TSÉ, journal officiel des grandes actions 95
TSE-KIN-YEOU, vernis d'or bruni ou feuille morte. 55
— — craquelé 55
— — placé par zones avec d'autres couvertes 55
— — sur des porcelaines de Perse. 259
— — persan décoré en engobe. . 259
TSIO (coupe) pour les sacrifices. . 87
TSUN, nom des vases honorifiques. 95

U

URŒUS, serpents qui entourent le disque solaire. 10
— symboles royaux de la haute et de la basse Égypte. 10

V

VALENCE, sa céramique. 282
— ses potiers mores protégés. . . 282
— ses vases dorés 285
— légendes et emblèmes qu'on y avait adoptés 285

VALENCE, un beau bleu s'y mêle à l'or. 283
VASES égyptiens ayant la forme du lotus. 8
— — apodes ou sans pieds. . . . 8
— des magistrats, kouan-ky . . . 64
— placés sur les autels 86
— d'accompagnement, contiennent les instruments pour attiser le feu. 86
— honorifiques, Tsun 95
— réticulés. 101
— à parties mobiles. 102, 103
— coréens, souvent polygonaux. . 162
— de Perse, leurs formes. 211
— de l'Inde 254, 255
— de l'Alhambra. 271
et suiv.
— antiques du Mexique et du Pérou. 291
— figuratifs de l'Amérique. . 295, 296
VERT feuille de camellia, couleur de vases truités chinois 33
— couleur symbolique correspondant au bois et à l'est 48
— livrée de la dynastie Ming. . . 50
VERTE (Famille), ainsi nommée parce que le vert de cuivre y domine. 80
— — consacrée aux Ming. 81
— — fournit les vases sacrés. . . 81
— — le nelumbo y domine. . . . 84
VIERGE chinoise, Kouan-in 60
VIN particulièrement aimé des Persans. 190
— défendu par le Coran 190
— (Maison du) à Ispahan 192
VIOLET pensée, couverte de demi-grand feu. 58
— — emprunté au manganèse . . 59
— — associé au bleu turquoise. . 59
— — son haut prix 59
VOILE sacré de la Mecque. 220

W

WAN-TSE, les dix mille choses, la création. 61
— — est le Swastika indien . . . 61

Y

YANG, force créatrice, active . . . 50
— et Yn, la création. 50
— — figurés 51
YAO-PIEN ou transmutation, nom donné à la porcelaine flammée. 34
— — posé sur des figures 58

Yao-pien sur des pièces figuratives. 58
— — et représenté 58
Yédo, résidence du Siogoun. . . . 115
Yégo, sa porcelaine ancienne et moderne 154
Yn, matière inerte, plastique . . . 50
— uni au yang, forces créatrices . 50
— et yang, figurés. 51

Ynca, centre de la fabrication de
Majorque 279

Z

Zerfknaneh, salle des porcelaines à
Ardebil 258
— son analogue dans l'Inde . . . 251

FIN DE LA TABLE

PARIS. — IMP. SIMON RAÇON ET COMP., RUE D'ERFURTH, 1.